"十四五"职业教育国家规划教材

Qiche　　Yingxiao

汽车营销

（第3版）

全国交通运输职业教育教学指导委员会　组织编写

叶志斌　主　编

倪　红　主　审

人民交通出版社股份有限公司

北京

内 容 提 要

本书是"十四五"职业教育国家规划教材。全书主要内容包括：拜访顾客、新车推介、新车交易和汽车促销活动，共4个学习任务。

本书主要供高等职业院校汽车技术服务与营销专业教学使用，也可作为汽车营销人员的岗位培训教材或自学用书。

图书在版编目(CIP)数据

汽车营销/叶志斌主编.—3 版.—北京：人民交通出版社股份有限公司,2021.7 (2025.1重印)

ISBN 978-7-114-17118-5

Ⅰ.①汽… Ⅱ.①叶… Ⅲ.①汽车—市场营销学—高等职业教育—教材 Ⅳ.①F766

中国版本图书馆 CIP 数据核字(2021)第 039443 号

书　　名：	汽车营销（第3版）
著 作 者：	叶志斌
责任编辑：	时　旭
责任校对：	孙国靖　扈　婕
责任印制：	张　凯
出版发行：	人民交通出版社股份有限公司
地　　址：	(100011)北京市朝阳区安定门外外馆斜街3号
网　　址：	http://www.ccpcl.com.cn
销售电话：	(010)85285911
总 经 销：	人民交通出版社股份有限公司发行部
经　　销：	各地新华书店
印　　刷：	北京市密东印刷有限公司
开　　本：	787×1092　1/16
印　　张：	13
字　　数：	308 千
版　　次：	2009 年 9 月　第 1 版 2014 年 8 月　第 2 版 2021 年 7 月　第 3 版
印　　次：	2025 年 1 月　第 3 版　第 5 次印刷　总第 17 次印刷
书　　号：	ISBN 978-7-114-17118-5
定　　价：	39.00 元

(有印刷、装订质量问题的图书，由本公司负责调换)

第3版前言

本套"十二五"职业教育国家规划教材自出版以来,受到全国广大高职院校的关注,获得师生的一致好评。为了紧跟汽车行业发展趋势,更好地适应汽车类专业实际教学需求,2018年7月,人民交通出版社股份有限公司组织十几所院校的汽车专业教师代表,在北京召开了"十二五"职业教育国家规划教材修订会议。经过认真研究讨论,吸收了教材使用院校教师的意见和建议,确定了各教材的修订方案。

本书是在第2版的基础上,在会议确定的修订方案指导下完成的,教材的内容修订主要体现在以下几个方面:

1. 紧跟汽车市场的发展变化,新增了网络营销、二手车置换等内容。

2. 针对最近几年国家发布的汽车销售相关政策和法规,书中就涉及的相关内容进行了更新与修改。如《中华人民共和国车辆购置税法》中关于应税车辆的税率规定的修改等。

3. 根据专业课程体系调整的要求,删去汽车市场调研的内容。

4. 对客户、顾客等概念在表述上尽可能进行了统一,同时更新了部分案例。

5. 几年来,校企合作已成为各校汽车专业办学主要资源来源,利用提供的培训资源与共同办学经验,添加、修改书中一些图片和相关资料。

6. 部分知识点配有二维码链接视频资源,有助于学生更形象地理解相关内容。

7. 本教材相关在线开放课程链接网址为:http://www.zjooc.cn/course/2c91808376e6aa2e0176ebfd8e5507bf。

本教材的修订工作,具体分工如下:浙江交通职业技术学院叶志斌担任主编,福建船政交通职业学院倪红担任主审。学习任务1由浙江交通职业技术学院叶志斌、上海交通职业技术学院张亦纯修订,学习任务2由浙江交通职业技术学院王芳、南京交通职业技术学院黄秋平修订,学习任务3由浙江交通职业技术学院鲍婷婷、龙亚修订,学习任务4由浙江交通职业技术学院鲍婷婷、叶志斌修订。全书由叶志斌统稿和定稿。

教材在修订过程中,还得到了四川交通职业技术学院李任龙、衢州职业技术学院巫少龙、北京交通运输职业学院王彦峰、杭州滨文丰田汽车销售服务有限公司钱前的指导与帮助,在此一并表示感谢。

由于编者水平有限,书中难免有疏漏和谬误之处,恳请广大读者提出宝贵建议,以便进一步完善和优化。

编 者
2021 年 2 月

目　录

学习任务1　拜访顾客 ··· 1

　学习目标 ··· 1
　任务描述 ··· 1
　学习引导 ··· 2
　单元一　汽车市场营销基本概念 ··· 2
　单元二　汽车销售基本礼仪规范 ··· 9
　单元三　顾客关系管理 ··· 25
　单元四　汽车用户购买行为分析 ··· 34
　任务实施 ··· 52
　评价反馈 ··· 55
　作业 ·· 56

学习任务2　新车推介 ··· 57

　学习目标 ··· 57
　任务描述 ··· 57
　学习引导 ··· 59
　单元一　汽车展厅销售基础知识与技能 ··· 59
　单元二　展厅接待与顾客需求分析 ··· 73
　单元三　车辆展示的方法与技巧 ··· 84
　任务实施 ··· 92
　评价反馈 ··· 95
　作业 ·· 97

学习任务3　新车交易 ··· 98

　学习目标 ··· 98
　任务描述 ··· 98

学习引导	99
单元一　报价及异议处理	100
单元二　相关法律法规的规定	111
单元三　汽车消费信贷业务办理知识	122
单元四　新车办证业务	129
单元五　新车交车流程	133
任务实施	136
评价反馈	139
作业	140

学习任务 4　汽车促销活动　　141

学习目标	141
任务描述	141
学习引导	142
单元一　4P 营销理论	142
单元二　汽车市场 STP 营销理论	149
单元三　汽车市场促销方法	157
单元四　汽车促销活动的筹划与实施	169
单元五　汽车网络营销实务	183
任务实施	193
评价反馈	197
作业	198

参考文献　　200

学习任务 1　拜 访 顾 客

学习目标

1. 叙述顾客的概念；
2. 培养爱党报国、敬业奉献、服务人民的意识，了解顾客满意的概念，树立"顾客至上"的服务理念；
3. 根据资源和信息，制订拜访顾客的计划；
4. 正确完成电话联系顾客工作；
5. 自信熟练地运用商务礼仪完成拜访工作；
6. 培养节约成本、绿色节能的好品质，弘扬勤俭节约精神。

任务描述

1. 任务的详细描述

在汽车上门推销或展厅销售工作中，推销员或销售顾问经常要上门拜访老顾客，然后通过老顾客获得转介绍而拜访新顾客。在拜访新顾客时，要向新顾客进行产品推销活动，并努力引导新顾客来展厅看车。

基于以上工作任务，我们设计了以下学习任务：

学生选择某一品牌汽车的一个或多个现实顾客，在有预约的情况下上门拜访，以达到提高顾客满意度，进一步挖掘顾客需求，最终获得转介绍的目的。

完成该学习任务时，要求做到：

(1) 学生以小组为单位，共同完成拜访计划的制订与实施；
(2) 保持顾客的高满意度。

对表现突出的同学可以提高要求，进一步要求做到在获得转介绍的基础上拜访新顾客，且引导新顾客来店看车。

完成的形式有以下 4 点：

(1) 拜访计划书；
(2) 电话联系顾客的记录；
(3) 拜访顾客过程总结；
(4) 新的潜在顾客的联系方式及联系情况。

2. 任务分析

要完成本学习任务，可按以下流程进行：

(1)收集顾客信息;
(2)制订拜访工作计划;
(3)电话预约顾客,确定拜访日程及相关事宜;
(4)实施拜访计划;
(5)检查计划实施成果;
(6)评价工作成果与学习成果。

完成本学习任务需要用的工具和设备有:
(1)销售用工具夹,工具夹中包括车型资料、名片、笔、便笺、销售用表格等;
(2)小礼物;
(3)工作装;
(4)移动电话;
(5)其他需要用到的工具。

当然,作为学习任务,本任务也可在课堂中设计相关的场景来完成相关学习过程。场景要求如下:
(1)模拟顾客1~2人;
(2)模拟办公室若干间;
(3)按照顾客的信息及身份背景设定资料;
(4)模拟真实拜访场景所需的资料。

完成本任务所需的知识详见此后相关各单元。

学习引导

学习本任务时,可以沿着图1-1所示脉络进行。

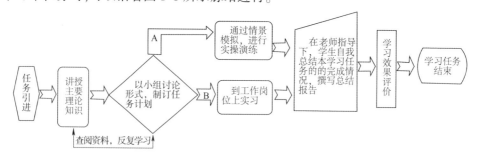

图1-1 学习任务1的学习脉络图
注:根据学校教学资源的具体情况选择A或B

单元一 汽车市场营销基本概念

1. 市场及汽车市场的概念;

2.市场营销的概念；
3.汽车市场营销的含义；
4.汽车营销观念。

相关知识

一、市场的概念

在市场营销者看来,市场是指某种产品的现实购买者与潜在购买者需求的总和。站在销售者市场营销的立场上,同行供给者即其他销售者都是竞争者,而不是市场。销售者构成行业,购买者构成市场。

市场包含三个主要因素,即:有某种需要的人、为满足这种需要的购买能力和购买欲望,用公式来表示就是：

市场 = 人口 + 购买能力 + 购买欲望

市场的这三个因素是相互制约、缺一不可的,只有三者结合起来才能构成现实的市场,才能决定市场的规模和容量。

市场是指具有特定需要和欲望,而且愿意并能够通过交换来满足这种需要或欲望的全部潜在顾客。因此,市场的大小取决于那些有某种需要并拥有使别人感兴趣的资源,同时愿意以这种资源来换取其需要的东西的人数。

另外,市场营销还经常在销售渠道意义上理解和运用"市场"这一概念。此时,市场是买方、卖方和中间交易机构(中间商)组成的有机整体。在这里,市场是指商品多边、多向流通的网络体系,是流通渠道的总称。它的起点是生产者,终点是消费者或最终用户,中间商则包括所有取得商品所有权和协助所有权转移的各类商业性机构(或个人)。

二、汽车市场的概念

汽车及其相关服务(劳务)在市场经济条件下,自然就可能作为一种商品进行交换,围绕着这一特殊的商品运用,市场概念就形成了汽车市场。汽车市场是将汽车作为商品进行交换的场所,是由汽车的买方、卖方和中间商组成的一个有机整体。它将原有市场概念中的商品局限于汽车及与汽车相关的商品,起点是汽车的生产者,终点是汽车及相关商品的消费者或最终用户。

作为汽车营销者,通常将汽车市场理解为现实的和潜在的具有汽车及相关商品购买能力的总需求。

三、市场营销的概念

市场营销是一个与市场紧密相关的概念,很多学者从不同的角度对其作了定义。综合前人的观点,我们将市场营销的概念表述如下:市场营销是与市场有关的人类活动,即以满足人类各种需要和欲望为目的,通过市场,变潜在交换为现实交换的活动。

我们可以从以下几个方面去理解这一概念。

（1）市场营销是一种人类活动，是有目的、有意识的行为。对企业来说，这种活动非常重要。

（2）市场营销的研究对象是市场营销活动和营销管理。

（3）满足和引导消费者的需求是市场营销活动的出发点和中心。企业必须以消费者为中心，面对不断变化的环境，作出正确的反应，以适应消费者不断变化的需求。满足消费者的需求不仅包括满足现在的需求，还包括满足未来潜在的需求。现在的需求表现为对已有产品的购买倾向，潜在的需求则表现为对尚未问世产品的某种功能的愿望。

（4）分析环境，选择目标市场，确定和开发产品，产品定价、分销、促销和提供服务以及它们间的协调配合，进行最佳组合，是市场营销活动的主要内容。

在市场营销组合中，有4个可以人为控制的基本变数，即产品（Product）、价格（Price）、销售地点（Place）和促销方法（Promotion）。由于这四个变数的英文均以字母"P"开头，所以又叫"4P's"。企业市场营销活动所要做的就是密切注视不可控制的外部环境的变化，恰当地组合"4P's"，千方百计使企业可控制的变数与外部环境中不可控制的变数迅速相适应，这也是企业经营管理能否成功、企业能否生存和发展的关键。

（5）实现企业目标是市场营销活动的目的。不同的企业有不同的经营环境，不同的企业也会处在不同的发展时期，不同的产品所处生命周期里的阶段亦不同，因此，企业的目标是多种多样的，利润、产值、产量、销售额、市场份额、生产增长率、社会责任等均可能成为企业的目标，但无论是什么样的目标，都必须通过有效的市场营销活动完成交换，与顾客达成交易方能实现。

（6）市场营销与销售或促销的区别。市场营销不同于销售或促销。现代企业市场营销活动包括市场营销研究、市场需求预测、新产品开发、定价、分销、物流、广告、人员推销、销售促进、售后服务等。

销售仅仅是现代企业市场营销活动的一部分而不是最重要的部分。

促销只是一种手段，但营销是一种真正的战略，营销意味着企业应该"先开市场，后开工厂"。

（7）市场营销的核心是交换。市场营销的含义不是固定不变的，它随着企业市场营销实践的发展而发展，但核心却是交换。

四、汽车市场营销的含义

汽车市场营销就是汽车企业为了更大限度地满足市场需求，以达到企业经营目标而进行的一系列活动。其基本任务有两个：一是寻找市场需求；二是实施一系列更好地满足市场需求的活动（营销活动）。本书所称的汽车营销，是汽车市场营销的简称。

在汽车市场营销产生的一段较长的时间内，很多人都认为汽车市场营销主要是指汽车推销。在我国，甚至在汽车市场营销十分发达的美国，仍有很多人持有这种看法。其实，汽车市场营销早已不是汽车推销的同义语了，汽车市场营销最主要的不是推销，推销只是营销的一个职能（并且常常不是最重要的）。其研究的对象和主要内容是识别目前未满足的需求和欲望，估量和确定需求量的大小，选择和决定企业能最好地为之服务的目标市场，并且决定适当的产品、劳务和计划(或方案),以便为目标市场服务。这就是说,汽车市场营销主要是汽车企业在动态市场上如何有效地管理其汽车商品的交换过程和交换关系,以提高经营效果,实现企业目标。或者换句话说,汽车市场营销的目的,就在于了解消费者的需要,按照消费者的需要来设计和生产适销对路的产品,同时选择销售渠道,做好定价、促销等工作,从而将这些产品轻而易举地销售出去,甚至使推销成为多余。汽车市场营销活动应从顾客开始,而不是从生产过程开始,应由市场营销部门(而不是由生产部门)决定将要生产什么汽车产品,诸如产品开发、设计、包装的策略,定价、赊销及收账的政策,产品的销售地点以及如何做广告和如何推销等问题,都应由营销部门来决定。

汽车市场营销是一种从汽车市场需求出发的管理过程。其核心思想是交换,是一种买卖双方互利的交换,即买卖双方得到满足,双方各得其所。汽车市场营销是一门经济学方面的、具有综合性和边缘性特点的应用学科,是一门将汽车与市场营销结合起来的"软科学"。在某种意义上说,它不仅是一门学科,更是一门艺术。其研究对象是汽车企业的市场营销活动和营销管理,即如何在最适当的时间和地点,以最合理的价格和最灵活的方式,把适销对路的汽车产品送到顾客手中。因此,汽车企业必须面向汽车市场,并善于适应复杂多变的汽车市场营销环境。汽车企业的营销管理过程,也就是汽车企业同营销环境相适应的过程。

五、汽车营销观念

汽车营销观念是汽车企业在开展市场营销活动过程中,在处理企业、用户需求和社会利益三者之间关系时所持的根本态度、思想和观念。在许多情况下,这些利益是相互矛盾的,但也是相辅相成的。汽车企业必须在全面分析汽车市场环境的基础上,正确处理三者的关系,确定本企业的原则和基本价值取向,并将其用于指导营销实践,以实现企业经营目标。

汽车营销观念是经营者对于汽车市场的根本态度和看法,是一切汽车经营活动的出发点。汽车营销观念的核心问题是,以什么为中心开展汽车企业的生产经营活动。所以,汽车营销观念的正确与否,对汽车企业的兴衰具有决定性作用。

现代汽车企业的营销观念随着汽车市场的产生而产生,并随其发展而演进、变化。汽车营销观念的发展变化,大体上经历了5个阶段,即生产观念、产品观念、推销(销售)观念、市场营销观念及社会营销观念。其中,生产观念、产品观念和推销观念合称为传统营销观念,是"以企业为中心的观念",这种汽车营销观念是以汽车企业利益为根本取向和最高目标来处理营销问题。而后两种观念则合称为现代汽车营销观念,分别是"以用户为中心的观念"和"以社会长远利益为中心的观念"。

1. 生产观念

生产观念也称为生产导向。这种观念是西方国家在20世纪20年代以前主要流行的经营思想,它的基本特征是"以产定销",企业能生产什么就卖什么,生产多少就卖多少。

在这一经营观念指导下,汽车企业经营的中心是生产,表现就是如何提高生产效率、扩大生产规模。规模一扩大,产品成本和价格就会下降,用户就能买得到和买得起,从而又有利于产量进一步扩大,并形成良性循环。这种观念是在汽车市场处于卖方市场的条件下产生的。生产观念能够作为汽车企业经营指导思想的主要原因在于当时生产力水平还不够高,社会普遍存在物质短缺现象,这种观念可以达到以低价为竞争手段的市场扩张的策略目的。20世纪初期,美国福特汽车公司总裁亨利·福特决定只制造经济实惠的单一品种——黑色的T型车,而不管消费者需要什么样的汽车。这就是典型的生产观念的具体表现。应当看到的是,随着现代社会生产力的提高,作为传统产业的汽车工业,其企业间的实力越来越接近,世界汽车市场竞争日益加剧,汽车企业在规模和成本上的竞争空间已越来越小(受最小极限成本制约),因而以这种生产观念作为指导汽车企业经营的普遍观念已逐步退出历史舞台,用户对汽车产品质量产生了不同层次的要求,汽车企业就必须运用新的营销观念来指导自己的竞争。

2. 产品观念

生产观念注重以量、低成本取胜,而产品观念则表现为以质取胜。其基本理念是:当社会物质短缺、市场供不应求的局面得到缓解后,只要企业生产的汽车产品质量过硬,经久耐用,就一定会有良好的市场反应,受到用户的欢迎,企业就会立于不败之地。这种观念在商品经济不很发达的社会有一定的合理性,但在现代市场经济高度发达的条件下,这种生产观念也是不适宜的。因为现代汽车市场上卖方竞争激烈,而且用户需求的层次不断提高,质量再好的老的汽车产品,如不能及时得到更新以满足汽车市场的更高要求,也就不能保证企业市场长青。

上述两种生产观念都已不能很好地满足现代汽车市场营销的要求,但并不是说汽车企业就可以不重视提高生产效率、降低成本、狠抓产品质量等基本工作,而是说仅仅做好了这些工作还很不够,还不能保证企业达到自己的经营目标。因此,需要更新、更符合现代市场发展的营销观念。

3. 推销(销售)观念

推销(销售)观念产生于20世纪30年代初期。当时,由于资本主义世界经济大危机,包括汽车在内的大批产品供过于求,销售困难,卖方竞争加剧,资本主义经济从卖方市场逐渐转向买方市场。在激烈的市场竞争中,许多企业的经营思想发生改变,不光是重视生产问题,也开始逐渐重视产品的销路问题,各种促销技术在企业得到运用,并逐步形成了一种推销经营哲学。其基本理念是:企业经营的中心工作从生产领域转向流通领域。以销售为中心就必须大力施展推销和促销技术,从而引导顾客的需求、培养需求和创造需求,努力扩大销售。促销的基本手段就是广告和人员推销。

推销(销售)观念是以推销为重点,通过开拓市场,扩大销售来获利。这种观念的产生是企业经营思想的一大进步,但它仍没有脱离以生产为中心,"以产定销"的局限。因为它只是注重对现有产品的推销,而未对用户需要什么、购买产品后是否满意等问题给予足够的重视。因此,在经济进一步发展、产品更加丰富、竞争更加激烈的条件下,只是针对现有产品的推销,其效果越来越有限,推销观念也就不合时宜了。但推销(销售)观念为市场营销观念的形成奠定了基础。

4. 市场营销观念

市场营销观念也称市场主导观念,是一种以汽车用户需求为导向、"一切从汽车用户出发"的观念,通过整体的营销手段满足用户的需求,从而获得利润。它把企业的生产经营活动看作是一个努力理解和不断满足用户需要的过程,而不仅仅是生产或销售产品的过程;是"发现需要并设法满足之",而不是"将产品制造出来并设法推销之"的过程;是"制造适销对路的产品",而不是"推销已经制造出来的产品"的过程。"顾客至上""顾客是上帝""顾客永远正确"等口号是其营销观念的反映。

市场营销观念是汽车企业经营思想上的一次根本性变革。市场营销观念与传统营销观念相比,根本区别有四点:①起点不同。传统营销观念是在产品生产出来之后才开始经营活动,而市场营销观念则是以市场为出发点来组织生产经营活动。②中心不同。传统观念是以生产或卖方的需求为中心,以产定销;而市场营销观念则是以顾客或买方需求为中心,以销定产。③手段不同。传统观念主要采用推销及促销手段,而市场营销观念则主张通过整体营销(营销组合)的手段来满足顾客的需求。④终点不同。传统观念以将产品售出获取利润为终点,而市场营销观念则将利润看作是顾客需要得到满足后愿意给出的回报。

市场营销观念有四个主要支柱,即:用户需求、目标市场、整体营销、通过满足用户需求达到盈利率。这一观念使得用户与公司的关系趋向双赢,即在满足用户需求的同时,也实现了企业自身的目标。

5. 社会营销观念

市场营销观念自其产生后的几十年里得到企业界的广泛接受,但随着社会经济的发展,这种观念的局限性逐渐表现出来,主要表现为:一个企业在市场观念的指导下,其最大利益的获取是建立在极大地满足自己用户的基础上,该企业在满足自己的用户和追求自己最大利益的同时,却不能满足用户总体需求以及损害社会的利益。比如,在这种观念下,企业只从用户需要出发,产品适销对路,达到自己的盈利率,而极少考虑大量不可再生资源日益枯竭、生态环境的破坏、社会效益等,这样就严重威胁着社会公众的利益和消费者的长远利益。20世纪70年代,作为市场营销观念的补充,又出现了社会营销观念。

社会营销观念认为,企业的任务在于确定目标市场的需要、欲望和利益,比竞争者更有效地使用户满意,同时维护与增进社会福利。

社会营销观念与市场营销观念并不矛盾,前者不是对后者的否定,而是一种补充和完善。这种观念要求企业将自己的经营活动与满足用户需求、维护社会公众利益和长远利益作为一个整体对待,不急功近利,自觉限制和纠正营销活动的副作用,并以此为企业的根本责任。

社会营销观念的决策主要有四个组成部分:用户的需求、用户利益、企业利益和社会利益,它要求企业用系统方法把这四个方面的因素适当协调起来,拟出最佳营销策略。

现代营销观念的确立与发展,固然是资本主义经济发展的产物,但也是市场经济条件下企业经营经验的总结和积累。按照传统的营销观念,企业仅仅生产价廉物美的产品,仅仅靠生产出产品后再千方百计地去推销。这是以企业为中心的市场营销观念,是以企业利益为根本取向和最高目标来处理营销问题的观念,这种营销观念在现代经济环境下,并不能保证商品价值的实现。而只有深入地理解和适应消费者的需要,以消费者为中心组织营销活动,同时维护公众长远利益,保持经济的可持续发展才是真正的经营之道。

单元能力检测

一、单项选择题

1. 市场的三要素是指(　　)。
   A. 需要、需求和欲望　　　　　　　B. 人口、购买能力和购买欲望
   C. 需要、动机和欲望　　　　　　　D. 人口、需求和动机
2. 市场营销的核心是(　　)。
   A. 销售　　　　B. 促销　　　　C. 交换　　　　D. 交易
3. (　　)认为,企业的任务在于确定目标市场的需要、欲望和利益,比竞争者更有效地使用户满意,同时维护与增进社会福利。
   A. 产品观念　　B. 推销(销售)观念　C. 市场营销观念　D. 社会营销观念

二、多项选择题

1. 市场的三要素包括(　　)。
   A. 需要　　　B. 人口　　　C. 购买能力　　　D. 交换　　　E. 购买欲望
2. 传统市场营销观念主要包括(　　)。
   A. 产品观念　　B. 推销(销售)观念　C. 市场营销观念　D. 社会营销观念

三、填空题

1. 在商品经济尚不发达的时候,市场的概念总是同时间概念和空间概念相联系的,人们总是在某个时间聚积到某个地方完成商品的交换,因而市场被看作是商品交换的_____。
2. 市场包含三个主要因素,即:有某种需要的_____、为满足这种需要的_____和_____。
3. 市场营销的研究对象是_____和_____。

四、判断题

1. 汽车市场是将汽车作为商品进行交换的场所,是由汽车的买方、卖方和中间商组成的一个有机的整体。(　　)
2. 从市场的角度来看,市场营销与销售或促销是没有区别的。市场营销就等同于销售或促销。(　　)
3. 市场营销观念有四个主要支柱,这四个支柱是用户需求、目标市场、整体营销、通过满足用户需求达到盈利率。(　　)
4. 汽车营销学主要是研究汽车企业如何通过提供一系列有效的经营活动,满足用户和社会对某种有形与无形商品的需求,从而实现汽车企业盈利的目的。(　　)

五、简答题

1. 简单说明市场营销观念与社会营销观念的联系与不同。
2. 试结合我国现代化发展进程论述我国汽车市场的发展趋势。
3. 论述研究汽车营销的意义与必要性。

单元二 汽车销售基本礼仪规范

单元要点

1. 个人仪表美的三个层次;
2. 个人着装的四个原则;
3. 个人仪表规范;
4. 个人仪态规范;
5. 汽车展厅交往礼仪规范;
6. 电话礼仪;
7. 座位排次礼仪;
8. 访问顾客礼仪。

相关知识

汽车销售人员的仪表礼仪不仅表现了销售人员的外部形象,也反映了销售人员的精神风貌。在汽车展厅销售中,销售人员能否赢得顾客的好感与尊重,能否得到顾客的承认与赞许,先入为主的"第一印象"非常关键,而礼仪正是构成第一印象的重要因素。

一、个人仪表美的三个层次

个人仪表美是一个综合概念,它包括以下3个层次的含义。

(1)人的容貌、形体、仪态的协调美,是一种先天的仪表美。如体格健美匀称、五官端正、身体各部位比例协调、线条优美和谐,这些先天的生理因素是仪表美的第一要素。

(2)经过修饰打扮以及受后天环境的影响形成的美,是仪表美的一种体现。天生丽质并不是每个人都能够拥有的,而仪表美却是每个人都可以去追求和塑造的,而且即使天生丽质也需要用一定的形式去表现。无论一个人的先天条件如何,都可能通过化妆、服饰、外形设计等方式来表现自己的仪表美。

(3)淳朴高尚的内心世界和蓬勃向上的生命活力也是仪表美的一种体现,且是仪表美的本质。真正的仪表美是内在美与外在美的和谐统一,慧于中才能秀于外。一个人如果没有道德、情操、智慧、志向、风度等内在美作为基础,那么,再好的先天条件,再精心的打扮,也只能是一种肤浅的美、缺少丰富深刻内涵的美,不可能产生魅力。因此,一个人的仪表是内在美的一种自然展现。

二、个人着装的四个原则

1. 整体性原则

着装要能与形体、容貌等形成一个和谐的整体。服饰的整体美的构成因素是多方面的,包括:人的形体和内在气质,服装饰物的款式、色彩、质地,着装技巧及着装的环境等。

2. 个性原则

着装的个性原则中的"个性"不单指通常意义上的个人的性格,还包括一个人的年龄、身材、气质、爱好、职业等因素在外表上的反映所形成的个人的特点。

因此,选择服装要依据个人的特点进行,能与个性融为一体的服装才会使人自然、生动,才能烘托、展示个性,保持自我以别于他人;只有当服饰与个性协调时,才能更好地通过服饰塑造出更佳形象,展现出良好的礼仪风范。

3. TPO 原则

TPO 原则指的是着装应与时间(Time)、地点(Place)、场合(Occasion)相配的原则。具体的内容这里就不详细叙述,读者可自选参阅相关文献。

4. 整洁原则

在任何情况下,服饰都应该是干净整齐的。衣领和袖口处尤其要注意不能污渍斑斑。服装应该是平整的,扣子应齐全,不能有开线的地方,更不能有破洞,内衣亦应该勤换洗,特别是西服衬衫,应非常洁净。

皮鞋应该经常保持鞋面光亮,一旦落上灰尘要及时擦去(这事当然不要在人前做)。袜子要经常洗换,保持清洁。

女性销售顾问仪容仪表礼仪　男性销售顾问仪容仪表礼仪

三、个人仪表规范

汽车销售人员个人仪表注意点见表1-1。

汽车销售人员个人仪表注意点　　　　表1-1

部位	女　性	男　性	共同注意点
头发	发帘不要遮住眼睛;留长发的女性要用发夹盘起	干净有型,不留长发,不要用有刺激性气味的发胶	头发需要精心的梳洗和护理,不能留过于新潮或者前卫的发型
耳朵	女性的耳环与耳饰也不能过于夸张,应该保守一些,体现出端庄、大方的风格	不能佩戴任何耳环、耳饰	耳朵内须清洗干净
眼睛	化妆不能过于夸张,最好化淡妆	眼睛要有神	眼睛应该干净,注意不能有任何看着不干净的东西留在眼睛附近。眼镜也要保持干净
鼻子	—	吸烟的男性注意自己的鼻孔,如果明显能看出烟熏的痕迹,应该清洗一下	鼻毛不可以露出鼻孔
嘴巴	口红应该用淡雅的颜色	注意去除香烟等异味	牙齿要干净,口中不可留有异物
胡子	—	要刮干净	—
颈部	不要戴扎眼的项链		
手部	不要戴扎眼的戒指、手镯;指甲不要过长,不要用鲜艳的指甲油	—	指甲要修剪整齐,双手保持清洁
衬衫领带	衬衫的袖口及领口无污垢;衬衣的第一个纽扣要扣好;不能使用太花哨的领带。领带的打法应严谨,既不要太长,也不要太短,长度以下摆正好达到皮带扣为好		

续上表

部位	女性	男性	共同注意点
职业装	不同品牌展厅的职业装会有所不同,但目前一般都以西装为主。穿着西装时,第一个纽扣需要扣住,上衣口袋不要插着钢笔,两侧口袋最好不要放东西(特别是容易鼓起来的东西,如香烟和打火机等)。记住西装需要及时熨整齐,不要有污物。 在销售大厅接待访问时应穿着工作制服,佩戴姓名卡且位置合适		
鞋袜	着接近肤色的丝袜,袜面无破损,鞋跟高度在5cm以下	穿着深色鞋袜	袜子不要破损或有臭味;鞋子上不要有污物,鞋跟不要有磨损

汽车展厅销售中,男性销售顾问的仪表规范如图1-2所示。

图1-2 男性销售顾问的仪表规范

汽车展厅销售中,女性销售顾问的仪表规范如图1-3所示。

图1-3 女性销售顾问的仪表规范

四、个人仪态规范

1. 站姿礼仪

正确的站姿如图1-4所示。

图1-4 正确的站姿

男性销售顾问
举止礼仪

女性销售顾问
举止礼仪

站姿的要点如下:

(1)头正,颈挺直,双肩展开向下沉,人整体有向上的感觉;

(2)收腹、立腰、提臀;

(3)两腿并拢,膝盖挺直,小腿往后发力,人体的重心在前脚掌;

(4)女士四指并拢,虎口张开,双臂自然放松,将右手搭在左手上,拇指交叉,体现女性线条的流畅美;脚跟并拢,脚尖分开呈V字形;

(5)男士可将两脚分开与肩同宽,也可脚跟并拢、脚尖分开呈V字形,双手背放到臀部上(亦可与女士一样放置),塑造出男性轮廓的美;

(6)女士穿旗袍时,可站成丁字形,腹略收,双手交叉置于肚脐位置上;

(7)站立时,应保持面带微笑。

2. 坐姿礼仪

正确的坐姿如图1-5所示。

[坐姿规范]

说明:入座时要轻,至少要坐满椅子的2/3,后背轻靠椅背,双膝自然并拢(男性可略分开)。身体稍向前倾,则表示尊重和谦虚。

图 1-5

[男性销售人员要点]

说明：可将双腿分开略向前伸，如长时间端坐，可双腿交叉重叠，但要注意将上面的腿向回收，脚尖向下。

[女性销售人员要点]

说明：入座前应先将裙角向前收拢，两腿并拢，双脚同时向左或向右放，两手叠放于左右腿上。如长时间端坐可将两腿交叉重叠，但要注意上面的腿向回收，脚尖向下。

图1-5　正确的坐姿要点图

坐姿的要点如下：

（1）入座时要轻要稳，即走到座位前转身，轻稳地坐下；女士入座时，若是裙装，应用手将裙稍稍拢一下，不要坐下后再站起整理衣服；

（2）坐在椅子上，上身保持站姿的基本姿势，双膝并拢，两脚平行，鞋尖方向一致；

（3）根据所坐椅子的高低调整坐姿，双脚可正放或侧放，并拢或交叠，女士的双膝应并拢，任何时候都不能分开；

（4）双手可自然弯曲放在膝盖或大腿上，如果坐的是有扶手的沙发，男士可将双手分别搭在扶手上，而女士最好只搭一边扶手，以显示高雅；

（5）坐在椅子上时，一般坐满椅子的2/3，不要靠椅背，休息时可轻轻靠背；

（6）起立时，双脚往回收半步，用小腿的力量将身体支起，不要用双手撑着腿站起，要保持上身的起立状态。

坐姿也有美与不美之分，图1-6所示为错误的坐姿。

图1-6　错误的坐姿

3. 走姿礼仪

走姿的基本要求如下：

（1）以站姿为基础，面带微笑，眼睛平视；

（2）双肩平稳，有节奏地摆动，摆幅以 30°～35°为宜，双肩、双臂都不应过于僵硬；

（3）重心稍前倾，行走时左右脚重心反复地前后交替，使身体向前移；

（4）行走的线迹应为一条直线；

（5）步幅要适当，一般应该是前脚的脚跟与后脚的脚尖相距为一脚掌长，但因性别、身高不同会有一些差异；着装不同，步幅也不同，如女士穿裙装（特别是穿旗袍、西服裙、礼服）和穿高跟鞋时步幅应小些，穿长裤时步幅可大些；

（6）跨出的步子应是脚跟先着地，膝盖不能弯曲，脚腕和膝盖要灵活，富于弹性，不可过于僵直；

（7）走路时，应有一定的节奏感，走出步韵来。

4. 蹲姿礼仪

在展厅销售中，当顾客坐在展车内听取介绍时，为了表示对顾客的尊敬，销售人员应该保持大方、端庄的蹲姿，如图 1-7 所示。

图 1-7　销售人员的正确蹲姿

说明：左脚在前，右脚在后，两腿向下蹲去，前脚全着地，小腿基本垂直于地面，后脚跟提起，脚掌着地，臀部向下。注意，女士着裙装时，下蹲前请事先整理裙摆，下蹲时的高度以双目保持与顾客双目等高为宜。

5. 手势礼仪

手势礼仪主要用来引导来宾、指示方向、介绍商品。其做法是以右手或左手抬至一定高度，五指并拢，掌心向上，以肘部为轴，朝一定方向伸出手臂，动作时亦可配合身体向指示方向前倾，如图 1-8 所示。

运用手势礼仪时，应注意手势的上界一般不应超过对方的视线，下界不低于自己的胸区，左右摆的范围不要太宽，应在人的胸前或右方进行。另外，在洽谈桌上与顾客交流时，手势不得出现"一阳指"等不规范手势,且手势不能过快或过急,应温柔平稳,让顾客感受到一种美感。

图1-8 手势礼仪示意图

6. 鞠躬礼仪

鞠躬是表达敬意、尊重、感谢的常用礼节。鞠躬时应从心底发出对对方表示感谢、尊重的意念,从而体现于行动,给对方留下诚意、真实的印象。在行鞠躬礼时,我们标准站姿站立或按标准行姿行走时适当减缓速度,面带微笑,头自然下垂,并带动上身前倾5°,时间要持续1～3s。鞠躬礼仪如图1-9所示。

图1-9 鞠躬礼仪示意图

鞠躬礼仪的要点如下:

(1)"问候礼"通常是30°,"告别礼"通常是45°;

(2)鞠躬时眼睛直视对方是不礼貌的表现;

(3)地位低的人要先鞠躬,而且相对深一些;

(4)男士行礼时,手放在身体的两侧,女士行礼时,双手握于体前;

(5)当别人向你行鞠躬礼时,你一定要以鞠躬礼相还。

图1-10所示为2种不正确的鞠躬方式。

图1-10 2种不正确的鞠躬方式

7. 注目礼

当顾客离店时,应向远去的顾客挥手、微笑、行注目礼,目送到顾客或其车辆消失到视野之外为止。

五、汽车展厅交往礼仪规范

1. 问候语(寒暄)

销售顾问迎接及寒暄礼仪

顾客来时,应面带微笑主动上前打招呼,并致以问候语,可以使用:"您好!""早上好!""欢迎光临"等问候语。

如果是熟悉的顾客,在见面时常可采用寒暄方式进行问候,寒暄的要点如下。

(1)自己主动:表现出对顾客的敬意,提高效果。

(2)常带微笑:没有微笑的寒暄不会产生亲切感。

(3)明快的声音:比平时声音稍微放高一些,到句子结尾时要发音清楚。

2. 对顾客的称谓

对顾客要用尊称,常用"您""贵顾客""贵先生""贵女士"等,最好是先了解对方的姓名和身份后,用姓氏加身份称谓比较好,比如"陈主任""吴处长"等。

3. 握手

握手是我们日常工作中最常使用的礼节之一。握手时,伸手的先后顺序是上级在先、主人在先、长者在先、女性在先。握手时间一般在2~3s或4~5s为宜。握手不宜过猛或毫无力度,要注视对方并面带微笑。图1-11所示为各种错误的握手方式。

4. 自我介绍

自我介绍的内容包括3项基本要素:本人的姓名、供职的单位以及具体部门、担任的职务和所从事的工作。进行自我介绍应先向对方点头致意,得到回应后再向对方介绍自己。

a)戴着手套握手

b)握手力度过大

图 1-11　错误的握手方式

5. 交换名片

名片是工作过程中重要的社交工具之一。交换名片时也应注重礼节。我们使用的名片通常包含两个方面的意义,一是表明你所在的单位,二是表明你的职务、姓名及承担的责任。总之,名片是自己(或公司)的一种表现形式。因此,我们在使用名片时要格外注意。

(1)名片的准备。

①名片不要和钱包、笔记本等放在一起,原则上应该使用名片夹。

②名片可放在上衣口袋中(但不可放在裤兜里)。

③要保持名片或名片夹的清洁、平整。

(2)接受名片。

①必须起身接收名片。

②应用双手接收名片。

③不要在接收的名片上面做标记或写字。

④不可来回摆弄接收的名片。

⑤接收名片时,要认真地看一遍。

⑥不要将对方的名片遗忘在座位上,或存放时不注意落在地上。

(3)递名片。

①应由下级或访问方先递名片,如是介绍时,应由先被介绍方递名片。

②递名片时,应说些"请多关照""请多指教"之类的寒暄语。

③递名片时,应使名片上的字体正对对方。

④互换名片时,应用右手拿着自己的名片,用左手接对方的名片后,用双手托住。

⑤互换名片时,也要看一遍对方职务、姓名等。

⑥遇到难认字,应事先询问。

⑦在会议室如遇到多数人相互交换名片时,可按对方座次排列名片,如图1-12所示。

图1-12 名片的递送

6. 距离

在接待顾客时,应根据情况保持适当的空间距离。人与人之间空间层次划分见表1-2。

人与人之间空间层次划分表　　　　表1-2

空间层次	距离	适用范围	与社交活动的关系
亲密空间	15~46cm	最亲密的人	社交不能侵犯这一区域
个人空间	46~120cm	亲朋好友之间	将社交活动按照适当的方式,适时地进入这一空间,会增进彼此之间的情感和友谊,取得社交的成功
社交空间	1.2~3.6m	凡有交往关系的人都可进入的空间	彼此保持一定的距离,会产生威严感、庄重感
公众空间	大于3.6m	任何人都可进入的空间	在此空间看见曾有过联系的人,一般都要有礼节地打招呼;对不认识的人,不能长久注视,否则会被视为不礼貌

7. 目光礼仪

(1)目光注视的区域。在与人交谈时,不要将目光长时间聚焦于对方脸上的某个部位或身体的其他部位。面对不同的场合和交往对象,目光所及之处也有区别,具体如下。

①公事注视:目光所及区域在额头到两眼之间。

②社交注视:目光所及区域在两眼到嘴之间。

③亲密注视:目光所及区域在两眼到胸之间。

(2)目光注视时间。

①注视时间应占交谈时间的30%~60%,低于30%会被认为你对他的交谈不感兴趣,高于60%则会被认为你对他本人的兴趣高于对谈话内容的兴趣。

②凝视的时间不能超过5s,因为长时间凝视对方,会让对方感到紧张、难堪。如果面对熟人、朋友、同事,可以用从容的眼光来表达问候、征求意见,这时目光可以多停留一些时间,切忌迅速移开,这会给人留下冷漠、傲慢的印象。

(3)目光的不良表达方式。

①在别人讲话时闭眼,给人的印象是傲慢或没教养。

②盯住对方的某一部位"用力"地看,这是愤怒的最直接表示,有时也暗含挑衅之意。

③从上到下反复地打量别人,尤其是对陌生人,特别是异性,这种眼神很容易被理解为有意寻衅闹事。

④窥视别人,这是心中有鬼的表现。

⑤用眼角瞥人,这是一种公认的鄙视他人的表现。

⑥频繁地眨眼看人,这是心神不定的表现,且有失稳重,显得轻浮。

⑦左顾右盼,东张西望,目光游离不定,会让对方觉得你用心不专。

8. 微笑礼仪

人际交往中,第一印象往往是在前几秒钟形成的,而要改变它,却需付出很长时间的努力。良好的第一印象来源于人的仪表谈吐,但更重要的是取决于他的表情。微笑则是表情中最能赋予人好感、增加友善和沟通、愉悦心情的表现方式。一个对你微笑的人,必能体现出他的热情、修养和魅力,从而得到人的信任和尊重。图1-13为训练微笑的方式。

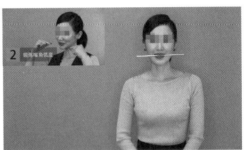

图1-13 训练微笑的方式

六、电话礼仪

1. 接电话的4个基本原则

(1)电话铃响在3声之内接起。

(2)在电话机旁准备好纸笔进行记录。

(3)确认记录下的时间、地点、对象和事件等重要事项。

(4)告知对方自己的姓名。

2. 接电话流程

接电话流程及各流程的基本用语、注意事项见表1-3。

接电话流程及各流程的基本用语、注意事项　　　　　　表1-3

顺　　序	基本用语	注意事项
1.拿起电话听筒,并告知对方自己的姓名	"您好,××(公司)××部×××"(外线)、"您好××部×××"(内线),如上午10点以前可使用"早上好"; 电话铃响应3声以上时"让您久等了,我是××部×××"	(1)电话铃响3声之内接起; (2)在电话机旁准备好记录用的纸笔; (3)接电话时,不使用"喂－"回答; (4)音量适度,不要过高; (5)告知对方自己的姓名
2.确认对方	"×先生,您好""感谢您的关照"等	(1)必须对对方进行确认; (2)如是顾客要表达感谢之意
3.听取对方来电用意	"是""好的""清楚""明白"等	(1)必要时应进行记录; (2)谈话时不要离题
4.进行确认	"请您再重复一遍""那么明天在××,9点见"等	(1)确认时间、地点、对象和事由; (2)如是传言,必须记录下电话时间和留言人
5.结束语	"清楚了""请放心……""我一定转达""谢谢""再见"等	—
6.放回电话听筒	—	等对方放下电话后,再轻轻放回电话听筒

3.接电话的重点总结

(1)认真做好记录。

(2)使用礼貌语言。

(3)电话交流要简洁、明了。

(4)注意听取时间、地点、事由和数字等重要词语。

(5)电话交谈中,应避免使用对方不能理解的专业术语或简略语。

(6)注意讲话语速不宜过快。

(7)打错电话要有礼貌地回答,让对方重新确认电话号码。

4.拨打电话流程

拨打电话流程及各流程的基本用语、注意事项见表1-4。

接听拨打电话

拨打电话流程及各流程的基本用语、注意事项　　　　　　表1-4

顺　　序	基本用语	注意事项
1.准备	—	(1)确认拨打电话对方的姓名、电话号码; (2)准备好要讲的内容、说话的顺序和所需要的资料、文件等; (3)明确通话所要达的目的
2.问候、告知自己的姓名	"您好!我是××公司××部的×××"	(1)一定要报出自己的姓名; (2)讲话时要有礼貌
3.确认电话对象	"请问××部的×××先生在吗?""麻烦您,我要找×××先生""您好!我是××公司××部的×××"	(1)必须要确认电话对方; (2)如与要找的人接通电话后,应重新问候

续上表

顺　　序	基本用语	注意事项
4.电话内容	"今天打电话是想向您咨询一下关于××事……"	(1)应先将想要说的结果告诉对方； (2)如是比较复杂的事情,请对方做记录； (3)对时间、地点、数字等进行准确的传达； (4)说完后可总结所说内容的要点
5.结束语	"谢谢""麻烦您了""那就拜托您了"等	语气诚恳、态度和蔼
6.放回电话听筒	—	等对方放下电话后,再轻轻放回电话听筒

5．打电话重点总结

(1)要考虑打电话的时间(对方此时是否有时间或者方便)。

(2)注意确认对方的电话号码、单位、姓名,以避免打错电话。

(3)准备好所需要用到的资料、文件等。

(4)讲话的内容要有次序,简洁、明了。

(5)注意通话时间,不宜过长。

(6)要使用礼貌语言。

(7)外界的杂音或私语不能传入电话内。

(8)避免拨打私人电话。

注:打电话时,如果发生掉线、中断等情况,应由打电话方重新拨打。

七、座位排次礼仪

销售顾问拜访顾客或有顾客来访时,座位排次有礼仪,不能乱坐。

1．会谈时的座位安排

如果只有主人和主宾两人,则主宾坐在右侧,主人坐在左侧。如需译员、记录,则分别安排坐在主宾和主人的身后。

如果会谈桌一端朝向正门,即纵向摆放,则以进门方向为准,右侧为客方,左侧为主方。

会谈通常用长方形、椭圆形或圆形桌子,宾主相对而坐,以正门为准,主人在背面一边,客人面向正门。主谈人居中而坐,其他人按礼宾顺序左右排列。记录员可安排在后面,如参加会议人数少,也可安排在会谈桌就座。

小范围的会谈,也可不用长桌,只设沙发,双方座位按会见座位安排。

2．会客室的座位安排

一般会客室离门口最远的地方是主宾的位子。假设某会议室对着门口有一个一字形的座位席,这些位子就是主管们的位子,而与门口成斜角线的位子就是主宾的位子,旁边是主宾的随从或者直属人员的位子,离门口最近的位子安排给年龄辈分比较低的员工。

会客室座位的安排除了遵照一般的规矩,也要兼顾特殊。有些人位居高职,却不喜欢坐在主位,如果他坚持一定要坐在靠近门口的位子时,你要顺着他的意思,让顾客自己去挑选他喜欢的位置,接下来你只要做好其他位子的顺应调整就好。

3. 会议室的座位安排

门口的右侧为客人席,左侧为主人席,远离门口的为上席。如是圆形桌时远离门口的席位为上席。

4. 宴会时的座位安排

举办正式宴会,应当提前排定桌次和席次,或者只排定主桌席位,其他只排桌次。桌、席排次时,先定主桌主位,再排其他座位次序。

(1)中式宴会的桌次安排。中式宴会通常8~12人一桌,人数较多时也可以平均分成几桌。在宴会不止一桌时,要安排桌次。其具体原则是:

①以右为上,当餐桌分为左右时,以面门为据,居右之桌为上,如图1-14a)所示;

②以远为上,当餐桌距离餐厅正门有远近之分时,以距门远者为上,如图1-14b)所示;

③居中为上,多张餐桌并列时,以居于中央者为上,如图1-14c)、d)所示;

④在桌次较多的情况下,上述排列常规往往交叉使用,如图1-14e)、f)所示。

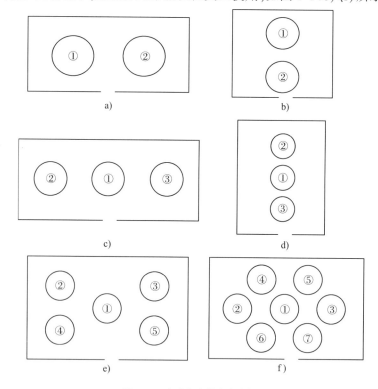

图1-14 中式宴会的桌次安排

(2)中式宴会的席次安排。席次,指同一餐桌上的席位高低。排列席次的原则是:

①面门为上,即主人面对餐厅正门,有多位主人时,双方可交叉排列,离主位越近地位越尊;

②主宾居右,即主宾在主位(第一主位)右侧;

③好事成双,即每张餐桌人数为双数,吉庆宴会尤其如此;

④各桌同向,即每张餐桌的排位均大体相似。

席次排列如图 1-15 所示。

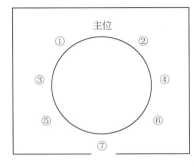 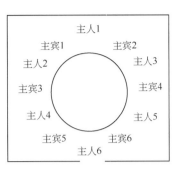

图 1-15　中式宴会的席次安排

（3）西式宴会的桌席排位。西式宴会的餐桌习惯用长桌，或是根据人数多少、场地大小自行设置，如图 1-16 所示。

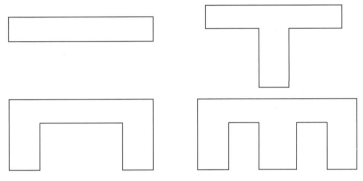

图 1-16　西式宴会的餐桌

同中式宴会一样，举办西式宴会也要排定桌次和席次。

西式宴会的席次排位也是讲究右高左低，同一桌上席位高低以距离主人座位远近而定。如果男、女主人并肩坐于一桌，则男左女右，尊女性坐于右席；如果男、女主人各居一桌，则尊女主人坐于右桌；如果男主人或女主人居于中央之席，面门而坐，则其右方之桌为尊，右手旁的客人为尊；如果男、女主人一桌对坐，则女主之右为首席，男主人之右为次席，女主之左为第三席，男主人之左为第四席，其余位次依序而分。

西式宴会的席次一般根据宾客地位安排，女宾席次依据丈夫地位而定。也可以按类别分坐，如男女分坐、夫妇分坐等。在我国用西餐宴请客人，通常采用按职务高低男女分坐的方式。

5. 乘汽车时的座位安排

乘汽车时，遵循右为上，左为下，后为上，前为下的原则。一般情况下，驾驶员后排右侧是上宾席。

特别注意的是：公务用车时，上座为后排右座；在平常的社交应酬中，上座为副驾驶座；接待重要客人时，上座为驾驶员后面的座位，这是最基本的乘车礼仪。

6. 乘列车时的座位安排

列车行驶方向靠窗子的座位为上席，然后是其对面的座位；再后是行驶方向靠过路的座位，最后是其对面的座位。

八、访问顾客礼仪

作为汽车销售顾问,访问时的礼节、礼仪是非常重要的,下面简单介绍。

(1)访问前应与对方预约访问的时间、地点及目的,并将访问日程记录下来。

(2)访问时,要注意遵时守约。

(3)到访问单位前台时,应先自我介绍:"我是同×先生预约过的××公司的×××,能否通知一下×先生"等。

(4)如果没有前台,应向附近的人员询问。

(5)如果被访问人繁忙时,或先去办理其他事情或改变其他时间再来访问:"您现在很忙,那么我们约在明天×点再见面好吗?"等。

(6)如需等候访问人时,可听从访问单位接待人员的安排;亦可在会客室等候或在沙发上边等候边准备使用的名片和资料文件等。

(7)看见被访问人后,应起立(初次见面,递上名片)问候。

(8)如遇到被访问人的上司,应主动起立(递上名片)问候,会谈重新开始。

(9)会谈尽可能在预约时间内结束。

(10)告辞时,要与被访问人打招呼道别。

(11)会谈时,要注意谈话或发言不要声音过大。

单元能力检测

1. 从汽车销售礼仪的角度,谈谈个人着装的基本原则有哪些。

2. 根据自己的情况,谈谈个人仪表规范的要求。

3. 礼仪训练。

训练目的:通过训练掌握汽车展厅销售所必备的仪态规范与交往礼仪规范。

训练内容:

(1)站姿;

(2)坐姿;

(3)走姿;

(4)蹲姿;

(5)手势;

(6)注目礼;

(7)鞠躬礼;

(8)寒暄;

(9)接送名片;

(10)自我介绍;

(11)微笑礼仪。

训练方法：

（1）分组。每班分成若干组，每组以 6～10 人为宜，并指定一位学生任组长。

（2）教师指导。根据指导老师的人数，可采用一个老师指导几种礼仪，学生按流水线方式轮流进行。

（3）学生自我训练。在老师指导下，让学生以小组为单位进行自我训练，并在各组自我训练后，进行组间互助学习。

（4）角色扮演训练法。

步骤一：分组。

步骤二：选组长。

步骤三：给予课题。

步骤四：准备 5min。

步骤五：开始演练。

注意：每组演练时间为 15min；老师要设计好若干种情景，并以文件的形式发到每组；可引导各组间进行竞赛，并给优秀小组颁奖。

单元三 顾客关系管理

单元要点

1. 顾客的概念；
2. 顾客满意与顾客忠诚的概念；
3. 顾客关系的概念；
4. 顾客关系管理；
5. 拜访顾客的技巧。

相关知识

一、顾客的概念及分类

顾客是现代市场营销理论最为重要的一个概念。企业的营销活动既是以顾客的需求为起点的，又是以顾客需求的满足为终点的。作为汽车销售人员，正确理解汽车销售所面对的顾客，有利于我们提高顾客满意度，建立忠诚度高的顾客群，进而获得较多的顾客回头与转介绍。

1. 顾客的定义

我们给顾客下的定义是：直接或间接与企业发生现实交换关系或潜在交换关系，从而直接或间接影响企业或组织利益的个人或组织（各级各类企事业单位和机构）。顾客之所以是顾客，在于企业与顾客之间发生了交换关系或潜在交换关系。这个定义一方面表明，顾客是现实顾客和潜在顾客的集合体，这与"市场是某种货物或服务的所有现实购买者和潜在购买者"(菲利普·科特勒)的观点完全一致。另一方面,从市场营销活动与市场营销系统看,凡是可以促进交换实现的一切活动,都可看成是营销活动的组成部分,凡是参与或促进交换活动的一切个人或组织,都可看成是企业的顾客。因此,企业不应将顾客局限于"最终消费者"或"用户",而应将其范围扩大到企业所有的"利益攸关者"。

2. 顾客的分类

(1)按内外角度,可分为内部顾客和外部顾客。

(2)按交易频次,可分为与企业发生一次或初次交易互动关系的新顾客、与企业发生多次和长期交易互动关系的老顾客以及与企业发生终生交易互动关系的终生顾客。新、老顾客和终生顾客相互影响、互相制约、彼此渗透、层层传递,并以潜在顾客为"基地"构成了一个金字塔形的顾客等级阶梯结构库,如图1-17所示。

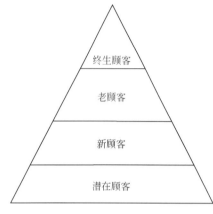

图 1-17　顾客等级阶梯结构库

(3)按普通与特殊角度,可分为普通顾客和特殊顾客。普通顾客就是一般意义上的顾客,而特殊顾客,往往是一些身份特殊或对于企业利润率有重大影响的组织或个人。特殊顾客往往包括供应商顾客、中间商顾客、金融顾客、竞争者顾客、政府顾客或关键顾客、金牌顾客等。依据帕雷托法则(又称"二八原则"),企业80%的收入或利润来自20%的少数顾客,即少数顾客养活着多数人。因此,企业必须高度重视特殊顾客,坚持"有所为,有所不为"的顾客方针,不要均匀使用现有的稀缺资源,更不要幻想留住所有的顾客。

(4)按是否达成交易关系,可分为已经实现交易的现实顾客和尚未达成交易的潜在顾客。现实顾客就是已达成交易的顾客,潜在顾客就是指可能达成交易但尚未成交的顾客。潜在顾客与现实顾客互为前提,互为条件,既相互影响,相互制约,又彼此渗透,互相交叉,作为一体,共同作用于市场和企业。如何把潜在顾客转化为现实顾客,是现代企业进一步把市场做大的核心问题。

(5)按购买消费活动过程中所扮演的角色不同,可以分为发起者、影响者、决策者、购买者、使用者、处置者及信息控制者等。当顾客以个人为单位购买时,7种角色可能同时由一人担任;当顾客以家庭为单位购买时,7种角色往往由家庭不同成员分别担任;当顾客以组织为单位购买时,7种角色常常由企业或组织不同部门分别担任。

(6)按情感角度,可分为满意的顾客和非满意的顾客。前者既包括忠诚的顾客即老顾客与回头客(他们通常具有下列消费行为:再购率高、价格承受力强、品牌转换率低、意见建议率高),也包括虽然满意但不忠诚的顾客,因其本性渴望得到多样化的需求满足,因而他们往往有很高的品牌转换率和流失率。不满意的顾客可以是抱怨的顾客,也可以是投诉的顾客。应当指出的是:"满意的顾客是最好的广告,也是最好的推销员"。但只有忠诚的顾客才是企业利润的最根本、最重要、最可靠、最坚实、最稳定的来源。据美国市场营销学会AMA顾客满意度手册所列的数据显示:每100个满意的顾客会带来25个新顾客;顾客忠诚度提高5%,企业利润将增加25%~85%。

(7)按市场角度,可以分为消费者市场的"顾客"与组织市场的"顾客"。消费者市场是个人和家庭为了生活消费而购买产品和服务的市场。由于生活消费是产品和服务流通的终点,因而消费者市场也称为最终产品市场。因此,消费者市场的顾客就是个体和家庭。组织市场是由各种机构形成的对企业产品和劳务需求的总和。它包括生产者市场、中间商市场和政府市场。与之相对应,组织市场的顾客就包括生产者顾客或企业、中间商顾客(含批发商、零售商)和政府顾客(各级政府)等。从本质上说,用户、客户、顾客三者是同一个概念,只是在不同行业或不同区域会习惯不同的称谓而已。相比而言,用户是指使用企业产品的顾客,它的范围比另外两个概念要窄些。

(8)按区域角度,可分为本地顾客、区域顾客、国内顾客和国际顾客等。一个有志于长远发展的现代企业,通常考虑更多的是如何拓宽现有区域内自己的顾客群,以及如何才能尽快地赢得海外顾客。

二、顾客满意与顾客忠诚的概念

不同的学者对于顾客满意概念的界定基本是一致的。菲利普·科特勒认为,顾客满意"是指一个人通过对一个产品的可感知效果(或结果)与他的期望值相比较后,所形成的愉悦或失望的感觉状态。"亨利·阿塞尔也认为,当商品的实际消费效果达到消费者的预期时,就导致了满意;否则,会导致顾客不满意。从上面的定义我们可以看出,顾客满意是一种期望(或者说预期)与可感知效果比较的结果,它是一种顾客心理反应,而不是一种行为。

与顾客满意相比,不同的学者对于顾客忠诚概念的界定存在着较大的分歧。例如,Tucker 将顾客忠诚定义为连续3次购买者;而 Lawrence 则定义为连续4次购买者;Blattberg 和 Sen 把购买比例(而不是结果)作为对忠诚的行为性测算,并且把消费者忠诚分为对制造商品牌和销售商品牌的忠诚。笔者认为,顾客忠诚是由于价格、产品/服务特性或其他要素引力的影响,顾客长久地购买某一品牌产品或服务的行为。由于主观性的影响,作为顾客心理反应的顾客满意是非常难以衡量的,尽管学者和企业利用大规模的市场调查和顾客询问可以得出大致的结论,但对这种结论的准确性,任何一个学者都无法作出完全肯定的承诺。相反,顾客忠诚是顾客的一种行为,衡量忠诚的唯一尺度就是看顾客是否重复地购买企业的产品或者服务,除此之外没有其他的尺度。

三、顾客关系的概念

关系是指人和人或人和事物之间的某种性质的联系。这可能是对关系最笼统的定义。芬兰服务营销大师克里斯廷·格罗鲁斯认为,关系在很大程度上就是一种态度。人们如果感到在他们之间有相互联系的纽带,不管这种纽带是什么,这些人就很可能难以分开。这种难以分开的感觉就应该证明了关系的存在。从顾客的角度来讲,关系就是"供应商需要我,我也需要供应商"。Ray Mackenzie 在《基于关系的企业》(*The Relationship-Based Enterprise*)一书中,从另一个角度定义了顾客关系。他认为,关系是一系列的对话,对话是一系列的经济交易,交易是企业与顾客之间独立的相互作用,而企业提供给顾客的产品或服务(包括所能提供的任何东西)就是交易的目标。

以上这两种定义都为"关系"注入了新的活力,也使我们对于关系有了新的思维模式,有利于顾客关系的建立和优化。企业追求的是优质、长期的顾客关系。对于这样的顾客关系,它应该是以相互的信任和尊重为基础,以双方需求的满足为纽带,在双向沟通中形成的"相互依存"的感觉。其中,"相互的信任和尊重"是关系形成和发展的基石和根本保证;"双方需求的满足"是关系形成和发展的动力源泉;"双向沟通"是关系形成和发展的必由之路和根本措施。这里所说的"需求"和"沟通"是广义的,否则我们的思维就会出现片面性和局限性,也就很难采取有效的、有竞争力的营销和管理措施。

对于个体顾客来说,"需求"可能涉及精神的和物质的、生理的和心理的需求。我们也可以按照马斯洛的需求层次理论来分析顾客的需求,总之,要全方位地、系统地考虑顾客的需求。对于企业顾客来说,"需求"也是多方面的,可以从长期利益和短期利益的角度分析顾客需求,也可以从战略意义和战术意义的角度分析顾客的需求。只有全面分析顾客需求,企业才有可能满足顾客需求,才有可能建立和发展长期、优质的顾客关系。

对于"沟通"来讲,企业不仅要考虑沟通的内容和方式,还要考虑合适的沟通主体、沟通频度,从而有利于强化顾客关系,有利于满足顾客需求和发现顾客新的需求。

只有充分认识顾客关系的特点,才有可能正确地建立、维护和发展长期、优质的顾客关系。顾客关系具有以下几个特点。

(1)关系具有双向性。即信任和尊重必须是相互的,满足的需求必须是双方的,关系的建立和成长过程中的沟通必须是双向的,而对于关系的感觉必须是双方都具有的。

(2)关系具有利益性。或许有人对这种说法持反对意见,认为这种说法表明了关系追求利益的特点,而他们认为很多关系是"纯洁"的。本书所讲的利益性是一个广义的概念,它主要是指关系满足需求的特性,这种需求可以是有形的,如财物等;也可以是无形的,如某种良好的感觉。关系的利益性提醒我们,在与顾客建立、发展关系的过程中,一定要了解顾客的需求,从顾客的需求出发,了解顾客所追求的利益点,从而减少对顾客所提供的产品或服务的盲目性,从而实现发展关系的高效率。关系的利益性还要求我们了解顾客的心理偏好和购买行为,预测其购买行为,同时也对数据库和数据挖掘技术提出了要求。

(3)关系具有互动性。任何单独一方的努力都不会形成关系,关系是双方相互作用的结果。供应商或服务提供商应该通过关系营销手段加强与顾客的互动和相互沟通,这也是相互了解的重要手段。

(4)关系具有无形性。关系是看不见、摸不着的东西,它是一种感觉,但是它确实存在。关系的这种特性给我们的关系管理提出了挑战。

(5)关系具有动态性。一般来说,关系都会经历初建期、成长期、成熟期和衰退期这几个阶段。关系的质量不会一成不变,它需要投资和维护。企业应该采取有效措施尽可能延长关系的成熟期,增加顾客关系的资产值。

(6)关系具有诚信的特点。关系的这一特点要求企业对顾客必须采取诚信的态度,对顾客保持适度的承诺。没有承诺或过高的承诺都对企业不利,容易使顾客认为企业缺乏诚信,从而不利于关系的发展。顾客对企业的诚信也是关系的一个重要特征。

持续、稳定的利益交换是关系发展的纽带,关系的双方应该依靠经常性的沟通和互动加强联系,增强相互的信任。联系和信任能使关系日益融洽,也抬高了第三方进入的门槛。相反,如果一方持续的利益输出得不到相应的回报,顾客与企业间的关系就会逐渐淡薄,一旦出现了有利可图的第三方,顾客关系就有可能走向解体。在市场经济条件下,尤其在买方市场的情况下,企业应该关注顾客需求,主动出击,加强与顾客的联系,提高顾客关系的价值。

四、顾客关系管理

所谓顾客关系管理,就是指通过对顾客行为长期地、有意识地施加某种影响,以强化公司与顾客之间的合作关系。顾客关系管理旨在通过培养公司的顾客(包括内部顾客和外部顾客)对该公司的产品或服务更积极的偏爱或偏好,留住他们,并以此作为提升公司营销业绩的一种策略与手段。顾客关系管理作为一种真正意义上的"One to One"的营销方法,其目的已经从传统的以一定的成本争取新顾客转向想方设法地留住老顾客,从获取市场份额转向获取顾客份额,从追求短期利润转向追求顾客的终身价值。顾客关系管理在很多文献中也称为"客户关系管理"。

1. 顾客关系管理的主要内容

顾客关系管理的主要内容非常庞杂,包括从顾客资料(包括名称、地址、联系方法、联系人、联系人喜好等)、业务类别、交易价值、交易时间、交易地点、采购特点、特殊要求到对顾客价值的评估、顾客类别的划分与维护等方方面面。对于一个销售人员来说,做好顾客关系管理,除了掌握基本的顾客资料外,还需要特别关注以下几个方面的内容:

(1)判断顾客是一次性顾客、间或顾客还是经常性顾客;

(2)了解顾客购买产品或服务的最终目的何在,顾客之所以购买是因为看重产品或服务的哪些方面;

(3)了解顾客对于购买产品或服务使用后的真实感受;

(4)评估顾客对于公司的现实价值与潜在价值;

(5)掌握与顾客有效沟通的方式方法(包括客户常用的非语言沟通习惯等);

(6)确保对顾客关系管理中的重要内容进行及时更新。

2. 顾客关系管理的实施

正如顾客关系管理的内容非常庞杂一样,做好顾客关系管理更不容易,可谓仁者见仁、智者见智。不同的地域、行业、公司、公司所处的发展阶段以及公司销售团队等对于顾客关系管理都可能有自己独到的看法。事实上,到目前为止,也的确没有所谓的一条总结出来放之四海而皆可用的顾客关系管理理论。不过,营销实践表明,在公司推行顾客关系管理,要求销售人员至少在如下一些方面要有充分的理解、掌握。这些方面包括关系营销原理、关系营销的基础、关系营销的关系类别、实施关系营销的主要途径以及如何做到从顾客满意到顾客忠诚等。

优秀的销售人员都拥有自己相对稳定的顾客关系网络,他们会根据顾客的重要程度确定与其保持沟通的频次,以维系一种相互信赖的关系,而这种关系正是销售人员赖以成功的秘诀。因此,从这个角度来讲,销售人员应该是公司中最善于与人交往并建立良好人际关系的一族人群。

事实上,建立并维持顾客关系是销售人员的基本职能,也是营销成功的基本保证。众所周知,顾客是公司生存和发展的基础,市场竞争的实质就是争夺顾客资源(顾客数量与质量)。欲建立与维持同顾客的良好关系,就必须树立顾客利益至上的观念,这就要求销售人员首先理解关系营销原理。

关于关系营销理论与策略,可参考"关系营销"相关文献的阐述。

五、拜访顾客的技巧

1. 拜访的形象要求

上门拜访顾客尤其是第一次上门拜访顾客,难免相互存在一点戒心,不易放松心情,因此营销人员要特别重视我们留给别人的第一印象。成功的拜访形象包括以下几个方面。

(1)外部形象:首先是服装,"人不可貌相"是用来告诫人的话,而"第一印象的好坏,90%取决于仪表"。上门拜访要成功,就要选择与个性相适应的服装,以体现专业形象。另外,仪容、言谈举止乃至表情动作上都要力求自然及专业。

(2)控制情绪:不良的情绪是影响成功的大敌,我们要学会控制自己的情绪。

(3)投缘关系:建立投缘关系就建立了一座可以和顾客沟通的桥梁。

(4)诚恳态度:"知之为知之,不知为不知",这是古语告诉我们做人的基本道理。

(5)自信心理:信心来自心理,只有做到"相信公司、相信产品、相信自己",才可以树立起强大的自信心理。

2. 拜访前的准备

(1)计划准备。

①计划目的:由于我们的销售模式是具有连续性的,所以上门拜访的目的是建立正面的关系,而不仅仅是推荐产品。

②计划任务:营销人员的首要任务就是在短时间内把自己"不速之客"的立场转化成"友好立场"。

③计划路线:按优化的计划路线来进行拜访,可显著提高工作效率,因此制订访问计划非常重要。

④计划开场白:如何进门是我们遇到的最大难题,好的开始是成功的一半,同时可以掌握75%的先机。

(2)外部准备。

①资料准备:"知己知彼,百战不殆!"要努力收集顾客资料(教育背景、生活水准、兴趣爱好、社交范围、习惯嗜好等),还要努力掌握活动资料、公司资料、同行业资料。

②工具准备:"工欲善其事,必先利其器"。一位优秀的营销人员除了具备锲而不舍的精神外,一套完整的销售工具是绝对不可缺少的战斗武器。

③时间准备:如与顾客预约好时间应准时到达,到得过早会给顾客增加一定的压力;到得过晚会给顾客传达"我不尊重你"的信息,同时也会让顾客产生不信任感。最好是提前5~7min到达,做好进门前准备。

(3)内部准备。

①信心准备:营销人员的心理素质是决定成功与否的重要条件,要突出自己最优越的个

性,让自己人见人爱;此外还要保持积极乐观的心态。

②知识准备:上门拜访是销售活动前的热身活动,这个阶段最重要就是要制造机会,制造机会的方法就是提出对方关心的话题。

③拒绝准备:大部分顾客是友善的,换个角度去想,通常在接触陌生人的初期,每个人都会产生本能的抗拒和保护自己的方法,找一个借口来推却你罢了,并不是真正讨厌你。

④微笑准备:如果你希望别人怎样对待你,你首先就要怎样对待别人,时刻准备着用微笑面对客户。

3. 拜访的步骤

下面以第一次上门拜访为例介绍上门拜访的7个步骤。

第一步,确定进门。

敲门:进门之前应先按门铃或敲门,然后站立门口等候。敲门以3下为宜,声音有节奏但不要过重。

话术:"××叔叔(阿姨)在家吗?""我是××公司的小×!"主动、热情、亲切的话语是顺利打开顾客家门的金钥匙。

态度:进门之前一定要显示自己的态度——诚实大方。同时避免傲慢、慌乱、卑屈、冷漠、随便等不良态度。

注意:严谨的生活作风能代表公司与个人的整体水准,千万别让换鞋、收雨伞等小细节影响大事情。

第二步,赞美观察。

赞美:人人都喜欢听好话被奉承,这就叫"标签效应",善用赞美是最好的销售武器。

话术:"您家真干净""您今天气色真好"。另外,可以从房间干净、房间布局、房间布置,主人的气色、气质、穿着等方面运用赞美之术。

层次:赞美分为直接赞美、间接赞美、深层赞美3个层次,赞美的主旨是真诚,赞美的大敌是虚假。

观察:你站在一户人家门前的时候,就会对这户人家有种自己的感觉,这种感觉被称为"家庭的味道",这种味道不是用嘴来品尝的,而是用眼睛来观察的。

观察六要素:门前的清扫程度;进门处鞋子排放情况;家具摆放及装修状况;家庭成员气氛明朗程度;宠物、花、鸟、书、画等爱好状况;屋中杂物摆放状况。

第三步,有效提问。

提问时要注意如下几点:

①确实掌握谈话目的,熟悉自己谈话内容,交谈时才有信心。

②预测与对方的面谈状况,准备谈话的主题及内容。

③努力给对方留下良好的第一印象,即努力准备见面最初15~45s的开场白提问。

寻找话题的7种技巧如下:

①仪表、服装:"这件衣服料子真好,您是在哪买的?"

②乡土、老家:"听您口音是山东人吧!我……"

③气候、季节:"这几天热得出奇,去年……"

④家庭、子女:"我听说您家女儿是……"
⑤住宅、摆放、邻居:"我觉得这里布置得特别有品位,您是搞这个的吗?"
⑥兴趣、爱好:"您的歌唱得这样好,真想和您学一学。"
⑦线索、侦察:从蛛丝马迹中就可以了解到顾客喜欢的一些话题。
家访提问常用的技巧如下:
①先让自己喜欢对方再提问,向对方表示亲密,尊敬对方。
②尽可能以对方立场来提问,谈话时注意对方的眼睛。
③开放性问题所回答的面较广,不容易被顾客拒绝。
④特定性问题可以展现你专业身份,由小及大,由易及难,多问一些引导性问题。
⑤问二选一的问题,帮助犹豫的顾客作决定。
⑥先提问对方已知的问题,提高职业价值,再引导性提问对方未知的问题。
⑦"事不关己,高高挂起",我们如果想做成功的营销者,就要学会问顾客关心的问题。

第四步,倾听。

上天赋予我们一张嘴巴、两只眼睛和两只耳朵,就是告诉我们要想成功就要少说话,应多看、多听。

第五步,说明拜访的目的,并克服异议。

向顾客说明拜访的目的。我们在拜访老顾客时,主要的目的是交流感情,进行售后回访及请求帮助推荐新顾客。若是拜访新顾客,主要目的就是介绍新车,邀请顾客来展厅参观及购车。此阶段最易遭遇顾客的异议,需要进行异议的克服。

①克服心理上的异议:现代人必须学会如何面对心理上的异议,使心理上有所准备,了解心理上异议的根源所在。
②化异议为动力:顶尖销售人员明白顾客的拒绝是本能的反应,并不是不接受产品和服务,而是有短暂的犹豫。
③顾客异议是机会:"嫌货才是买货人",顾客的异议是营销人员绝好的训练机会,借异议来磨炼自己。
④不要让顾客说出异议:善于利用顾客的感情,控制交谈气氛,顾客就会随着你的所想,不要让拒绝说出口。
⑤转换话题:遇到异议时,避免一味穷追不舍,以至于让顾客产生厌烦情绪,可用转换话题的方式暂时避开紧张话题。
⑥运用适当肢体语言:不经意碰触顾客会吸引顾客的注意,同时也会起到说服的作用,可以很好地克服异议。
⑦逐一击破:顾客为两人以上团队时,你可以用各个击破的方法来克服异议。
⑧同一立场:和顾客站在同一立场上,千万不可以与顾客辩驳,否则你无论输赢,都会使交易失败。
⑨树立专家形象:学生很少质疑老师,病人很少质疑医生,顾客是不会拒绝专家的。

第六步,向顾客发出邀请。

抓住邀请的时机:有时通过举止、言谈可以表露出顾客是否有意,抓住这些信号就抓住了成功邀请或进行推荐的契机。

第七步,致谢告辞。

你会感谢顾客吗?对于我们营销人员来说,我们每个人都要怀有感恩的心。

①时间:初次家访时间不宜过长,一般控制在20~30min。

②观察:根据当时情况细心观察,如发现顾客有频繁看表、经常喝水等动作时,应及时致谢告辞。

③简明:我们在说清楚事情以后,不要再进行过多修饰,否则就画蛇添足了。

④真诚:虚假的东西不会长久。做个真诚的人,用真诚的赞美让顾客永远记住你!

4. 再次拜访

销售往往不是一次拜访就能成功的,因此需再次甚至多次拜访顾客。我们可以从以下几个方面为再次拜访创造机会。

(1)合理使用资料。第一次拜访不成功,留下的资料很可能会被扔进垃圾桶,所以可以故意不留下资料,以再次送资料为由拜访顾客留下机会。当然,也可以视情将资料留下给顾客参考,但一定要约定下次取回的时间,以便再次登门拜访。

(2)以为顾客提供服务为由。在力所能及的范围内为顾客提供一些服务,以拉进与顾客的关系。比如可以当一位信息收集员,有意识地收集报刊、书籍上各类顾客感兴趣的信息,并伺机给顾客送去,创造再次拜访的理由。

(3)向顾客请教。了解顾客的专长,找一个顾客力所能及的问题来请教顾客,以此为由获得再次拜访顾客的机会。

(4)向顾客赠送小礼物。在适当的时间,为非常有希望成交的顾客送上一份小礼物,也可送上公司新的促销工具和其他资料。

(5)充分利用公司搞活动的机会。公司经常会举办各种活动,利用这些活动的机会,主动上门为顾客提供新的有吸引力的活动或产品优惠信息,让顾客产生强烈的参与或购买欲望。

当然,理由可以有很多,只要我们开动脑筋,总可以找到再次拜访顾客的理由。

单元能力检测

1. 制作几个顾客关系管理的工具表格,在同学中进行试用并完善。

2. 收集某汽车品牌顾客,要求数量在100名以上。对这些顾客进行分类与分析,写出分析报告。

3. 制订一个简单的街头随访计划,记录随访过程与结果,并与被访问人合影。

4. 采用头脑风暴法,让学生提出或设计出一些提高顾客满意度与忠诚度的方法。

5. 我们把人们对所购买的产品或服务的满意程度,以及由此产生的决定他们今后是否继续购买的可能性称为(　　)。

　　A. 顾客满意　　B. 顾客满意度　　C. 顾客忠诚　　D. 顾客忠诚度

6. 能否实现顾客满意有3个重要因素,这3个重要因素指的是( )。
   A. 顾客对产品的先期期望　　　　B. 产品的实际表现
   C. 顾客的表现　　　　　　　　　D. 产品表现与顾客期望的比较

单元四　汽车用户购买行为分析

单元要点

1. 汽车用户购买行为的一般过程;
2. 汽车消费用户购买行为分析;
3. 汽车产业用户购买行为分析;
4. 汽车政府用户购买行为分析。

相关知识

大多数购车顾客即是汽车的使用者,我们习惯称之为用户。本节主要从用户的角度来探讨其购买行为的规律。所谓用户购买行为分析,就是对用户的购买需求、动机进行分析,并且分析这些需求和动机是如何影响用户购买行为的,在此基础上,指出用户购买行为的模式,分析影响用户购买行为的因素,从而为寻找营销机会提供帮助。

一、汽车用户购买行为概述

1. 汽车用户及其分类

汽车用户常可分为以下几种类型。

(1) 私人消费用户(简称消费用户),是指将购买的汽车作为个人或家庭消费使用,解决私人交通的用户,他们构成汽车的消费用户市场。从世界范围来看,此类消费者分布最为广泛,需求最为强劲,占据了每年世界汽车用户的绝大部分。目前,消费用户市场是我国汽车市场增长最快的一个细分市场,其重要性已经越来越引起各汽车厂商的关注。

(2) 集团消费用户,是指将汽车作为集团消费性物品使用,维持集团事业运转的集团用户,我国通常称为"机关团体、企事业单位",他们构成汽车的集团消费市场。这一市场是我国汽车市场比较重要的一个细分市场,其重要性不仅表现在具有一定的需求规模,还常常对全社会的汽车消费起着示范性作用。这类用户主要包括各类企业单位、事业单位、政府机构、司法机关、各种社团组织以及军队等。

(3) 产业用户,亦称为运输营运者,是指将汽车作为生产资料使用,满足生产、经营需要的组织和个人,他们构成汽车的生产用户市场。这类用户主要包括具有自备运输机构的各类企业单位、将汽车作为必要设施装备的各种建设型单位、各种专业的汽车运输单位和个人等。目前,这一市场在我国汽车市场上也占有重要位置,特别是对某些车型而言,它是这些车型的主要市场。

(4)其他直接或间接用户,是指以上用户以外的各种汽车用户及其代表,主要包括以进一步生产为目的的各种再生产型购买者和以进一步转卖为目的的各种汽车中间商,他们都是间接用户。由这类购买者构成的市场,对于汽车零部件企业或以中间性产品(如汽车的二、三、四类底盘)为主的企业而言,是非常重要的。

以上各类汽车用户,从总体上也可以大体分为消费者个人和集团组织两大类。前者构成汽车的消费用户市场,后者构成汽车的组织用户市场。

各类不同的汽车用户,对汽车的需求及其购买行为,有着不同的表现。下面主要分析汽车消费用户、政府用户和产业用户的购买行为。

2. 汽车产品的使用特点

汽车本身是一种有形商品,但其使用特点又明显不同于一般生产资料和消费资料等有形商品。这种使用上的特殊性体现在以下两个方面。

(1)汽车既是一种生产资料,又是一种消费资料。

①作为生产资料使用。例如,各类生产型企业和经营单位为生产经营而购买各种车辆。它所涉及的部门和单位很多,既有工业、农业、建筑等生产部门,也有贸易、金融、保险、商业等经营服务单位。由于这类部门和单位拥有的车辆都构成他们生产、经营或服务活动的一部分,因而汽车属于一种生产资料。另外,还有单位和个人以汽车作为资本,通过汽车运营盈利,汽车是运输服务的物质载体,像这种作为经营资料使用的汽车,亦可看作生产资料。这类用车主要有城镇交通中的公共汽电车、出租汽车、长途与中短途公路客货运输用车,以及为旅游者提供服务的旅游用车等。

②作为消费资料使用。汽车用作消费资料的一种表现,是它属于一种集团消费资料。例如,用于满足国家政府机关、职能部门、科研事业单位和各种社会团体等开展活动为主要功能的用车具有非营利的特征,都属于集团消费资料。汽车用作消费资料的另一种表现是它作为一种生活耐用消费品,进入广大居民家庭消费领域。此时,汽车(轿车、微型客车等)被用作消费资料,主要作为私人交通工具,满足消费者个人出行的需要。

(2)汽车是一种最终商品。从产品的加工程度看,汽车本身属于产成品。无论是作为生产资料使用的汽车,还是作为消费资料使用的汽车,都是最终可以直接使用的产品。在这一意义上,汽车与那些作为原材料、中间产品、生产协作等形态的生产资料存在差别。

汽车的上述使用特点,决定了汽车用户的广泛性,也决定了汽车的购买行为既有与一般消费资料和生产资料等商品相似的一面,又有不同的一面,对此需要加以分析、研究。

3. 用户购买行为一般过程

用户购买行为是一种满足需求的行为,其购买过程是经由客观刺激引起的,在用户心理产生复杂的思维活动,形成和产生购买行为,最后达到需求的满足。因此,一个完整的购买行为过程,可以看成是一个刺激、决策、购后感受的过程,这也是用户的一般购买行为过程。这一过程如图1-18所示。

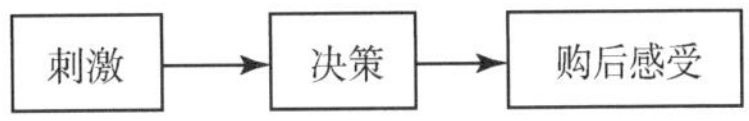

刺激 → 决策 → 购后感受

图1-18 用户购买行为过程图

(1)刺激。用户的购买行为过程都是用户对客观现实刺激的反应,用户接受了客观事物的刺激,才能产生各种需求,形成决策,最后导致购买行为的发生。客观事物的信息刺激,既可能由用户的内部刺激引起,也可能由外界因素刺激产生。例如,企业要进行运输活动,就必须有一定数量的汽车。内部的刺激一般比较简单,而外界的刺激则要复杂得多,这是因为用户作为一个社会组成单位,它的行为不仅要受到自身因素的影响,社会环境的制约、家庭及相关群体的消费时尚与风俗习惯等方面,都会从不同方面对用户的购买行为产生影响。另外,用户购买的对象——商品,也会从它的质量、款式、包装、商标及服务水平等方面对用户的购买行为产生影响。

(2)决策(又称黑箱)。不论是内部刺激还是外部刺激,它们的作用仅仅是引起用户的购买欲望。用户是否实施购买行为,购买具体的对象是什么,在什么地方购买等,就需要用户进行决策。由于决策过程极其复杂,并且对于营销者来说又难以掌握,因此又称作黑箱。对消费用户来说,实质上就是一种心理活动过程,具体可概括为产生需求、形成动机、收集信息、评价方案和形成决策等过程。

(3)购后感受。用户购买行为的目标是选购一定的商品或服务,使自己的需要得到满足。用户实施购买行为之后,购买行为过程并没有结束,还要在具体使用中去检验、评价,以判断需要满足的程度,形成购后感受。它对用户的重复购买行为或停止购买行为会产生重要影响。

二、汽车消费用户购买行为分析

汽车消费用户,即前文所述"私人消费用户",是指将购买的汽车作为个人或家庭消费使用,解决私人交通的用户,具体表现为个人消费,故也称作汽车消费者。从这个角度来说,这里的汽车商品是最终消费品,它不用于再生产。

我们把汽车消费用户所组成的市场称为汽车消费用户市场,它是汽车最后消费者市场。汽车消费者市场具有以下特点:

(1)我国的汽车消费者市场在不断扩大,市场容量极大。无论是从发达国家的发展历史来看,还是从我国近几年的国家政策及汽车销售数量的增长来看,我国的私人汽车消费者队伍在不断壮大,它们将成为我国汽车消费的主体市场。

(2)汽车消费品属耐用的选购品。消费者在挑选和购买此类商品的过程中,要特别比较其适用性、质量、价格、式样等特性,因此,消费者在购买汽车产品时,往往会跑多家商店去比较其品质、价格或式样。

(3)消费者的购买,绝大多数属小型购买。

(4)消费者市场中个体差异性大。因为消费者市场包括每一个居民,范围广、人数多,各人的购买因年龄、收入、地理环境、气候条件、文化教育、心理状况等的不同而呈现很大的差异性。因此汽车企业在组织生产和货源时,必须对整个市场进行细分,不能把消费者市场只看作是一个包罗万象的统一大市场。

(5)消费者市场属非专业购买。大多数购买汽车商品的消费者都缺乏汽车方面的专门知识,一般消费者很难判断各种汽车产品的质量优劣或性价是否相当,他们很容易受广告宣传或其他促销方法的影响。因此,企业必须十分注意广告及其他促销工作,或努力创名牌,建立良好的商誉,这都有助于产品销路的扩大和市场竞争地位的巩固。但要坚决反对利用消费者市场非专业购买这一特点欺骗顾客、坑害消费者的行为。

1. 消费者用户购买行为模式

随着汽车市场规模的日益扩大,汽车营销人员不可能直接与消费用户接触,他们要通过对消费用户行为的研究来了解他们的购买决策。因此,研究消费用户购买行为是研究汽车消费用户市场的基础,其重点是研究消费用户购买行为方式。

所谓汽车消费用户购买行为就是消费用户为了满足自身的需求,在寻求购买、使用和评估汽车产品及相关服务时所表现的行为。尽管不同的消费用户有不同的行为方式,但任何一个消费用户都不是孤立的,而是隶属于一个群体的社会成员,有其共同的需求动机和意识,因而其购买行为必然有一定的规律。

一般说来,人的行为是基于心理活动而发生和发展的。所以,汽车消费用户购买行为必然也要受个人的心理活动支配。心理学"刺激—反应"(S→R)学派的成果表明,人们行为的动机是一种内在的心理活动过程,是一种看不见、摸不着的"黑箱"。在心理活动与现实行为之间的关系中,外部的营销与其他刺激必须经过盛有"心理活动过程"的黑箱才能引起反应,导致购买行为。

按照上述行为动机生成机理观点,面对着庞大消费用户市场的汽车企业,实际上所面对的是许多的个人购买动机,所以,汽车企业要引导用户的购买动机实现,满足他们的各种需求,就必须对消费用户对营销刺激和其他刺激的反应、购买行为的模式有较全面的认识。用户的购买行为模型如图1-19所示。

图1-19 用户购买行为模型

在汽车消费用户购买行为模式中,刺激包括营销刺激和其他刺激。所谓营销刺激是指汽车企业营销活动的各种可控因素,即产品、价格、分销和促销;其他刺激则是指汽车企业营销活动的各种不可控因素,即经济、技术、政治、文化等因素。所有这些刺激通过汽车消费用户的"黑箱"产生反应,从而形成一系列可以观察到的用户购买反应,即对汽车产品、品牌、经营者、时间、数量等方面的具体选择。

汽车消费用户的"黑箱"可分成两部分:首先是用户的特征,这种特征通常要受多种因素的影响,它们会影响购买者对刺激的理解和反应;其次是用户的决策过程,它会影响消费者最后行为结构的状态。

这一购买者行为模型表明,消费者的购买心理虽然是复杂的、难以捉摸的,但由于这种神秘莫测的心理作用可由其反应看出来,因而可以从影响购买者行为的某些带着普遍性的方面,探讨出一些最能解释将购买影响因素转变为购买过程的行为模式。

2. 汽车消费者购买行为类型

按消费者的购买动机和个性特点,可以将消费者的购买行为分为如下4类。

(1)理智型。这是指经过冷静思考,而非凭感情所采取的购买行动,它是从产品长期使用的角度出发,经过一系列深思熟虑之后才作出的购买决定。

一般说,购买者在作出这种购买决定前,通常都仔细考虑下列问题:

①是否质价相当。感情型的购买对价格高低不甚考虑,理智型的购买则很重视价格。这些用户虽然急需购买汽车或觉得某汽车很实用,但往往要进行一定的质价比较,或期望降价后才购买。

②使用开支。不仅要考虑购买商品本身所花的代价,而且还要考虑这些商品在使用过程中的开支是否合算。如汽车的节油性等。

③产品的可靠性、损坏或发生故障的频率及维修服务的价格。对可靠性的判断:一看是新产品还是老产品,是名牌还是杂牌;二看新产品质量是否过关,老产品或名牌是否倒了牌子。对于损坏或故障频率的判断:一看产品本身,有些容易损坏,会经常出故障;二看不同的品牌,如奔驰的故障就少,而杂牌的故障就多。此外,维修服务价格也很受关注,这类消费者往往觉得汽车买得起而修不起,因而也就不买了。

(2)感情型。这是指出于感情上的理由,即感情动机而产生的购买行动。引起感情购买动机的主要因素有以下几个:

①感觉上的感染力。这是指汽车商品能在人们的感官上产生魅力,从而使他们产生购买念头,如精美的外形、时尚的造型、具有视觉冲击力的色彩等都会为商品的销售带来影响。

②关心亲属。有些人为了关心自己的亲属而为他们购买汽车。

③显示地位或威望。小轿车,尤其是如奔驰一类的高档小轿车,已成为地位和成就的象征,它可以赋予使用者以威望、身份、地位的光彩。虽然它相比其他相类似的竞争产品并不会具有更大的实用价值,但有些人却把拥有它当作一种梦想。

(3)习惯型。这是指有的消费者,对某些商品往往只偏爱其中一种或数种品牌,购买商品时,多数习惯于选取自己熟知的品牌。因此,作为企业,就应针对这一类型的消费者,努力提高产品质量,加强广告推销宣传,创名牌、保名牌,在消费者心中树立良好的产品形象,使其成为消费者偏爱、习惯购买的对象。

(4)经济型。经济型的购买模式与前述的理智型购买相似,但又不完全相同。理智型的购买,虽然价格高低也是一种决定因素,却是经过质价等比较,看是否值得买。而经济型的购买行为,特别重视价格,专选廉价的买。针对此,企业应适应市场的需要,生产或经营一定的经济实惠品种,以满足这一些人需求。

3. 影响消费者购买行为的主要因素

汽车消费用户处于复杂的社会中,其购买行为主要取决于用户需求,而汽车消费需求受到诸多因素的影响。要透彻地把握消费用户的购买行为,有效地开展市场营销活动,必须分析影响消费需求的有关因素,这些因素主要有文化因素、社会因素、个人因素和心理因素4大类,如图1-20所示。

各类因素的影响机理是:文化因素通过影响社会因素,进而影响消费用户个人及其心理活动的特征,从而形成消费者个人的购买行为。

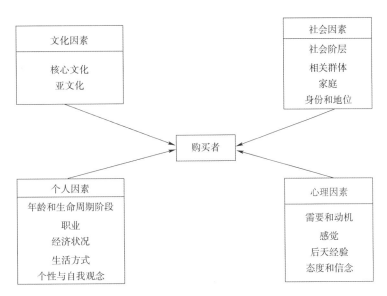

图1-20 影响消费用户购买行为的主要因素

（1）文化因素。文化是指人类从生活实践中建立起来的文学、艺术、教育、信仰、法律、宗教、科学等的总和。对于消费用户行为而言，文化因素的影响力既广又深，文化是用户欲望与行为的基本决定因素。文化因素包括核心文化和亚文化。无论核心文化因素还是亚文化因素都是造成消费用户购买行为差异的重要因素。从用户心理角度分析，亚文化相对文化更为重要，更能影响和决定消费用户的行为。文化因素之所以能影响购买者行为，有以下三方面原因：一是文化的存在可以指导购买者的学习和社会行为，从而为购买行为提供目标、方向和选择标准；二是文化的渗透性可以在新的区域中创造出新的需求；三是文化自身所具有的广泛性和普及性使消费用户个人的购买行为具有攀比性和模仿性。所以，营销人员在选择目标市场和制定营销方案时，必须了解各种不同的文化和亚文化群的特点，针对这些特点推出汽车新产品，增设新服务以吸引消费用户。

①核心文化。核心文化是人类欲求与行为最基本的决定因素，文化本身又包括语言、法律、宗教、风俗习惯、音乐、艺术、工作方式及其他给社会带来独特情趣影响的人为现象；就其对消费者行为影响的角度而言，文化是后天学习来的，是对某一特定社会成员消费行为直接产生影响的信念、价值观和习俗的总和。在现代文明中，汽车可能是司空见惯的商品，而在另一种文化下，如边远落后的地区，汽车对他们就毫无意义可言。

②亚文化。任何文化都包含着一些较小的群体或所谓的亚文化，它们以特定的认同感和社会影响力将各成员联系在一起，使这一群体持有特定的价值观念、生活格调和行为方式。一个消费者对产品的兴趣，会受这种亚文化的影响，诸如他的民族、宗教、种族和地理背景的影响。例如，美国通用汽车公司在南美波多黎各推销名为"诺巴"牌的汽车，虽然该车性能良好、价格优惠，但销路却不畅，经过调查发现，"诺巴"在西班牙评语中却是"不走"的意思，这种"不走"的汽车当然唤不起消费用户的购买热情，自然汽车也就不畅销了。

（2）社会因素。消费者的购买行为还会受到社会因素的影响，这些社会因素主要有社会阶层、相关群体、家庭、身份和地位等。

①社会阶层。在市场营销学上,社会阶层是具有相对的同质性和持久性的社会群体,是社会学家依据其职业、收入来源、受教育程度和价值及居住区域等对他们按层次进行排列的一种社会分类。不同层次的购买者由于具有不同的经济地位、价值观念、生活习惯和心理状态,最终造成他们有不同的消费活动方式和购买方式。而同一阶层的成员都具有类似的行为、举止和价值观念。具体来说,同一阶层的成员具有以下几项特征:

a. 同一阶层的成员,行为大致相同。

b. 人们依据他们所处的社会阶层,可排列出其地位的高低。

c. 社会阶层不单由某一变数所决定,而是由他的职业、收入、财富、教育、价值观等综合决定。

d. 个人可能晋升到更高阶层,也可能下降到较低阶层。研究用户的社会阶层对购买行为的影响,要求汽车企业的营销者对汽车市场进行细分,并制定有针对性的市场营销组合策略,即应当集中主要力量为某些特定的阶层(即目标市场)服务,而不是同时去满足所有阶层的需要。

②相关群体。相关群体是指能够影响购买者购买行为并与之相互作用的个人或团体。它一般可分为3类:

a. 紧密型群体,即与购买者个人关系密切、接触频繁、影响最大的群体,如家庭、邻里、同事等,这些群体往往对购买者行为产生直接影响。

b. 松散型群体,即与购买者个人关系一般、接触不太密切、但仍有一定影响的群体,如个人所参加的学会和其他社会团体等,他们往往对购买者的购买行为产生间接影响。

c. 渴望群体,即购买者个人并不是这些群体的成员,但却渴望成为其中一员,仰慕该类群体某些成员的名望、地位,而去效仿他们的消费模式与购买行为。这类群体的成员主要是各种社会名流,如文艺体育明星、政界要人、学术名流等。这类群体影响面广,但对每个人的影响强度逊于前两个群体。

相关群体对消费用户购买行为的影响是潜移默化的。因为人类天生就具有趋同性和归属感,往往要根据相关群体的标准来评价自我行为,力图使自己在消费、工作、娱乐等方面同一定的团体保持一致。在这种意义上,相关群体对汽车产品消费用户购买行为的影响主要表现为3个方面:第一,示范性,即相关群体的消费行为和生活方式为消费用户提供了可供选择的模式;第二,仿效性,即相关群体的消费行为引起人们仿效的欲望,影响人们对商品的选择;第三,一致性,即由于仿效而使消费行为趋于一致。相关群体对购买行为的影响程度视产品类别而定。研究表明,汽车消费用户的购买行为容易受到相关群体的影响。

③家庭。用户以个人或家庭为单位购买汽车时,家庭成员和其他有关人员在购买中往往起着不同作用并且相互影响。家庭对于汽车消费用户个人的影响极大,如消费用户的价值观、审美情趣、个人爱好、消费习惯等,大多是在家庭成员的影响与熏陶下形成的。在汽车消费用户购买决策的参与者中,家庭成员的影响作用是首位的。

家庭成员对购买决策的影响往往由家庭特点决定。家庭特点可根据家庭中谁有支配权、家庭成员的文化与社会阶层等方面的差别进行区分。家庭基本上可以分为四类:丈夫决策型、妻子决策型、协商决策型和自主决策型。私人汽车的购买,在买与不买的决策上,一般是协商决策型或丈夫决策型,但在款式或颜色的选择上,妻子的意见影响较大。从营销观点来看,了解家庭的购买行为类型,有利于营销者明确自己的促销对象。

④角色与地位。营销学中的角色地位是指个人购买者在不同的场合所扮演的角色及所处的社会地位。周围的人都会对每个角色所从事的行动抱着某种期望,并对他的购买行为有所影响。地位是伴随着角色而来的,两者是一体两面,每一种身份又都附有一种地位,反映社会对他的一般尊重。汽车消费用户在购买汽车时常常会利用汽车不同的品牌、颜色、价格等方式表明他们的社会身份和地位,因而角色与地位对个人造成某些限制和规范。例如,单位经理开夏利轿车,其单位的一般职员一般就不会开别克轿车。

在这些因素中,购买者的家庭成员对购买者的行为显然影响是最强烈的。一般人在整个人生历程中所受的家庭影响,基本上都来自两方面。一是来自自己的父母,每个人都会由双亲直接教导和潜移默化获得许多心智倾向和知识,如宗教、政治、经济以及各人的抱负、爱憎、价值观等。甚至许多消费者在与父母不在一起相处的情况下,父母对其潜意识行为的影响仍然很深、很强烈。至于在那些习惯于父母与子女不分居的国家,这种影响更具有决定性的意义,我国便是如此。

(3)个人因素。通常,在文化、社会各方面因素大致相同的情况下,仍然存在着汽车消费用户购买行为差异极大的现象,其中的主要原因就在于消费用户之间还存在着年龄、职业、收入、生活方式和个性等个人情况的差别。其中个性和自我观念对消费用户购买行为的影响最大。

①年龄和生命周期的阶段性。人们不仅会在不同的年龄阶段有不同的消费心理和购买行为,而且还会随着年龄的增长而不断改变其购买行为,这是年龄对于消费用户购买决策的直接影响。它的间接影响则是它还往往会影响社会的婚姻家庭状况,从而使家庭也具有了生命周期。西方学术界通常把家庭生命周期划分为9个阶段,即:

a. 单身期,指离开父母后独居,并有固定收入的青年时期,几乎没有经济负担,是新观念的带头人;

b. 新婚期,指新婚的年轻夫妻,无子女阶段,经济条件比下一阶段要好,购买力强,耐用品购买力高;

c. "满巢"Ⅰ期,指子女在6岁以下,处于学龄前儿童阶段,处于家庭用品采购的高峰期,流动资产比较少,喜欢新产品,对广告宣传的产品较感兴趣;

d. "满巢"Ⅱ期,指子女在6岁以上,处于已经入学的阶段,经济状况较好,购买行为日趋理性化,对广告不敏感;

e. "满巢"Ⅲ期,指结婚已久,子女已长成,但仍需抚养的阶段;

f. "空巢"Ⅰ期,指子女业已成人分居,夫妻仍有工作能力的阶段;

g. "空巢"Ⅱ期,指已退休的老年夫妻,子女离家分居的阶段;

h. 鳏寡就业期,指独居老人,但尚有工作能力的阶段;

i. 鳏寡退休期,指独居老人,已经退休的阶段。

一般说来,处于不同阶段的家庭,其需求特点是不同的。企业在进行营销时只有明确目标顾客所处的生命周期阶段,才能拟订适当的营销计划。对汽车营销而言,面临的家庭阶段主要是处于"满巢"期的各类用户。

②职业。职业状况对于人们的需求和兴趣有着重大影响。通常,汽车企业在制订营销计划时,必须分析营销所面对的消费用户的职业状况,在产品细分许可的条件下,注意开发适合于特定职业消费需要的汽车品种。

③经济状况。经济状况指用户可支配收入(收入水平、稳定性和时间分布)、储蓄与资产(资产多寡、比例结构、流动性如何)、负债和借贷(信用、期限、付款条件等)的能力。经济状况是决定汽车消费用户购买行为的首要因素,对购买行为有直接影响。它对于汽车企业营销的重要性就在于,有助于了解消费用户的可支配收入变化情况,他们的个人和家庭的购买能力,以及人们对消费和储蓄的态度等。汽车企业要不断注意经济发展趋势对消费用户的经济状况的影响,应针对不同的实际经济发展状况来调整营销策略,如重新设计产品、调整价格,或者减少产量和存货,或者采取一些其他应变措施,以便继续吸引目标消费者。

④生活方式。生活方式指人们在生活中表现出来的支配时间、金钱以及精力的方式。近年来,生活方式对消费行为影响力越来越大。不同的生活方式群体对产品和品牌有不同的消费需求,营销人员应设法从多种角度区分不同生活方式的群体。在汽车企业与消费用户的买卖关系中,一方面消费用户要按照自己的爱好选择汽车,以符合其生活方式;另一方面汽车企业也要尽可能提供合适的汽车产品,使其能够满足消费用户生活方式的需要。

⑤个性与自我观念。个性是影响消费用户购买行为的另一个重要因素,它所指的是个人的心理特征,与其相关联的另一个概念是购买者的自我观念或自我形象。个性导致对自身所处环境相对一致和连续不断的反应,主要由个人的气质、性格、兴趣和经验所构成。一个人的个性影响着他的汽车消费需求和对市场营销因素的反应。事实上,汽车消费用户越来越多地用不同风格的汽车产品来展示自己的个性和表现自己。对于汽车企业营销来说,了解消费用户的个性特征,可以帮助企业确立正确的、符合目标消费者个性特征的汽车品牌形象。

(4)心理因素。一个人的购买行为会受到4个主要心理因素的影响。这些因素是:需要和动机、感觉、后天经验、态度和信念。

①需要和动机。消费者为什么购买某种产品,为什么对企业的营销刺激有着这样而不是那样的反应,在很大程度上是和消费者的购买动机密切联系在一起的。购买动机研究就是探究购买行为的原因,即寻求对购买行为的解释,以使企业营销人员更深刻地把握消费者行为,在此基础上作出有效的营销决策。

a.消费者的需要。消费者的需要是指消费者生理和心理上的匮乏状态,即感到缺少些什么,从而想获得它们的状态。

需要是和人的活动紧密联系在一起的。人们购买产品,接受服务,都是为了满足一定的需要。一种需要满足后,又会产生新的需要。因此,人的需要绝不会有被完全满足和终结的时候。正是需要的无限发展性,决定了人类活动的长久性和永恒性。

满足需求的过程如图1-21所示。

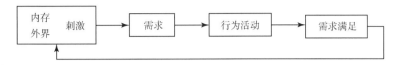

图 1-21　消费用户需求满足过程

那么,人的需要有何规律呢?关于这方面的理论有很多,学员主要可自行深入学习一下马斯洛的需要层次论,这里就不展开叙述了。

b. 消费者的动机。按心理学的一般观点,动机是引起个体活动,维持已引起的活动,并促使活动朝向某一目标进行的内在作用。人的行为受动机的支配,而动机则是由需要驱使、刺激强化和目标诱导三种要素相互作用的一种合力。当人们产生的某种需要未得到满足或受到外界刺激时,就会形成一种内在动机,再由动机促使人们采取满足需要的行为,这就是心理学所指的动机。在这种意义上,一个人的购买动机就是一种被刺激的需要,它是以迫使人们采取相应的行动来获得满足。人们从事任何活动都由一定动机所引起。引起动机有内外两类条件,内在条件是需要,外在条件是诱因。汽车消费用户的动机所支配的是他们的购买行为,弄清消费者动机生成的机理,对于企业市场营销具有重要意义。但动机是一个很复杂的系统,一种行为常常包含着各种不同的动机,而不同的动机有可能表现出同样的行为,相同的动机也可能有不同的行为。

购买动机虽源于需要,但商品的效用才是形成购买动机的根本条件。如果商品没有效用或效用不大,即使购买者具备购买能力,购买者也不会对该商品产生强烈的购买动机。反之,如果效用很大,即使购买者购买能力不足,购买者可能筹措资金也要购买。

商品的效用是指商品所具有的能够满足用户某种需要的功效。就汽车而言,不同车型、不同品种的汽车具有不同的功效。但同样的汽车,对不同的购买者和不同用途来说,其功效也是不同的。例如,对运输经营者来说,汽车的功效在于能够获取经济效益,这种经济效益是指在汽车使用期内,在扣除成本和税费之后的纯收益,收益越大则功效越大,因而低档轿车的功效可能就比中高档轿车大;而对三资企业的商务活动而言,轿车的功效在于作为代步工具,且应体现企业形象,因而中高档轿车的功效就比低档轿车大。这表明,同样的轿车品种对不同的购买者,具有不同的功效。

严格地说,消费者的购买行为受商品"边际效用"的影响。边际效用越大,购买动机就越强。所谓的边际效用,是指购买者对某种商品再增加一个单位的消费时,该种商品能够为购买者带来的效用增量。客观上,随着消费数量的增加,商品的边际效用存在着递减现象,这就是"边际效用递减法则"。例如,一个家庭在购买了第一辆轿车后,便会感觉到它为家庭带来的功效很大;当再购买第二辆轿车后,就会感觉到第二辆轿车为家庭所带来的功效不如第一辆的大;当再购买第三辆轿车时,这个家庭会感觉到其实第三辆车是可以不用购买的,甚至还会觉得它存放困难,还要为它的防盗、维护担心。这表明,随着这个家庭购买轿车数量的增加,轿车带来的边际效用逐步减小。这一法则对任何商品的消费都是起作用的。

上述边际效用递减法则可用图 1-22 表示。显然,当购买量分别为 A 和 B 时,$A+1$ 对应的效用增量 ΔE_1 大于 $B+1$ 相应的效用增量 ΔE_2。上述法则的营销意义是,企业可采取各种措施,如降低产品价格、提高质量、延长寿命、增加功能等,增加产品的边际效用,从而达到增加销售的目的。另外,当边际效用为零时,表示商品需求趋于饱和,借此可以预测商品的市场需求容量。

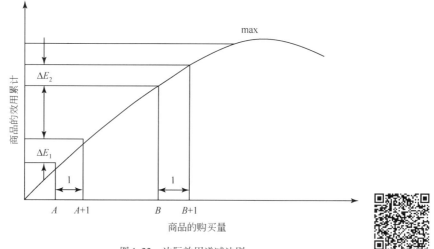

图 1-22 边际效用递减法则

客户基本需求的识别

下面介绍消费者具体购买动机,主要内容如下。

a. 求实动机。它是指消费者以追求商品或服务的使用价值为主导倾向的购买动机。在这种动机支配下,消费者在选购商品时,特别重视商品的质量、功效,要求一分钱一分货,相对而言,对商品的象征意义、所显示的"个性"、商品的造型与款式等不是特别强调。比如,消费用户在购买农用车、轻型车、微型车时,这种求实购买动机就较常见。

b. 求新动机。它是指消费者以追求商品、服务的时尚、新颖、奇特为主导倾向的购买动机。在这种动机支配下,消费者选择产品时,特别注重商品的款式、色泽、流行性、独特性与新颖性,相对而言,产品的耐用性、价格等成为次要的考虑因素。一般而言,在收入水平比较高的人群以及青年群体中,求新的购买动机比较常见。他们在选购汽车时注意追求汽车的造型新颖和别致,是新产品的倡导者。

c. 求美动机。它是指消费者以追求商品欣赏价值和艺术价值为主要倾向的购买动机。在这种动机支配下,消费者选购商品时特别重视商品的颜色、造型、外观、包装等因素,讲究商品的造型美、装潢美和艺术美。求美动机的核心是讲求赏心悦目,注重商品的美化作用和美化效果,它在受教育程度较高的群体以及从事文化、教育等工作的人群中是比较常见的。据一项对近400名各类消费者的调查发现,在购买活动中,首先考虑商品美观、漂亮和具有艺术性的人占被调查总人数的41.2%,居第一位。而在这中间,大学生和从事教育工作、机关工作及文化艺术工作的人占80%以上。

d. 求名动机。它是指消费者以追求名牌、高档商品,借以显示或提高自己的身份、地位而形成的购买动机。当前,在一些高收入层、大中学生中,求名购买动机比较明显。求名动机形成的原因实际上是相当复杂的。购买名牌商品,除了有显示身份、地位、富有和表现自我等作用以外,还隐含着减少购买风险、简化决策程序和节省购买时间等多方面考虑因素。

e. 求廉动机。它是指消费者以追求商品、服务的价格低廉为主导倾向的购买动机。在求廉动机的驱使下,消费者选择商品以价格为第一考虑因素。他们宁肯多花体力和精力,多方面了解、比较产品价格差异,选择价格便宜的产品。相对而言,持求廉动机的消费者对商品质量、花色、款式、包装、品牌等不是十分挑剔,而对降价、折让等促销活动怀有较大兴趣。

f. 求便动机。它是指消费者以追求商品购买和使用过程中的省时、便利为主导倾向的购买动机。在求便动机支配下,消费者对时间、效率特别重视,对商品本身则不甚挑剔。他们特别关心能否快速方便地买到商品,讨厌过长的等候时间和过低的销售效率,对购买的商品要求携带方便,便于使用和维修。一般而言,成就感比较高、时间机会成本比较大、时间观念比较强的人,更倾向于持有求便的购买动机。

g. 模仿或从众动机。它是指消费者在购买商品时自觉不自觉地模仿他人的购买行为而形成的购买动机。模仿是一种很普遍的社会现象,其形成的原因多种多样。有出于仰慕、钦羡和获得认同而产生的模仿;有由于惧怕风险、保守而产生的模仿;有缺乏主见,随大流或随波逐流而产生的模仿。不管缘于何种缘由,持模仿动机的消费者,其购买行为受他人影响比较大。一般而言,普通消费者的模仿对象多是社会名流或其所崇拜、仰慕的偶像。电视广告中经常出现某些歌星、影星、体育明星使用某种产品的画面或镜头,目的之一就是要刺激受众的模仿动机,促进产品销售。

h. 好癖动机。它是指消费者以满足个人特殊兴趣、爱好为主导倾向的购买动机。其核心是为了满足某种嗜好、情趣。具有这种动机的消费者,大多出于生活习惯或个人癖好而购买某些类型的商品。比如,国外的汽车收藏者,他们对汽车的选择以符合自己的需要为标准,不关注其他方面。

以上我们对消费者在购买过程中呈现的一些主要购买动机作了分析。需要指出的是,上述购买动机绝不是彼此孤立的,而是相互交错、相互制约的。在有些情况下,一种动机居支配地位,其他动机起辅助作用;在另外一些情况下,可能是另外的动机起主导作用,或者是几种动机共同起作用。因此,在调查、了解和研究过程中,切忌对消费者购买动机作静态和简单的分析。

②感觉。这是影响个人购买行为的另一个重要心理因素。一个被动机驱使的人随时准备着行动,但具体如何行动则取决于他对情境的感觉如何;两个处于同样情境的人,由于对情境的感觉不同,其行为可能大不相同。

具体来说,人们对相同的刺激所以会有不同的知觉,主要是由于选择感觉、选择扭曲、选择记忆三种感觉加工处理程序所引起。

a. 选择感觉。一个人不可能全部接收他所接触的任何信息,有的被注意,有的被忽略掉。一般说来,影响购买者愿意接收信息的原因有下列几种情况:(a)购买者的眼前需求,即购买者最近的需求使其易于接收那些有助于满足此种需求的信息;(b)购买者所持的态度和看法,使其拒绝接收那些与其态度和看法相冲突的信息;(c)购买者不确切知道或缺乏知识的领域。购买者对于有关这些方面的信息一般也较关心和注意接收。

在市场营销领域中,包装、价格、广告、品牌等都是潜在消费者接受与否的信息。如果公司和企业要使自己所发布的消息或为购买者可接收的信息,首先必须使这些消息与消费者的需求和看法协调一致。另外,这些消息还必须减少消费者的存疑,并能提供意味深长的信息。

b. 选择扭曲。有些信息甚至还为购买者注意和接收,但其影响作用不一定会与信息发布者原来所预期的相同。因为在购买者对其所接收信息进行加工处理的过程中,每一个人都会按照自己的一套方法加以组织和解释。也就是说,购买者一旦将信息接收过来,就会将它扭曲,使其与自己的观点和以前接收的信息协调一致起来,因此就会使得接收到相同信息的购买者产生不同的感觉。

c. 选择记忆。人们对其接触、了解过的许多东西常常会遗忘,仅只记得那些与其观点、意气相投的信息,即购买者往往会记住自己喜爱品牌的优点,而忘掉其他竞争品牌的优点。

正由于上述三种感觉加工处理程序,使得同样数量和内容的信息,对不同的购买者会产生不同的反应,而且都会在一定程度上阻碍购买者对信息的接收。这就要求市场营销人员必须采取相应的市场营销策略,如大力加强广告宣传,不断提高和改善商品的质量和外观造型、包装装潢等,以打破各种感觉障碍,使本公司和企业的商品信息更易为消费者所注意、了解和接收。

③后天经验。所谓后天经验就是指影响人们改变行为的经验。它既可表现为公开行动的改变,也可表现为语言上和思想上的改变。后天经验论者认为:人们的购买动机除了少数基于本能反应和暂时生理状态(如饥饿)外,大多数是后天形成的;人类后天经验的形成是驱力、刺激物、提示物、反应和强化相互作用的结果。

驱力或动机,是引发行动的内在动力;反应则是指消费者为满足某一动机所作出的反应或选择;刺激物或提示物则是决定人们何时、何处以及如何反应的微弱刺激因素;强化则是指如果某一反应能使消费者获得满足,那么消费者便会不断作出相同的反应和选择。

后天经验理论对市场营销人员有多方面的意义:首先,它说明要发挥市场营销作用就要按一定的价格、在一定的地点和时间将商品提供给消费者满足其需求(驱力所向的需求)。其次,既然购买是需求的反应,企业就必须广泛运用信息通报手段,通过说明各种疑难问题的解决办法,促进动机实现或使反应强化等来使购买者产生需求欲,进一步作出购买反应。

④态度和信念。一般说来,态度和信念之间的区别是不大的。按照心理学家和社会学家通常的说法,态度是指人们对于某些刺激因素或刺激物以一定方式表现的行动倾向,信念则是态度的词语表述,即两者不过是同一物的表里关系。态度对任何人的生活都有影响,它影响个人对其他人、其他事物和事件的判断方式和反应方式。因此人们生活的许多方面都受到自己所持态度的支配。

态度可看成是"认识—动情—追求"的三部曲,或者说,态度是由认识、动情、追求三部分组成的。

作为企业,应注意研究消费者态度的形成过程,以引导消费用户对企业及产品产生肯定的正方向的态度,这对企业产品的销售是极其有利的。

三、汽车产业用户购买行为分析

产业用户也称再生产者,即购买和使用商品或服务是为了进一步生产其他商品或劳务的生产企业和其他社会单位。汽车产品的产业用户主要是指购买和使用汽车产品为企业生产和社会服务的社会经济组织和其他汽车新产品生产企业,如汽车改装厂、汽车运输公司、旅游公司、公交公司、建筑公司、个体运输户、中间商用户和政府用户等。

汽车产业用户购买汽车的种类几乎涉及所有的汽车品种,其中以重型车、中型车和轿车为主要品种。重型车、中型车的基本用户就是产业用户,因此研究产业用户的购买行为对汽车生产企业和中间商有着非常重要的意义。

1. 汽车产品产业市场的特点

汽车产品产业市场与消费者市场有明显的差别,它有以下特点:

(1)顾客数量少,销量大。产业市场的购买者一般不是个人,而是购买汽车产品的企业,所以相对于消费者来说,顾客数量较少,但是需求量往往相对较大,尤其是汽车运输公司、出租汽车公司等一些企业。

(2)产业市场在地理上十分集中。在我国,产业用户往往主要集中在经济发达地区、各大中城市。产业市场的地域相对集中性,有助于降低销售成本。

(3)产业市场的需求大多属于衍生需求。对产业市场汽车产品的需求最终是由消费者的需求衍生出来的。例如汽车运输企业购买汽车,往往是因为运输市场发展的需要。当购买者运输的需求增加时,会导致汽车购买量的增加,反之汽车的购买量就会减少。

(4)在短期内,汽车产品市场的需求缺乏弹性。因为这一市场的需求大多属于衍生需求,所以对汽车产品的需求不会因汽车产品涨价而不购买,也不会因汽车的大降价而大量购进汽车产品。尤其是在短期内,这种需求的弹性就更小。

(5)这一市场的波动性较大。这一市场受国家政策、市场需求的影响很大,而这些因素往往随时间推移有着较大的波动性。

(6)供购双方关系密切。产业购买者人数较少,但购买数量相对较大,对供应商来说,更具有权威性和重要性,所以在产业市场中供购双方关系比较密切。购买者总是希望供应商按照自己的要求提供产品,而供应方则更会想方设法去接近并搞好与购买方的关系。

(7)购买人员专业化。把汽车作为工业品来购买,购买者往往会选择那些专业训练的采购人员去购买,他们对所欲购买的汽车在性能、质量、规格以及技术细节上的要求都较为明了,除此,他们在专业方法的运用、谈判技巧方面都较老练。这要求产业市场营销者必须为他们的产品提供大量的技术资料和特殊服务。

2. 产业用户的购买行为过程

产业用户购买汽车产品,是为了维持其生产经营活动的正常进行,其购买过程一般可分为5个阶段,如图1-23所示。

图1-23 产业用户购买行为过程图

(1)产生需求。产业用户购买汽车产品的种类取决于生产经营的需要,其需求的产生是生产经营活动需要的结果。例如,旅游公司要增开旅游线路就需增加旅游车辆。

(2)确定需求对象的特点和数量。产生需求后,采购者接着就要拟出一份需求要项说明书,说明所需汽车的特点,并根据生产经营规模的需要,决定需求数量。在这一阶段,采购人员可能要与其他人员,如工程师、使用者、技术顾问等一起来作出决定。他们将对汽车产品的可靠性、耐用程度、价格和其他应有的属性,按其重要性,加以先后排队。例如,汽车运输公司要开辟一条新的运输线路,在购车前就必须先确定购买哪一种类汽车、该车应具有什么特点才能满足生产经营需要以及要使这条线路正常运转需要多少辆车。

  在这一阶段,机灵的营销者可站在购买者的角度协助采购员决定其需求,并提供有关不同产品特点所具价值的信息。

  (3)寻求并选择供应商。由于产业用户购买数量大,需求相对稳定,它不可能随时购买,加之市场上同类产品生产厂家众多,因此一般情况下都要寻求并选择供应商,以保证产业用户的需求。

  在寻求供应商时,采购者往往通过翻阅贸易指南,进行电子计算机检索,或打电话给其他公司以获取汽车产品的信息。因此,供应商的任务就是要在重要的工商企业名录或网上产品目录中占有一席之地,并在市场上塑造一个好的商誉。推销人员要注意各公司寻找供应商的过程,并设法将他们的公司纳入采购者之列。

  对于供应商的选择,购买者往往会对供应商的各方面属性,诸如公司的道德、诚信度、维修服务能力等因素,进行全面的考察和评估,并选择其中最优者为合作对象。对于汽车产品来说,购买者在评估时更加注重供应商在业绩方面的标准。

  (4)签订供应合同。产业用户在确定了供应商之后,通常情况下,都要与之签订供应合同。这是因为产业用户对购买汽车产品质量规格、供应时间、供应量等,都有明确的要求,加之需求量大,涉及价值高,产业用户需要用合同的形式将双方的关系固定下来,以保证企业的生产经营需要和防止对企业利益造成损害的事件发生。

  (5)检查、评估履约情况。产业用户在购买汽车产品之后,都会对产品及供应商服务水平进行评价,以决定是否继续使用该产品和继续从该供应商处采购。

  对于购买汽车产品用于社会服务或作为生产工具的产业用户来说,其购买行为一般都需要经过上述5个阶段,而对于购买汽车产品进行再生的产业用户,如汽车生产企业、改装企业等,并非每次购买过程都需要经过这5个阶段,可能采取直接购买或修正再购买。所谓直接购买是指对购买前已经买过或使用过的汽车产品需要不断补充时的购买;而修正再购买是指购买目前正在使用,但对质量、规格、数量和其他条件有了新的要求的购买。

  3.影响产业用户购买行为的因素

  (1)外界环境因素。影响产业用户购买行为的外界环境因素主要是社会政治经济环境,如经济发展速度、国家的产业政策等。

  (2)企业产品或企业市场的状况。产业用户购买汽车产品是为企业生产或为社会提供服务,如果产业用户的产品或服务市场需要旺盛,并且还会进一步发展,产业用户购买汽车产品的数量就会增加;否则,产业用户的需求就会减少。

  (3)个人因素。产业用户的购买行为,虽然是一种团体购买行为,但具体实施和参与购买决策的仍是具体的个人。这些个人主要有:汽车的使用者、汽车采购者、产业组织机构中具有正式和非正式权力作出最后购买决策的人员、产品的把关者、汽车采购的批准者等。这些人在购买决策过程中对汽车的购买起着关键性的作用。而其中最关键的人物是采购人员。这些人由于年龄、个性、受教育程度、收入、购买经验等方面的不同,表现出不同的购买特点,这需要推销人员从人的个性心理特征角度去分析、研究。

(4)企业组织因素。这是指企业采购目标、政策、程序、制度等对购买行为的影响。如果企业采购目标分散,采购程序简单,那么采购人员在购买活动中的主动性就大;反之,如果企业采购目标集中,采购决策权也高度集中,采购程序复杂,那么采购人员在购买活动中的制约因素就多,主动性就差。

产业用户以其需求量大、购买行为稳定成为汽车工业企业争取的主要目标顾客,特别对于以生产重型车和中型车的企业来说,争取到产业用户市场,实际上就等于企业争取到了大部分市场用户。因此,企业需要对产业用户予以着重研究,以提高营销效果。

四、汽车政府用户购买行为分析

政府,从某种意义讲,就是确保统治阶级有效实施统治行为的一种国家机器。为了实现有效的工作,政府需要采购大量的商品,因而形成了一个庞大的消费市场,这个市场的购买目的不同于消费用户,也不同于产业用户中一般用户,它完全是为了执行某种职能而购买。因此,政府用户具有购买量大、购买种类广泛的特点。虽然它也具备产业用户购买行为的一般规律,但它还有很多自身的规律和特点。基于政府用户的重要地位,下面将对政府这一特殊用户的购买行为作简单分析。

1. 政府用户的汽车市场

(1)政府用户市场的汽车。政府用户为了执行其职能,购买汽车的品种很多,但主要可分为4类:轿车、轻型车、专用车和军用汽车。

(2)政府用户市场的购买者。政府用户市场的购买者是指中央政府和地方各级政府的采购者。在这些政府用户中,军队所采购的汽车数量最为集中,也最大;中央人民政府由于组成部门众多,职能复杂,也有较大的需求量;而乡级人民政府由于管理事务范围有限,组成人员较少,加之目前我国实行的财政包干,使乡级人民政府经济承受能力有限,因此,它对汽车的购买量在政府用户中最少。营销工作要注意研究政府用户市场中各种机构的采购模式和需求特点,做到有针对性的营销。

2. 政府用户购买行为过程

政府用户购买行为的实施过程与产业用户的行为过程基本相同,但也有区别。政府用户购买行为过程如图1-24所示。

图1-24 政府用户购买行为过程

在购买这一步及之后的程序基本与产业用户的购买过程相同。

3. 政府用户购买汽车的方式

我国政府用户购车的主要方式有以下3种:

(1)直接购买,即政府用户的购买申报得到批准后,直接在市场上向供应商购买。这种方式容易滋生腐败,因此各国政府都很少采用。

(2)政府采购,实行公开招标购买,即先由政府在有关媒体上登广告或发出信函,详细说明其采购要求,然后邀请那些有资格的供应商在规定的期限内参加投标,并在规定的日期开标,选择标价最低且符合要求的供应商成交。我国政府现已逐步采用这种政府购买形式,而且这种形式将慢慢向网上招标方向发展。

(3)协议签约,即由政府机构和几个供应商接触,最后只跟一个符合条件者签订合同。如中国政府1996年在美国购买了40多亿美元物资的采购就采用了这一形式。

4. 影响政府用户购买行为的主要因素

(1)政府职能。政府用户购买汽车是为了执行其职能,职能不同,购买汽车的种类、数量也自然不同。职能的需要是构成政府用户购买行为的前提和基础,也是政府用户购买行为的出发点。

(2)政治、经济形势。政府用户购买行为不仅要受到其职能的影响,而且往往受到国际、国内政治经济形势的影响。如当国内的汽车工业需要扶持或受到威胁时,政府往往会提倡率先使用国产产品,这就会影响到进口车的销售。

(3)政府财政预算和国家相关政策。由于政府用户购买行为需要财政支持,因此财政收入是否充足会直接影响政府用户的购买行为。另外,国家相关政策也会约束政府用户的购买行为,如国家对各级政府官员在小汽车的档次的要求不同,就会影响不同档次汽车在这一领域的销售。

(4)社会公众及监督机构。虽然世界上各国的政治制度存在差异,但政府机构的采购工作都要受到监督却是相同的,而且政府的采购行为普遍都受到各国公众的关注,尤其是在汽车这样一些商品的选择上。这样一些监督势必会影响政府的汽车购买行为。

总之,政府用户市场是一个相当大的市场,对所有汽车企业和中间商来说,都是力争的目标市场。世界几大汽车公司都设有专门和政府机构联系的部门,以加强双方的沟通和了解,争取更多的市场机会。

单元能力检测

一、单项选择题

1. 用户购买行为的一般过程是(　　　　)。
   A. 需求→动机→购买　　　　　　B. 刺激→决策过程→购后感受
   C. 需求→刺激→决策过程　　　　D. 动机→决策过程→购后感受

2. 特别重视价格,专挑便宜的买的购买行为属于(　　　　)。
   A. 理智型购买　　B. 感情型购买　　C. 习惯型购买　　D. 经济型购买

3. (　　　　)是指消费者生理和心理上的匮乏状态,即感到缺少些什么,从而想获得它们的状态。
   A. 消费者的需要　B. 消费者的动机　C. 消费者的情感　D. 消费者的意志

二、多项选择题

1. 人们对相同的刺激会产生不同的知觉,主要是由于(　　　　)3种感觉加工处理程序所引起的。
   A. 选择感觉　　　B. 选择扭曲　　　C. 选择记忆　　　D. 选择购买

2. 一般来说,理智型购买者在作出购买决定前,通常都仔细考虑下列哪些问题?(　　　)
　　A. 是否能显示地位或威望
　　B. 使用开支是否合算
　　C. 是否质价相当
　　D. 产品的可靠性、损坏或发生故障的频率及维修服务的价格
3. 能够影响购买者购买行为的相关群体主要有 3 类,这 3 类是(　　　)。
　　A. 紧密型群体　　　　B. 小群体　　　　C. 松散型群体
　　D. 渴望群体　　　　　E. 大群体

三、判断题
1. 从汽车产品产业市场的特点来看,它比消费者市场的顾客数量多、消费量大。(　　)
2. 我们把消费者以追求商品购买和使用过程中的省时、便利为主导倾向的购买动机称为求便动机。　　　　　　　　　　　　　　　　　　　　　　　　　　(　　)
3. 文化是用户欲望与行为最基本的决定因素。　　　　　　　　　　　(　　)
4. 从长远发展来看,直接购买将是政府购车的最主要方式。　　　　　(　　)

四、填空题
1. 产业用户的购买过程可用以下流程图来表示,请将该图补充完整。

2. 西方学术界通常把家庭生命周期划分为 9 个阶段,这 9 个阶段分别是_____、_____、_____、_____、_____、_____、_____、_____、_____。

五、简答题
1. 什么是汽车消费用户?我国汽车消费者市场有何特点?
2. 汽车产品产业市场有何特点?
3. 文化因素为什么能影响购买者的购买行为?
4. 影响政府用户购买行为的主要因素有哪些?
5. 为什么把消费者的购买决策过程又称为决策黑箱?

六、案例分析——如何把消费者的潜在需求转化为现实需求
张先生夫妇都是 40 岁左右的大学教师,现在月收入 8000 元左右,他们的儿子刚满 10 周岁。目前一家三口,刚买了新房,新房有三室一厅,面积超过 100m²。买新房花去了夫妻俩多年的积蓄,但尚无任何债务。只是新房在市郊,离单位路程较远,小孩上学也不是很方便。夫妻生活稳定,无其他后顾之忧。

夫妻俩从报纸、电视及各方面信息分析,国家将大力鼓励私人汽车消费,以往限制汽车消费的各项不利因素将得以有效解决,诸如各项汽车消费费用将降低、汽车私牌限制也将放开。因此,夫妻俩很想购买一辆私家车,以解决上班路远和小孩上学不便的问题,但觉得目前车价太高,自己又不懂汽车方面的专业知识,怕上当受骗,故一直犹豫不决。如果你是一位汽车营销人员,你打算如何说服这一家庭购买你的汽车?

试用你所学过的知识结合学习资源,以此案例所提供的信息为背景讨论以下问题:
1. 试从潜在需求和现实需求的关系来分析张先生一家的汽车需求。
2. 试从激发消费者的购买动机角度来分析如何说服张先生一家购买你的汽车。

顾客是汽车营销人员的主要工作对象,因此汽车营销人员必须学会与顾客打交道。本学习任务通过与汽车顾客的面对面接触来熟悉如何与汽车顾客打交道,以及如何进行顾客关系管理。对一名汽车营销人员来说,这是工作的第一步,也是非常重要的工作内容,建议按以下行动过程来完成任务。

一、发现与明确问题

要拜访顾客,首先必须有顾客的信息,其次要从信息中发现拜访顾客的意义并明确拜访顾客的目的,进而才可以选定准备拜访的顾客。

典型学习情境一:要拜访顾客资料的获取

在展厅销售工作中,对老顾客要进行定期拜访,一方面提高顾客的满意度,另一方面就是从这些老顾客身上去寻找新的潜在顾客。汽车经销商在平时的工作过程中积累了大量的顾客资料,我们可以从中选择那些接近回访期的顾客进行拜访。

(1)从你所在经销商的顾客信息库中选取若干接近回访期的顾客,并完成表1-5(此表注意保密)。

计划回访的老顾客　　　　　　　　　　表1-5

顾客姓名	性别	年龄	主要特征	所购车型	购车时间	回访理由	联系电话	住　址	备注

(2)从表1-5中选择出你将拜访的顾客(不少于2名),并说明你选择的理由是什么。

二、制订拜访计划

典型学习情境二:计划的制订过程

拜访计划的设计

设计拜访计划,首先应了解制订计划的一般过程。

计划的第一步就是信息的收集。保证信息的质量和效率是做好计划的最基本的前提,信息的真实性、完整性和时效性是计划的保证。推销员应收集以下信息:拜访对象所处的地理环境,顾客的上下班时间和购买习惯,该地区商品销售状况等。这些信息可来源于以下资料:顾客卡,包括现在顾客卡、过去顾客卡及新开发顾客卡。由于这些卡片已对顾客的地址、信用度、负责人及采购人的状况作了基本介绍，推销员可从中了解负责人和采购人的姓名、性别、家庭住址、职称、性格、嗜好以及与推销员的交情。

过去的拜访计划表。如果过去的计划做得好，那么现在只需依据一些具体情况的变动，对它稍作加工就可以得出现在的拜访计划表。

计划的第二步就是对信息的加工，也就是将收集到的资料进行整理、筛选、分类，从中找出制订拜访计划所需的资料。

计划的第三步就是拟订计划，也就是依第二步整理出的资料，经过认真的分析和研究、组合，拟出初步计划，然后再根据计划制订时的任务要求或顾客要求等具体情况，对初步计划作出调整，使之超出纸上谈兵阶段，成为现实可行的有生命力的计划。

计划的最后一步就是执行与收集反馈。拟订好计划后，要做的事就是把计划付诸实施，并在实施过程中不断地收集反馈。对计划中的成功和失败之处要加以分析总结，分析这次拜访计划成功的经验或者失败的教训，为制订下一次的拜访计划打下良好的基础。

其次，制订计划要把握住所应包括的内容。计划的内容可以形象地用"5W1H"来表示：

（1）Who（谁）。这就是指计划拜访的对象，是潜在顾客还是现实顾客，是你喜欢的顾客还是你反感的顾客，是离你近的顾客还是离你远的顾客等。

（2）When（什么时间）。这是指你拜访顾客的时间。你是在一天工作开始时拜访，还是在一天工作结束时拜访，抑或在一天工作中最繁忙的时间拜访；你是在天气好时拜访，还是在天气不好时拜访等。

（3）Where（什么地方）。这是指你拜访的顾客所在地及到顾客所在地的最佳路线。你得想个办法规划好你的拜访路线，减少你消耗在路上的时间，增加你与顾客见面的时间。

（4）Why（为什么）。这是指你拜访顾客的原因。拜访时可别忘了此行的目的。要记住，你是为了推销商品而不是为了侃大山或吵嘴、找碴而去的。同时，在拜访时也别忘了你的销售责任和你的销售毛利计划。

（5）What（什么）。这是指你这次销售的内容是什么。你了解你所推销的商品吗？你了解顾客可能看中你手中商品的哪一点吗？别忘了，在推销货物的同时，你也是在推销你自己和你的服务。

（6）How（怎样）。这是指怎样进行推销。你了解你应采用什么推销方法，使用哪些谈判技巧才能推销出你的商品吗？凡事预则立，不预则废。想出种种应对顾客拒绝你的方法，你才能游刃有余，立于不败之地。

(1) 向老销售顾问请教，看看能否获得他们过去用过的计划表。
(2) 请罗列出你制订计划所需的重要信息。
(3) 你所制订的计划中的"5W1H"包括哪些具体内容？
(4) 请制订出至少包括2个可供选择方案的计划表。
（注：任课老师自己要准备若干份备用计划表以供学生参考。）

典型学习情境三：拜访计划的确定

从以上可供选择的方案中，选择出一个可供执行的具体方案，并作出最后执行计划。

(1) 请罗列出评价方案可行性的标准，至少罗列 7 条以上。

(2) 这些指标中哪些指标最重要？用这些指标作为评价标准对方案进行选择。

(3) 为选定的方案写出最终供执行的拜访计划。

(4) 与小组成员一起评价你的计划的可行性，并预测可能达到的效果。

三、联系顾客并实施拜访

典型学习情境四：电话联系拜访对象

(1) 请准备好所要拜访顾客的详细信息，这些信息包括表 1-6 中所有信息。

要拜访顾客的详细信息表　　　　表 1-6

顾客姓名	性别	年龄	主要特征	所购车型	购车时间	回访理由	联系电话	住　　址	备注

另外，可能的话，还可以把顾客的嗜好等信息也罗列出来，注意必须记录在工作簿上备查。

(2) 仔细研究以上信息，按"5W1H"的方法认真设计电话内容，并用笔记录在案备用。

(3) 把顾客信息及设计好的电话内容放于眼前，然后用固定电话给顾客打电话。

注意电话礼仪并说明拜访原因，联系好拜访时间及地点，一定要与顾客约定好下次联系的方式与方法。

打电话过程中或电话结束后必须要有电话记录。

(4) 根据电话内容修改或补充拜访计划。

典型学习情境五：初次拜访顾客

(1) 拜访前电话再次确认，并告知对方你出发时间及大致到达时间及其他事项。

(2) 你这次拜访需要用到哪些工具？

(3) 准备好拜访用工具，再次检查仪容仪表，然后准时到达见面地点。

(4) 见面后，及时作自我介绍，视情递送名片、资料及礼物。

(5) 使用破冰的语言或方法取得对方信任。

(6) 完成拜访任务。

教学实践中，可以把获得转介绍作为必完成的任务来做。另外，为了便于评价与控制，要求学生还要完成谈话录音（视情做）及与顾客合影的任务。

(7) 向顾客告辞。

注：拜访中要注重礼节，不要强求，能随机应变。

四、拜访所获转介绍顾客

按前面一～三的步骤完成对所获转介绍顾客的拜访。这个任务难度更大些，在此仅作为选做任务。

五、撰写总结

典型学习情境六：资料的汇总与整理

(1) 你的拜访达到目的了吗？
(2) 顾客信任你了吗？
(3) 你有与顾客交流的录音与合影吗？
(4) 顾客给你打电话了吗？
(5) 把在拜访顾客过程中所获得的资料用一个档案收集起来，并根据相关分类标准进行整理。
(6) 把重要的资料录入计算机系统中。

典型学习情境七：拜访总结的撰写

(1) 通过各种途径获得总结的基本格式。
(2) 你的总结重点写什么？有哪些附件？
(3) 写总结用的工具备齐了吗？
(4) 你的总结认真检查并优化了吗？

评价反馈

(1) 各小组分别制定一个拜访顾客工作评价标准，经讨论后，形成全班的标准。
(2) 根据班级标准，每个学生对自己的工作进行自我评价，并填入表1-7中。

上门拜访顾客学习任务学生自我评价表　　表1-7

指导老师：

姓　名	项　目					总得分
	评价标准一	评价标准二	评价标准三	评价标准四	评价标准五	
评分理由						

组长(签名)：　　日期：

(3) 按照这一标准，对本小组和其他小组的工作进行评价，并将评价结果填入表1-8中。

上门拜访顾客学习任务小组评价表　　表1-8

组别：

指导老师：

姓　名	项　目					总得分
	评价标准一	评价标准二	评价标准三	评价标准四	评价标准五	
平均分						

组长(签名)：　　日期：

(4) 指导老师对你的学习任务完成情况进行评价了吗？

指导老师根据成果的完成情况、学生工作责任心等方面，再结合学生的评价标准制定相应的评价标准，并按小组评价表的格式制作评价表，把对学生的评价结果填入表1-9中。

上门拜访顾客学习任务教师评价表 表1-9

班级：

姓　名	项　目					总得分
	评价标准一	评价标准二	评价标准三	评价标准四	评价标准五	
平均分						

注：表中空格为评价后得分；总得分为各评价标准得分之和；平均分可以用来对比。

指导老师(签名)：　　　日期：

(5)对学生的学习成绩进行总评。

根据一定的比例，计算得到学生完成本学习任务的总评分，并记录在册。建议按以下比例进行总评：总评分＝学生自评分×10%＋小组评分×20%＋指导老师评分×70%，见表1-10。

上门拜访顾客学习任务学生评价得分总表 表1-10

班级：

姓　名	项　目			总评分
	学生自我评价得分（10%）	小组评价得分（20%）	指导老师评价得分（70%）	
平均分				

指导老师(签名)：　　　日期：

作　业

1. 什么是顾客满意？如何做才能超越顾客的期望？
2. 拜访顾客时应该注意哪些问题？
3. 展厅销售工作中，有哪些礼仪规范？
4. 影响消费者购买行为的因素有哪些？
5. 实践练习：请按任务实施范例的步骤，自行去拜访一位你熟悉的汽车顾客，并提交相应的资料。
6. 运用"头脑风暴"法，讨论拜访顾客的破冰技巧。

学习任务 2　新 车 推 介

学习目标

1. 熟悉展厅销售的流程；
2. 运用 FAB 介绍法进行车辆商品的推介；
3. 熟练运用汽车展厅销售礼仪，树立销售顾问的专业形象，养成在顾客面前展示可信、可爱、可敬的中国工人形象；
4. 能较准确地掌握顾客的购车需求；
5. 能分析顾客的购车行为；
6. 会运用绕车介绍法向顾客展示车辆；
7. 熟悉试乘试驾的工作流程及要求；
8. 能顺利为顾客做试乘试驾活动；
9. 传承中华礼仪等优秀传统文化，树立民族文化自信；
10. 树立诚信意识，在新车推介过程中做到诚信待客，弘扬中华传统美德，自觉践行社会主义核心价值观。

任务描述

1. 任务的详细描述

学生选择一个品牌汽车(如丰田车或一汽奥迪车)经销店或在营销模拟实训室完成本学习任务。

潜在顾客(或模拟顾客)在特定情景下初次来访时，学生作为(或扮演)销售顾问角色按展厅销售流程要求做到：

(1)接待顾客；
(2)分析顾客购车需求；
(3)向顾客推介符合顾客需求的新车型，总结出各种车型的卖点，向顾客介绍性价比、售后服务特点、养车成本等；
(4)为顾客做试乘试驾；
(5)向顾客建议成交；
(6)送顾客离去。

完成形式有以下4点：
(1)整个推介过程的录像；

(2)签署好的顾客做试乘试驾协议书;

(3)填制好的各类销售工具表格;

(4)上交试乘试驾工作总结。

任课老师在详细描述本学习任务时,可以播放一段展厅销售的录像(长度为 5～10min),以更好地帮助学生理解,并提高学习兴趣。

2. 任务分析

要完成本学习任务,可按以下流程进行:

(1)展厅销售准备与学习准备;

(2)等待或预约顾客到来;

(3)接待来店顾客;

(4)与顾客进行沟通,分析顾客购车的详细需求;

(5)向顾客推荐符合顾客需求的车型,并在展厅中为顾客介绍静态展厅车辆;

(6)为顾客做试乘试驾;

(7)送顾客离开展厅;

(8)总结整个推介过程,填制相关表格;

(9)评价工作成果与学习效果。

完成本学习任务需要用的工具和设备有:

(1)展厅销售用工具夹,工具夹中包括车型资料、名片、笔、便笺、销售用表格等;

(2)小礼物、饮料等接待用工具;

(3)工作装;

(4)固定电话及移动电话;

(5)报价表;

(6)计算器;

(7)来店(电)顾客登记表;

(8)顾客跟踪卡(如丰田经销店的 A—C 卡,大众经销店的黄卡等);

(9)来店顾客调查问卷;

(10)试乘试驾活动介绍与协议;

(11)试乘试驾意见表;

(12)商谈记录表;

(13)新车订购单;

(14)未成交顾客记录表;

(15)感谢信;

(16)各种车型目录、介绍;

(17)其他需要用到的工具。

作为学习任务,本任务亦可在课堂中设计相关的场景来完成学习过程。场景要求如下:

(1)模拟顾客 1～2 人;

(2)模拟汽车销售实训室至少一间;

(3)模拟顾客的信息及身份背景设定资料;
(4)模拟真实展厅销售场景所需的资料。
完成本任务所需的知识详见此后相关各单元。

学习引导

学习本任务时,可以沿着图2-1所示脉络进行。

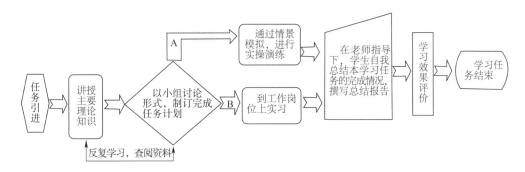

图2-1 学习任务2的学习脉络图
注:根据学校教学资源的具体情况选择A或B

单元一 汽车展厅销售基础知识与技能

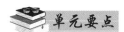
单元要点

1. FAB介绍法;
2. 职业道德相关知识;
3. 汽车展厅销售礼仪;
4. 潜在顾客的甄别;
5. 沟通技巧。

相关知识

作为汽车销售顾问,为能顺利地完成展厅销售工作,需要掌握一些最基本的知识与技能,主要包括:职业道德相关知识、礼仪、沟通技巧、潜在顾客的甄别、商品介绍技巧等。

一、汽车销售顾问的职业道德

顾客利益高于公司利益,因此销售顾问不仅要维护公司的利益,更要维护顾客的利益。美国营销协会(AMA)的道德规范中规定,销售顾问职业道德的根本原则就是绝不故意做出任何损害顾客的行为,严格遵守社会的道德伦理以及法律法规。销售是个利益诱惑集散地,销售顾问要加强自身的道德自律。伟大的销售顾问不是销售业绩的奇迹者,而是修己安人的大爱传播者和道德坚定者。作为汽车销售顾问也肩负着同样的使命和责任。

1. 汽车销售顾问常见职业道德问题

一般而言,在以下3个环节容易出现汽车销售职业道德问题。

(1) 销售顾问与顾客交往过程中。在这一个环节中,有3种不道德行为与汽车销售顾问有关。

① 误导性展示产品或误导产品信息。对产品或产品相关的服务提供虚假、欺骗或误导性信息,如只说自身产品的优点,并夸大用途与用量。如果是企业销售管理层印刷大量的违法产品宣传资料,那这种不道德行为就是销售管理层的。

② 互惠交易。在工业品市场,一个企业通常既是其他企业的顾客,又是其他企业的供应商,即两个企业相互购买对方的产品。销售顾问通常会暗示说:如果你从我们这里购买设备,那么我可以说服我公司从你们处购买我们所需要全部办公用品,否则我们也将不从你们处采购产品。

③ 强行买卖。强行买卖即骚扰性推销,顾客明白告知销售员,不会购买产品,而销售顾问经常打电话给顾客,乃至使顾客不堪忍受或为了避免骚扰而购买产品。如一些汽车经销商的销售顾问经常促使顾客在一项复杂的购买中作出匆忙的购买决定,事后顾客非常懊恼。因为顾客要么购买了不需要或不喜欢的产品,要么为此要承担昂贵的贷款。

(2) 对待竞争对手过程中。在对待竞争者的不道德问题上,一般表现在2个方面。

① 人为阻碍竞争对手的产品供应,如:尽可能地减少竞争者的产品货架面积,或者把自己的产品摆放在最有利的货架位置;尽可能减缓竞争者产品的采购,让其断货,而且是通过行贿某些负责人来实现这目的。

② 故意贬低竞争对手,散布一些不真实的信息抹黑竞争对手。有些公司提供这方面的资金,或提供这方面的没有公开的材料。

(3) 销售顾问与所在企业交往过程中。销售顾问在与所在企业的交往中的不道德问题,主要体现在3个方面:

① 谎报费用账目。在我国,销售顾问吃回扣、报虚账的现象也是普遍的,尤其是那些用钱去开发市场的公司。原因其实也不仅仅在于销售顾问本身,而是在于销售管理者,如销售费用政策不健全、销售管理不公正、与自己关系"好"的销售顾问的发票(全球品牌网)就很轻松签字、销售管理者自身拿项目回扣、鼓励销售顾问拿发票来冲账等。

② 滥用公司资源。如某些销售顾问利用公司的资源和时间从事第二职业,原本3天就能办完的事情,却要花费5天去办,拿着企业的薪水、出差费用,却在销售其他产品。

③ 欺骗公司。销售顾问在提供信息时欺骗公司,或隐瞒信息,或提供虚假信息。由于销售管理层设立销售竞赛,推迟订单或提前订单。例如,没有出差,没有拜访顾客,却填写报告表示出差了或拜访了顾客。

2. 汽车销售顾问应该具备的职业道德规范

汽车销售顾问除应遵守一般销售顾问的职业道德外,还应遵守汽车销售行业特殊的职业道德。我们借鉴上海市汽车销售行业协会提出的《上海市汽销行业销售顾问职业道德规范(试行)》作为汽车销售顾问的基本职业道德规范,其内容如下。

(1)遵守法律法规:遵纪守法、维护公德、陶冶品行、注重修养、珍视汽车销售顾问职业声誉。

执行规章制度:服从分配,令行禁止,忠于职守,工作有序,维护企业文化和形象。

(2)掌握汽车销售技能:科学求真,业精技强,开拓顾客,建档回访,注重售前、售中、售后服务。

规范汽车销售行为:诚实守信,履行合同,同行互助,公平竞争,共同提高汽销售服务水平。

(3)做好汽车销售业务:依法经营,服务到位,拓展思路,高效务实,努力完成企业各项指标。

严禁损企利己:尊重企业,维护商誉,秉公办事,不谋私利,抵制有损企业利益的行为。

(4)注重文明经商:仪表端庄,言语文雅,态度诚恳,讲究卫生,以真诚的态度接待顾客。

诚信对待顾客:严谨求实,认真对待,热情服务,顾客至上,提供周到和细致的汽车销售服务。

(5)构建和谐关系:诚信友爱,和睦相处,相互协调,团队合作,融入企业凝聚力工程建设。

融入企业氛围:爱岗敬业,尽心尽责,审视自我,参与管理,做个称职的汽车销售人员。

二、汽车销售顾问的沟通技巧

1. 汽车销售沟通的原则

汽车销售沟通中应掌握如下一些原则。

(1)明确沟通目的。所谓沟通目的,就是要求销售顾问在与顾客进行沟通时,想要达到的结果。一般来说,沟通的目的不外乎建立(或维系)关系和促成交易两种,但我们在绝大多数的情况下要牢记,建立(或维系)关系更重要。

(2)善于发现需求。沟通能否有效进行或者是更深入地进行下去,很大程度上取决于销售顾问是否能及时、准确地发现顾客的需求。因此,销售顾问应善于在沟通中不断了解顾客的消费行为,并根据其需要来不断调节自己的沟通方式与方法。"投其所好"在沟通中是非常重要的。

(3)沟通要力求亲近易懂。汽车是一个复杂的产品,销售顾问不可能对所有的汽车专业知识都精通,也没必要把专业术语挂在嘴边,重要的是你应该强调产品的性能将给顾客带来什么样的利益,并把这种强调用亲近易懂的语言表达出来,这才是顾客最关心的。切忌在沟通中大量地使用晦涩难懂的专业术语,它不仅不能让你成为专家,反而会把顾客赶跑。

(4)提供个性化的沟通模式。销售顾问在沟通中要想赢得顾客的信任与好感,就必须做到非语言信息始终与其语言信息保持一致。相比于礼貌待客式和技巧推广式而言,个性化的沟通模式是最有效的,所以我们应坚持采用个性化的沟通模式。事实证明,个性化是一种行之有效的沟通方式。

所谓语言信息是指沟通时用语言所表达出来的信息;非语言信息是指沟通时在用语言

表达的同时,身体其他部位(如体态、表情等)所表达出来的信息。

在与人沟通时常有以下3种模式,即礼貌待客式沟通模式、技巧推广式沟通模式与个性服务式沟通模式。

为了便于理解这3种模式,下面举一个简单的例子。

有一家汽车专卖店,里面有3个服务人员,小王、大王和老王。当你走近小王时,小王面带微笑,主动问长问短,与您寒暄天气,聊一些与汽车无关的事情,小王的方式就是礼貌待客式。大王呢,采取另外一种方式,他说"我能帮您吗?""您要哪种汽车?""我们的这款汽车是最新推出的产品,现在正在优惠促销",大王的方式是技巧推广式。老王的方式更加成熟老练,他和你谈论日常出行,询问家庭状况,提出三口之家购车的理财方案,总会找到一种最适合你的汽车,而且告诉你如何维护和驾驶、如何省油等。老王的方式是个性服务式。

(5)善于运用非语言沟通。语言是沟通的重要工具,但我们必须知道,行动胜于语言,因此必须确保二者相匹配。如果销售顾问的行为举止和言语发生冲突,人们就会相信你的行动语言,而不是你的口头语言。研究表明,声音、语调和外表等非语言占全部印象的90%以上。一个人的举止动作和表情,以及语速、语调等,在沟通中的作用要超过语言本身,所以销售顾问一定要善于运用非语言来与顾客沟通。

2. 正式沟通与非正式沟通

(1)正式沟通。在管理活动中,正式沟通是指在一定的组织机构中,通过明文规定的渠道,进行信息的传递和交流。正式沟通是随正式组织的产生而产生的,所谓正式组织是指管理人员及员工之间由于授权和职责分配所建成的个人间的关系,这种较为固定的组织关系的存在,使这种沟通具有一定的模式性和规范性,习惯称之为正式沟通。它分为上行、下行和平行沟通3个方面。销售顾问与顾客的正式沟通属于平行沟通。平行沟通大多发生于地位相当的人员之中,这种沟通弥补了其他沟通的不足,减少了单位之间的事权冲突,使各单位、各员工之间在工作上能密切配合,并增进了友谊。

在汽车销售中,所谓正式沟通是指销售员与顾客间的信息沟通与交流,因为汽车这一商品的联系而有一定的模式性和规范性。这种模式和规范性表现在,销售顾问依靠专业知识和专业特长,以与汽车商品有关的销售咨询为沟通主要内容。

(2)非正式沟通。所谓非正式沟通,是指在正式沟通渠道以外进行的信息传递与交流。非正式沟通是非正式组织的副产品,它一方面满足了员工的社会需求,另一方面弥补了正式沟通的不足,它带有一种随意性和灵活性,并没有一个固定的模式或方法。

在汽车销售中,那些没有固定的模式和规范,不是依靠专业知识和专业特长,而是通过与顾客拉家常式的、与汽车没有关系的对话来进行信息交流。完全是为建立人际关系的沟通就属于非正式沟通。

(3)结论。目前在我国,销售顾问与顾客的沟通有50%的时间是在进行非正式沟通,而在西方一些国家和地区,只有不到10%的时间是非正式沟通,他们建立信任的、亲近的方式就是依靠你的专业特长。如果你是销售汽车的,那么你对汽车懂得越多,顾客越信任你;如果你是销售《大英百科全书》的,且你对《大英百科全书》不熟悉,那么顾客是无法信任你的。但在我国社会,陌生人之间建立信任关系很难,即使建立了,一般也不是依靠专业知识,而是依赖于人际关系能力。是否有足够的话题与潜在顾客进行非正式沟通就是一个考验。

因此,在我国销售汽车,必须用更多的时间与顾客进行大量非正式沟通,并更加重视人际关系的培养。当然目前如此,并不意味着将来的我国也是如此,这就需要我们随着时间和环境的改变而不断调整策略。

3.汽车销售沟通中说和听的技巧

在销售沟通中,说和听都是非常重要的沟通技巧,作为销售顾问必须掌握。作为一种特殊的商业活动,销售沟通中的听与说与日常生活中的听与说在技巧上又有所区别,下面就作一个简单的介绍。

(1)汽车销售沟通中说的技巧。

这里的"说",也就是我们常说的销售中语言的表达技巧。销售中说话的基本技巧包括如何控制自己说话的态度、如何控制自己说话的声音、不同场景下的说话技巧如何掌握等几个方面。

①控制自己说话的态度。作为一名销售顾问,要牢固地树立一个观念:说话的态度比内容更重要。也就是说,你怎么说比你说什么更重要。

一般来说,销售顾问正确的说话态度包括以下几个方面。

首先,要真诚。其实,每一名销售顾问都知道这个原则,只是在实践中往往就会忽略掉,而犯这样那样的错误。常见的错误主要表现在以下两个方面。

a.自说自话。有些销售顾问,面对顾客的时候,想的只是怎么把自己知道的一些信息尽快传递给他们。在说的过程中,也不考虑顾客的反应,不考虑顾客对这个问题是不是有意见需要发表,只顾自己一口气把话说完,似乎就完成了任务。你的任务是完成了,但顾客已经对你的态度起了反感。你说的内容,很可能他们根本就没有仔细听,在你说话的过程中,他们正在心里嘲笑你的自说自话呢。

b.骄傲。有些销售顾问做得稍微好一点,自以为还不错,经常有意无意地在顾客面前表现出自己能干,自己说的都是完全正确,自己的话顾客应该认真听等神色。殊不知你的话需不需要认真听取,完全是由顾客本人来决定。你这样骄傲,只能引起顾客的反感。如果顾客已经对你起了反感,你口才再好也没有用处了。

因此,千万不要在顾客面前表现出骄傲的神色。

其次,要热情。热情与真诚几乎不可分开,如果没有真诚,你的热情肯定会显得虚伪,但是过于热情会让顾客觉得不自在,有一些不习惯别人热情的顾客,会因为你的过于热情而离你而去。

因此,你心里的热情一定要让顾客感受得到,但又要掌握度,适可而止。

最后,要照顾对方的理解力。在这方面,销售顾问最容易犯的一个毛病就是经常会有意或无意地对顾客说一些让顾客听不懂的话,这些话主要是"行话",也就是我们常说的"黑话"。这也就是我们在前面已经强调的,销售顾问说的话一定要亲近易懂,使顾客容易理解的表达方式才是最正确的表达方式。

为此,你有必要经常审视你与顾客沟通时是不是容易让顾客听不懂,或产生误解,如果是就说明你存在着"行话"问题,你必须改变这种状况。

②控制说话的声音。因为销售沟通中沟通对象与沟通场景都与日常沟通不同,所以销售顾问说话的声音也不同于日常沟通。一般来说,应注意以下几个方面。

首先是腔调的高低。

a. 要注意避免学生腔调和背书腔调。

b. 要注意根据顾客对象的不同调整自己说话的腔调。

c. 一般应以中音为最好,既不能让顾客听不清楚你的话,又要避免做"高音喇叭"。

要真正能做到以上3点不是一件容易的事,因此,要求销售顾问要不断进行自我训练。常用的训练方法一是把自己的声音录下来,反复纠正;二是让你的亲朋好友帮你纠正。

其次是方言与普通话的应用。从语言上来说,当然最好是讲普通话。但是,谈业务并非进行全国的演讲比赛,并不要求你一定要讲普通话。

如果你能够说与顾客一致的语言,那最好了。

如果你就是本地人,在本地谈生意,如果你的顾客讲方言,你完全没有必要讲普通话。

如果你受命去其他地方开拓市场,你的顾客大多是当地人,那么,对一个好的销售顾问来说,就有必要学会当地的方言。

③掌握不同场景下的说话技巧。不同场景下的说话技巧是一门艺术,因此,它需要销售员用心去体会、去实践。不同的场景有这样一些:打电话,与顾客初次接触,与老顾客沟通,与不同的顾客在不同的时间、地点和情景下的沟通等。

美国销售专家汤姆总结了24个具有销售力量的词汇和24个妨碍销售的词汇。

具有销售力量的24个词汇是:顾客的名字、了解、证实、健康、从容、保证、钱币、安全、节约、新的、亲爱、发现、正确、结果、真诚、价值、玩笑、真理、安慰、骄傲、利益、应得、快乐、重要。耶鲁大学在以上24个词的后面,又加上了5个词:您(你)、担保、优点、明确、好处。

妨碍销售的24个词汇是:应付、花费、付款、契约、签字、尝试、困扰、亏损、丧失、损害、购买、死亡、低劣、售出、出卖、代价、决心、费劲、困难、义务、责任、失败、不利、不履行。

另外,有专家总结了面对不同需要的顾客时,具有销售力的如下词汇。

生理需要:芳香诱人的、新鲜整洁的、舒适方便的、柔软舒适的等。

安全需要:牢固的、保险的、有益健康的、经久耐用的、基础牢固的等。

爱和归宿的需要:赞扬、钦佩、忠告、慈爱、加入、赞成、联系、团体、关心、依赖、奉献、热情、爱心、家庭、喜爱、朋友、亲密、难得的机会、爱好、提供、组织、既得的、想要的等。

自尊的需要:高级的、获奖的、性能最佳或最优的、一流的、华美的、值得花钱的、独一无二的、高技术形象、领先潮流、精细加工的、尊敬、价值、获胜的、值得等。

自我实现:满意、建成、实现、鼓舞、全面的、控制、方便的、习惯、迅速、自由、容易、完结、增长、有助于您(你)……魔力、奇迹、有组织的、成功等。

总之,凡是具有生动性、提示性、较强的穿透力和感染力的词汇一般都具有销售的力量,销售顾问应注意运用;而凡是具有贬义的、否定的、刺激的、暧昧的、夸张不实的等词语,一般都会妨碍销售,销售顾问在实践中应注意避免使用。

(2)销售沟通中听的技巧。

日本销售大王原一平曾说过:"对销售而言,善听比善辩更重要。"销售顾问通过听能够获得顾客更多的认同,所以说,如果能把80%的时间留给顾客,成功的机会可能超过80%。由此可见倾听在销售沟通中的重要性。

听,有积极的听和消极的听两种,显然,积极的倾听是很重要的,对销售有积极的促进作用;而消极的倾听于事无补,我们应坚决摒弃。

①积极倾听的3个原则。

首先,应站在对方的立场,仔细地倾听。每个人都有自己的立场及价值观,因此,你必须站在对方的立场仔细地倾听对方所说的每一句话,不要用自己的价值观去指责或评判对方的想法,要与对方保持相同的态度,更不要轻易打断对方的谈话。

其次,要确认自己所理解的是否就是对方所说的,你必须重点式地复述对方所讲过的内容,以确认自己所理解的意思和对方一致。你可以通过以下提问来确认你的理解是否与对方一致,如"您刚才所讲的意思是不是……""我不知道我听得对不对,您的意思是……"等。

另外,要表现出诚恳、专注地倾听对方的话语。销售顾问倾听顾客谈话时,最常出现的毛病就是只摆出去倾听顾客谈话的样子,内心却迫不及待地等待机会,想要讲自己的话,老处在一种"说话紧张状态",唯恐失去说话就好像失去了生意似的。如果这样,无疑是销售顾问自己将"倾听"这个重要的武器舍弃了。实际上,如果你听不出顾客的意图和期望,你便会真正失去顾客。

②倾听的技巧。

第一,应该培养良好的、积极的倾听技巧。

第二,应该秉持客观、开阔的胸怀,不要心存偏见,以己之心度他人之腹。

第三,在沟通时,一定要让顾客把话说完,并记下重点,并且可以不断地给顾客以肯定,鼓励其把话题继续下去。

第四,切忌对顾客所说的话表现出防卫的态度,即使是不同意见也不宜即刻反驳。

第五,应该真正掌握顾客内心的真正想法。虽然这不容易,但也应尽可能全面地分析你所倾听到的全部内容。

若能随时注意以上5点,相信你一定是一个成功的倾听者,它将对你的销售工作起到很大的帮助。

另外,无论是说还是听的过程中,都涉及一个重要的方面,那就是如何去提问题。善于提问对于沟通来说犹如画龙点睛,因此,在沟通过程中也应非常注意提问的技巧的运用。

4. 沟通的4个基本技巧

汽车销售顾问在展厅销售工作中需要掌握以下4个沟通的基本技巧:

(1)主导。所谓主导就是指在与其他人对话交谈中,如何不知不觉地控制谈话的主题内容,以及谈话的发展趋势和方向。掌握销售对话中的主题,通过主题来赢得对话的主导权。

(2)迎合。承接对方的话语的语意,形成顺应的语言背景,赢得宽容的交谈氛围。

(3)垫子。在回答顾客的问题时,有效应用对问题的评价来延缓其对问题的关注。

(4)制约。预测顾客后面的话,并主动说出方法,制约顾客的思考思路。

三、展厅销售礼仪

展厅销售礼仪详见学习任务1中的单元二。

四、FAB介绍法

销售顾问在向顾客介绍汽车产品时,常采用"特征(Feature)、优点(Advantage)、利益(Benefit)"(FAB)陈述法。同样地,销售顾问在准备产品知识时也应从特征、优点和利益3个方面去准备。

一个产品的特征就是:关于该产品的事实、数据和确定的信息。如奥迪A6L 40TFSI豪华动感型轿车有5个安全气囊;有防盗报警系统;有ABS(防抱死制动系统)等。顾客在听到销售顾问描述这些特征的时候,容易将其中的一些特征与它们对自己的好处联系起来,但还有许多对特征的描述是难以完全理解的,例如具备ABS。多数顾客都知道一辆好车应该具备这个电子系统,但是,这个电子系统到底是如何与自己的安全联系起来的,只有很少人可以说得清楚。因此,销售顾问在对产品的描述上就需要表达因此特征而对顾客产生的好处,即产品的优点。任何一个产品特征都可以转换成相应的产品优点。

一个产品的优点就是:该特征是如何使用的,以及是如何帮助顾客解决问题的。比如,儿童锁可以防止儿童在后座上无意中打开车门,尤其是在行驶的时候避免因车门无意打开所造成的危险,从而提高了对儿童的安全保障。可见,产品的任何特征都可以转换为这样的优点陈述方法向顾客介绍。但是,这也不能确保顾客会对这个优点感同身受,如果这位顾客家里没有儿童,那么在你详细描述这个优点的时候就无法与顾客建立起直接的联系。因此,我们需要进一步提高描述产品的能力,那就是学习并熟练掌握对产品利益的描述方法。

一个产品的利益就是:该特征以及优点是如何满足顾客表达出来的需求的。任何产品的任何特征以及任何优点都可以通过顾客感知的利益的方法来陈述。

例如,当向顾客介绍了该车具备ABS,这不过是一个特征的描述。ABS名称本身也许已经说明了,它是在紧急制动的时候防止汽车轮胎停止转动后与地面开始滑动摩擦从而失去方向控制的装置。这个描述具体说明了ABS是如何起作用的,以及是在什么情况下发挥其作用的,但是,并没有从消费者需求的角度来看待这个问题。从消费者的需求角度来看,陈述ABS的利益会令消费者将这个优点与自己感受的实际情况结合起来。比如对于ABS这个技术特征,我们可以这样陈述:"您一定有多年的驾驶经验了,或者您也许有机会注意到一些有经验的驾驶员在遇到紧急情况时,不是完全将制动踏板踩死,而是会间断地放开制动踏板,为什么呢,因为他们不愿意失去对车辆行驶方向的控制,在制动的同时还可以控制转向盘,这个动作则表明那辆车一定是没有ABS。由此可见,ABS是在紧急制动的时候帮助驾驶员获得对汽车方向控制的一个装置。"销售顾问使用这样的陈述方法,就能够与顾客的需求密切结合起来,从而给顾客留下足够的印象。

在许多时候,销售顾问是不需要详细地向顾客讲述ABS的技术原理,一旦顾客真的问到这个系统,如果可以从特征、优点、利益全面地来介绍,那么作为汽车销售顾问,你就会很快赢得顾客的信任,从而对顾客从你这里采购所需要的汽车产生重要的影响。

下面请用你学习到的产品特征、优点和利益的理解分析如下的叙述哪些是特征,哪些是优点,哪些是利益的描述。

(1)大捷龙内饰豪华;

(2)帕杰罗通过性好;

(3)大切诺基是品牌产品;

(4)内饰豪华可以体现车主的身份;

(5)通过性好有利于越野能力;

(6)良好的品牌让消费者放心;

(7)如果开大捷龙接送顾客,内饰的豪华让顾客对你信心倍增;

(8)如果您的地区路面不好,您一定需要越野车的出色的通过能力;

(9)如果您想在越野车俱乐部与众不同,大切诺基就可以满足您的优越感;

(10)大切诺基比较省油;

(11)省油的性能完全可以节省您的日常开支;

(12)如果您经常长途驾驶,您会有省油的需求,因此,大切诺基长途路程的省油特性完全满足您的需求;

(13)如果您的儿童喜欢帕杰罗的天窗,您会发现天窗自动防夹手的功能一定有用;

(14)帕杰罗天窗关闭有自动防夹手的功能;

(15)乘坐大捷龙全家外出,您最担心自动门会意外夹到孩子,因此,您一定需要有防夹功能,大捷龙的自动门的这个功能满足您的需求。

表2-1给出一个汽车FAB陈述法模板,销售顾问在工作中可以将所销售的车型总结成这样一个表格清单,以便于学习及应用。

汽车FAB陈述法模板　　　　　　表2-1

特　征	优　点	利　益
奥迪A6L 40TFSI豪华动感型轿车具有ABS	该系统可以在紧急制动的时候帮助驾驶员获得对汽车方向的控制	您的车经常会在高速公路上以高速行驶,该系统能使您在行驶时更加安全
……	……	……

"特征、优点、利益"(FAB)陈述法是非常重要的产品介绍方法,销售顾问应加强这方面的知识准备,并不断地训练自己,以达到非常熟练为止。

五、汽车销售顾问的7项核心技能

1. 行业知识

行业知识指的是销售顾问对顾客所在的行业在使用汽车上的了解。如面对的潜在顾客是一个礼品制造商,而且经常需要用车带着样品给他的顾客展示,那么,他对汽车的要求将集中在储藏空间、驾驶时的平顺等。顾客来自各行各业,如何做到对这个不同行业用车的了解呢?其实,这个技能基于你对要销售的汽车的了解。比如,顾客属于服装制造业,那么也许会用到汽车空间中可以悬挂西服而不会导致皱褶的功能。许多销售顾问对顾客用车习惯的注意及了解都是从注意观察开始的。

行业知识不仅表现在对顾客所在行业用车的了解上,还表现在对顾客所在行业的关注上。当你了解到顾客是从事教育行业的时候,你也许可以表现的好奇地问:"听说,现在的孩子越来越不好教育了吧?"其实不过是一句问话,对顾客来说,这是一种获得认同的好方法。当顾客开始介绍他的行业特点的时候,你已经赢得了顾客的好感,仅仅是好感,已经大大缩短了人与人之间的距离。汽车销售中这样的例子非常多,但并不是容易掌握的,关键是要学会培养自己的好奇心,当你有了对顾客行业的好奇心之后,关切地提出你的问题就是你销售技能的一种表现了。

2. 顾客利益

前面,我们学习了产品的 FAB 介绍法。所有的产品都有其独到的特征,是其他竞争对手的产品无法比拟的,但是如何用利益的陈述方法让顾客印象深刻是关键。在特征、优点以及利益的陈述方法中,只有利益的陈述方法是需要通过双向沟通来建立的。利益的陈述方法要求陈述出产品的某个特征以及优点是如何满足顾客表达出来的需求的。首先需要确认你理解的顾客对汽车的需求,然后,有针对性地介绍汽车的各个方面。如果顾客有跑长途的需要,那么你不仅要有针对性地介绍发动机的省油特性,还要介绍座位的舒适性,转向盘的高低可控,以及高速公路上轻松的超车感觉等。

确保顾客采购的汽车可以为顾客带来他需要的利益是一种销售技能,也是深入获得顾客信任的一个有效方法。从获得顾客好感入手,逐步建立顾客对你的信任,直到建立一种可靠的关系才是销售的终极目标。

3. 顾问形象

顾问形象意味着什么?它意味着销售顾问不仅要对顾客的行业有所关注和关心,而且还要理解顾客的利益,完全从为顾客提供建议的角度来介绍汽车。"如果您的驾龄不长,我建议您安装倒车雷达,虽然又需要一笔费用,但是,相比您在倒车时由于没有经验导致的剐蹭之后的维修费用还是小钱,更何况,崭新的车剐蹭了也会很心疼。"根据对我国驾车者的研究,只有一年驾龄的驾驶员倒车剐蹭的机会高达67%,所以,你看有一个倒车雷达是多么有帮助啊。注意,这里提到的对我国驾车者研究的结果等信息都是在体现销售顾问的顾问形象,体现作为销售顾问的你对相关知识的了解是如何支持你对顾客来提供帮助的,提供信息供参考的作用是作为顾问的一个非常重要的功能。

有一个更为形象的例子可以帮助你更好地理解如何才能在别人的眼里成为一个理想的、合格的顾问。你可以回忆一下,当遇到一些难以解决的问题的时候,你一般都会向谁请教,找到这个人后,仔细回忆你为什么在心里将他作为问题请教的对象呢?找到其中的具体原因,你就可以从这些地方开始模仿,除了模仿以外,自己还需要不断地增加各种丰富的知识,尤其是汽车方面的知识,以及我国汽车行业的各种变化,如果对于这些变化再有自己的分析,从而形成自己的看法,那么你在未来的潜在顾客面前的顾问形象就非常容易形成了。

4. 行业权威

行业权威是一个中立的技能,因为无论潜在顾客的素质、层次在什么水平上,都容易受到行业权威的影响。如果一个销售顾问具有他所销售的产品中的行业权威称号,那么,这个销售顾问在影响顾客的采购决策方面相比没有这个称号的销售顾问就容易得多。这也是为什么在西方一些国家和地区的车行通常都会授予一些优秀销售顾问一些称号(如汽车应用知识专家、顾客服务专家等)的原因。当顾客获知为自己服务的销售顾问是顾客服务专家的时候,更容易倾向信任这个销售顾问,因为有称号的销售顾问不仅仅是一个具体的人,他还带有自己的荣誉称号,这是一个客观的评价。所以,有荣誉称号的人在推进销售过程中普遍容易获得潜在顾客的信任。

行业权威不一定是整个行业授予的,当然,如果是整个行业的一个国家级别的资质会更加有效。但在国家还没有评定这个资质的时候,完全可以首先在自己的车行公司集团内开展专家资质评定,并逐渐形成和推进国家标准。总之,获得收益的是销售顾问,获得更大收益的将是采取这个行动的企业。

在澳大利亚,最知名的汽车销售集团对于内部优秀的销售顾问有常规的汽车知识竞赛,获奖者会得到非常高的荣誉,而这些获奖者之后的销售业绩也非常出色。这类型的知识竞赛包括如下几个部分:与汽车相关的术语解释(如 ABS、EBD、ESP 等);汽车产品(包括竞争对手的产品)的价格细节(如任何附加配置的详细价格和增加保修期的不同条款下的不同价格等);详细技术性能(如材料、性能数据、规格、行业标准等);熟知所销售汽车的与众不同之处等。该集团每年通过全公司的销售顾问的竞赛授予 5 个卓越销售顾问的称号,此举不仅确立了自己公司在行业内的声誉,进而还可影响顾客更加信任该集团的销售队伍。

5. 赞扬技能

任何销售都非常重视沟通技能,比察言观色、口才和倾听更加重要以及更加优先的应该是在沟通中对人的赞扬。

在展厅销售工作中,有以下 3 个基本的赞扬顾客的方法。

第一个基本方法,就是首先赞扬顾客的提问,赞扬顾客的观点,赞扬顾客的专业性等。如:"您说的真专业,一听就知道您是行家。""您说的真地道,就知道您来之前做了充分的准备。""您的话真像设计师说的话,您怎么这么了解我们的车呀?!"

第二个基本方法,就是承认顾客的观点、看法或者问题的合理性。如:"如果我是您,我也会这样问的。""许多人都这么问,这也是大多数消费者都关心的问题。""您这一问,让我想起了某人,他也是这么问的。"这最后一句话中的某人指在你店购过车的知名人士,这种说法有个好处,就是不仅说明了顾客的问题是合理的,也暗示了某名人都是从我这里买的车。

第三个基本方法,就是重组顾客的问题,重组顾客的问题可以增加对顾客问题的理解,尤其是顾客会认为你在回答他问题的时候比较慎重。如:"这个车的内饰颜色选择好像不是很多呀?"销售顾问的回答应该是这样的:"您说的是内饰颜色没有偏重的深色,还是更看重浅色呢?"这个回答重新组织了顾客的问题,在顾客看来,销售顾问的这个反问似乎是为了更好地回答顾客的问题才确认一下是否理解清楚了,而不是匆匆忙忙地回避顾客的问题。

以上 3 个基本方法可以混合起来使用,但是在使用过程中最容易出的问题就是表达不娴熟,而且没有理解这种沟通的表面现象背后的原理性的实质,所以有时候会令顾客感觉你是在奉承他。其实顾客永远不会反感你的赞扬,他们反感的是你在运用时表现出来的形式,如果用得不自然,是会让顾客产生反感的。因此,销售顾问在使用赞扬技巧的时候请一定要注意以下两点。

一是赞扬要真诚。在赞扬顾客的时候一定要真诚。而真诚的表现形式就是眼睛,即用眼睛看着对方的眼睛说你要说的话,用庄重的态度、稳重的语气及缓慢的语调来说。二是赞扬要有事实依据。在赞扬顾客的时候言之无物,那样会让有防范心理准备的顾客看透你,因此要有事实为后盾,如当你说:"你问的这个问题真专业"之后,如果顾客有疑惑,或者你没有把握顾客接受了你的赞扬,你可以追加这样的话:"上次有一个学汽车专业的研究生问的就是这个问题,我当时还不知道如何回答,后来查找了许多资料,还请教了这个行业的老师傅,才知道答案的。"这样来说就构成了事实依据。

6. 顾客关系

这里谈到的顾客关系,主要是如何有效促进以销售为目的的顾客关系,如何通过掌控顾客关系来完成销售,或者有效地通过顾客关系来影响顾客的采购决策。

努力完成销售过程的顾客关系包括三个层次。第一个层次是顾客的亲朋好友。来车行看车的基本上没有单独来的,多数都是全家以及陪同来的朋友。陪同来的朋友通常是购车者的朋友,或者是公司同事。我们的销售顾问通常只注重购车者,而忽视与顾客同来的其他人,而他们的意见对于购车者是有一定的影响的,所以一定要重视顾客的亲朋好友。第二个层次就是顾客周围的同事。第三个层次就是顾客的商业合作伙伴,或者说是顾客业务的上游或者是下游业务。

像采购汽车这样较贵重的物品,任何一个消费者都不会是单独作最后的决策。他通常是首先请教他认为懂车的朋友,然后才会咨询家庭成员的意见,有的时候,如果不是自己开车,还会征求给自己开车的驾驶员的意见。在这种情况下,如果销售顾问只是简单地将全部的销售技能都用在购车者身上,实际上是忽视了这些对顾客的购车行为有影响的周围人,而对于顾客来说,这些人的建议比销售顾问的更容易被采纳,因此,如果你可以成功地让决策者周围的人,尤其是当你不在场他们私下协商的时候,可以帮助你为你销售的产品说话,那么你成功地取得订单将易如反掌。

7. 压力推销

所谓压力推销就是运用强有力的语言,让顾客感觉到购买才是唯一出路的推销方法。要理解压力推销是什么,必须要了解人性的弱点,因为所谓专业销售技能的理论发展完全是建立在对人性的透彻了解之上的。常见人性的弱点有如下几点:

(1)所有人最担心的事情是被拒绝;

(2)所有人最需要的是被接受;

(3)为有效管理他人,你必须以能够保护或者强化其自尊的方式行事;

(4)任何行事之前都会问:此事与我有何相干;

(5)任何人都喜欢讨论对他们自己非常重要的事情;

(6)人们只能听到和听从他们理解的话;

(7)人们喜欢、相信和信任与他们一样的人;

(8)人们经常按照不那么显而易见的理由行事;

(9) 哪怕是高素质的人,也有可能而且经常心胸狭隘;

(10) 任何人都有社会面罩。

销售顾问充分利用顾客的心理状态,有的时候对某一类型的顾客是非常奏效的。如:"免费赠送的优惠活动这个星期就结束了""您开这个车绝对体现您高贵的气质"等,这些都是压力推销的使用技巧。

六、成为汽车消费潜在顾客的条件

判断一个顾客是否会成为你的潜在顾客,一般来说他需具备金钱、决定权、需求3个条件,概括来说就是他应该满足"MAN"三要素。

M 代表 Money,即金钱,也就是说所选择的对象必须有一定的购买力,他买得起汽车,用得起汽车。

A 代表 Authority,即购买决定权,所选择的对象对购买行为有决定、建议或反对的权力,他能独立作出购买决策。

N 代表 Need,即需求,所选择的对象对你所提供的汽车产品及服务有需求。

一般来说,只有具备以上3个条件的顾客才会成为你的潜在顾客。由此可见,一个销售员在寻找潜在顾客时,应把握这3个原则。

"潜在顾客"应具备以上条件,但在实际工作中会碰到以下一些情况,此时应根据实际情况,采取具体的对策,见表2-2。

对于具备不同条件的顾客的操作原则　　　　表2-2

条　件	有	否	操　作　原　则	
金钱(M)	有		引导需求	
		无		鼓励贷款
购买决定权(A)	有		鼓励决策	
		无		平衡关系
需求(N)	有		促进购买欲望	
		无		引导需求
结果	潜在顾客		成交	
		顾客流失		成为潜在顾客

由表2-2可见,若3个条件都具备,则该对象即可视作潜在顾客,进一步按操作原则操作即可达成交易。若3个条件均不具备(或部分不具备),则该对象暂不作为潜在顾客看待,但也不完全是这样。若能按操作原则操作,则这些对象也有可能成为潜在顾客,或进一步达到交易的目的。

单元能力检测

一、不定项选择题

1. 判断一个顾客是否会成为你的潜在顾客,一般来说他需具备"MAN"三要素,其中的

"M"指的是(　　)(单项选择题)。

  A.金钱   B.决定权   C.需求   D.人口

 2.FAB法是非常重要的产品介绍法,以下叙述中属特征介绍的是(　　)(多项选择题)。

  A.大捷龙内饰豪华

  B.帕杰罗通过性好

  C.大切诺基是品牌

  D.内饰豪华可以体现车主的身份

  E.通过性能好有利于越野能力

二、填空题

汽车销售沟通的原则包括＿＿＿＿＿、＿＿＿＿＿、＿＿＿＿＿、＿＿＿＿＿、＿＿＿＿＿。

三、判断题

1.利用个人观察寻找法寻找潜在顾客的关键在于培养销售顾问自身的职业灵感。(　　)

2.所谓非正式沟通是指在一定组织机构中,通过明文规定的渠道,进行信息的传递和交流。(　　)

3.小王"五一节"去买车时,销售顾问告诉他,他所要这个型号的车型只在"五一节"期间有优惠,过了"五一节"就没有优惠了,此时销售顾问在对小王使用压力推销。(　　)

四、简答题

1.试讨论汽车销售顾问常见的职业道德问题有哪些,如何做才是符合职业道德的行为。

2.为什么说目前在国内销售汽车时,与顾客间的沟通主要应以非正式沟通为主?

五、角色换位演练

游戏所要训练的具体知识点:顾客需求、顾客问题、产品对顾客的利益问题、FAB陈述法、说与听的技巧。

游戏形式:两个学生组成一组,准备一把椅子。一名学生扮演销售顾问,另一名学生扮演顾客。

首先,销售顾问坐在椅子上背对顾客,由销售顾问按事先写好的提示内容(如汽车销售中经常要提的问题;用FAB陈述法写好的例子等)逐次向顾客提问,并认真听取顾客的回答,最后总结所听到的内容及提问中所运用到的技巧情况。

接下来,两位学生换位训练,直到不用看提示也能熟练提问与回答。

游戏目的:发现需求,找到真实动机;能熟练运用FAB介绍法;能较好地运用说与听的技巧。

组织要求:先由老师全程指导3组学生直到教会这6名学生演练,接着由这6名学生指导其他学生演练,指导老师在边上巡视指导。

所需时间:每组演练时间约15min。

所需文本资料:一是演练的流程与规则说明;二是演练用的提示文档。这些需要老师事前根据实际工作中的例子来制作。

单元二　展厅接待与顾客需求分析

单元要点

1. 汽车展厅销售规范流程;
2. 接待的目的与要求;
3. 展厅接待的流程;
4. 展厅接待的技巧;
5. 需求的目的与要求;
6. 需求分析的技巧。

一、展厅销售规范流程简介

1. 流程的作用与意义

(1) 流程的作用。流程的作用是将复杂的销售过程分解为易于理解和清晰的阶段目标和步骤。

(2) 流程的意义。流程的意义如下:

①提高销售成功率;

②提升品牌形象;

③便于网络、团队内互相借鉴、经验共享;

④利于自我检查工作质量;

⑤便于规范记录和团队合作;

⑥使管理层和销售顾问之间的沟通更准确、清楚。

2. 规范的销售流程简介

这里的汽车销售指的是整车销售。经销商整车销售是指经顾客在选购汽车产品时,帮助顾客购买到汽车所进行的所有服务性工作。在整个销售过程中,销售顾问应遵循一定的服务规范,为顾客提供全方位、全过程的服务,在销售工作中满足顾客要求,确保顾客有较高的满意度,提高顾客对所销售的产品的品牌忠诚度,而不能不负责任地把产品推给顾客,甚至欺骗顾客。一般来说,汽车展厅销售的规范流程可以用图2-2来表示。

虽然各汽车品牌(经销商一般都执行整车厂的标准流程)的汽车销售流程不尽相同,但一般都包括了图2-2所示的8个步骤。

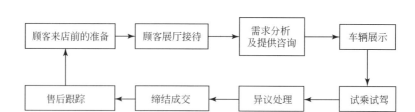

图 2-2　汽车展厅销售流程图

二、展厅接待

销售流程的接待步骤是给顾客建立一个良好的第一印象。通常情况下,顾客对购买汽车的过程都有一个先入为主的想法,专业人员周到礼貌的接待将会消除顾客消极的思想情绪,并为顾客未来购买设计愉快而满意的过程,同时也提高了顾客的满意度。

1. 展厅接待目的与要求

（1）展厅接待的目的。潜在顾客进入展厅总会有很多顾虑和期待,通过展厅接待,销售顾问可以了解顾客,并为后续销售工作打好基础。具体来说,展厅接待的目的表现在以下几个方面：

①让顾客感受到你及公司的热情,营造一种温暖的感觉；

②让顾客感到舒适；

③消除顾客的疑虑；

④建立顾客的信心；

⑤让顾客喜欢在展厅逗留,离开以后还想回来,以便能进行持续的沟通。

（2）展厅接待的基本要求。展厅接待的基本要求如下：

①仪容仪表要整洁规范,穿职业装,礼仪要周到得体,对待顾客要热情；

②所有员工遇到顾客时应热情地问候致意；

③首先请顾客自由参观,不要尾随顾客；

④用亲切、平易近人的态度和方式对顾客说话,避免说话时态度恶劣；

⑤电话应答顾客时应热情、礼貌、周到,不能草率应对；

⑥随身携带名片；

⑦倾听顾客说话；

⑧顾客优先。

2. 展厅接待的流程

从顾客来店到离店的整个过程,销售顾问要做如下一些工作,这些工作就形成了展厅接待流程。

（1）顾客来店前的接待准备工作。这些准备工作主要包括：销售顾问穿着指定的职业制服,随时保持整洁,佩戴姓名卡；每日早会要检查仪容仪表和着装规范。每位销售顾问都要配备销售工具夹,与顾客商谈时随身携带；每日早会销售顾问自行检查销售工具夹内的资料并应及时更新。另外还要准备好展车、资料及其他接待用工具等。

（2）顾客来店时的接待。顾客来店时，值班销售顾问至展厅门外迎接，点头、微笑，主动招呼顾客。销售顾问随身携带名片夹，第一时间介绍自己，并递上名片，请教顾客的称谓。注意不要给顾客太多压力，尤其是第一次来店的顾客。具体接待礼仪参见学习任务1的单元二。

（3）让顾客自由参观。除非顾客有其他要求，否则应让顾客在店内自由参观，尤其是初次来访的顾客。让顾客自由参观时，要明确告知销售顾问在旁随时候叫。顾客自由参观时，销售顾问与顾客保持5m左右的距离，在顾客目光所及的范围内关注顾客动向和兴趣点，顾客表示想问问题时，销售顾问主动趋前询问。

（4）请顾客入座。当顾客表示想问问题时，销售顾问可主动邀请顾客就近入座，顾客座位朝向其感兴趣的车辆。此时销售顾问向顾客提供可选择的免费饮料（3种以上），征求顾客同意后入座于顾客右侧，保持适当的身体距离；顾客若有同伴前来，应关注顾客的同伴（不要忽略"影响者"）。

（5）送顾客离开。若顾客要离去，销售顾问应主动送顾客离开。此时要注意以下几个问题：

①提醒顾客清点随身携带的物品；

②销售顾问送顾客至展厅门外，感谢顾客惠顾，热情欢迎再次来店；

③微笑、目送顾客离去（至少5s时间）。

3. 展厅接待中的应对方法

来店顾客，尤其是初次来店的顾客，往往会感到担心、疑虑、紧张和不舒适。他们希望在自己需要的时候能够及时得到帮助。顾客在看车时不希望被打扰，而在需要帮助的时候又希望能够立刻得到帮助。我们把顾客的这种心理状态称为进入了不舒适区。

舒适区最早是心理学上的一个概念。顾名思义，舒适区就是一个使你感到非常舒服的社会环境，人在这种习以为常的环境内，会感到舒适、安全、温暖、轻松、愉悦。在这个区域里，人会感觉很舒服，但是一旦离开了这个区域就会感觉不舒服。舒适区是由人的习惯构成的。顾客一旦进入舒适区，就容易对销售顾问产生信任。因此，在展厅销售中，销售顾问应通过接待尽快把顾客从不舒适区中引导到舒适区。下面介绍一下应对的方法。

（1）顾客进门时的应对。

①心理分析。从心理学角度讲，顾客进门之前肯定是愉快的，因为他要购买的商品一定是他所需要的。一旦进入大门，发现销售顾问迎过来的时候，他的心情就会紧张。紧张的因素有很多，其心理状态是很微妙的，尤其是在购买价值很高的贵重商品的时候。此时，销售顾问不可去加重顾客的这种紧张心理，而应设法缓和其紧张情绪。如果顾客一直保持着紧张情绪，对未来的销售是不利的，会增加对销售顾问的不信任感。只有顾客感觉到对自己的威胁消失了，重新回到了进店之前的那种舒适放松的状态，他才会从容不迫地看车、订车。

②迎接顾客。随时注意有无顾客进入展厅。销售顾问应随身携带名片和笔记本，以便随时记下顾客的信息。

顾客一进门，销售顾问要面带微笑，双眼注视顾客，稍稍鞠躬并说"欢迎光临"之类的话。不要给顾客造成心理上的紧张和压力。若顾客是二人以上同行，则不可忽视对其他人的照顾。顾客经过任何工作人员旁边时，工作人员即使忙于其他工作，也应面带微笑点头致意。

在顾客进门后,销售顾问可先作自我介绍,递送名片,同时询问顾客称呼。之后应询问顾客来意,主动提供服务,但不要给顾客压力。

在顾客不需要协助时,要让顾客轻松自在地活动,但销售顾问仍应随时注意观察顾客的动态,比如,顾客在看什么、关心什么、在意什么,以便及时地调整自己的销售方案;若发现顾客有疑问或有需要服务的迹象时,销售顾问应立即上前服务,最好将顾客引入到洽谈区(桌)坐下。

若同时有两三批顾客来看车,要及时请求支援,不可以让任何人受到冷落。

若有儿童随行,则接待人员或其他销售顾问应负责接待。若儿童愿意到儿童游乐区玩,则引导他们前往,并保证儿童的安全。

(2)顾客看车时的应对。

①从业务角度来观察。销售顾问要观察顾客围着汽车看什么,是看车头还是看仪表盘。只有了解顾客所关心、所重视的东西,才能在脑子里准备好应对策略。一般顾客都喜欢货比三家,也许在来店之前,他已经去过其他的店了,这个时候到店,可能只是进行一些细节上的比较。销售顾问观察到这种现象之后,就可以有的放矢地准备营销策略了。

②从专业化的角度来观察。销售顾问观察顾客的行为,了解顾客喜欢什么、关心什么,这不仅可以很快地直接进入主题,而且顾客会认为你十分专业,从而赢得顾客的信任。对于一般顾客来讲,汽车被认为是一个很复杂的产品,由很多部件构成,涉及很多的专业知识,买车只是为了使用,可能对维护修理常识一窍不通。此时,顾客与你接触后,发现你是这方面的专家,从心理上讲,顾客就信服你一大半了,他认为你对他是有用的,以后的服务交给你是可以放心的。

现在,很多4S店的销售顾问不懂专业,不懂维修,不懂技术,顾客的维护修理事务还得向售后服务了解,这中间又隔了一层,使顾客的购买欲望大打折扣。所以,销售顾问的专业化对于赢得顾客的信任是非常关键的。

(3)缓解顾客的紧张心理。销售顾问与顾客接触,应主动缩短与顾客之间的距离,恰到好处地了解顾客来店的真实动机,以尽快取得顾客的信任为目的;否则,顾客不会与你会谈,更谈不上买你的车了。

怎样才能缩短与顾客之间的距离,了解顾客来店的真实目的呢?从顾客心理学的角度来看,一般情况下,顾客进入展厅时大都存在这么几种情况。期待:以最少的钱买最好的车;担心:希望、想法、要求不能得到满足甚至被骗、挨宰。由于这种期待和担心常常交织在一起,故表现为本能上的自我保护——对立意识,行为上常常是一种怀疑或逃避的态度。堂而皇之的理由是他不认识你,他不信任你,他对你没有好感。顾客尤其害怕进入实质阶段,特别是在付款的时候,担心这个是否属实,那个有没有想周到等。

为了消除顾客的这些疑虑,销售顾问要想方设法"营造"一个舒适、温馨的顾客购车环境,并在和顾客的整个接触过程中,针对不同的情况注意使用以下方法来消除顾客的疑虑:

①认同顾客的观点,承认他讲的道理;

②不诋毁同行或竞争对手;

③尽量展示出专业能力;

④努力表现出素质与修养;

⑤通过灵活地运用方法和技巧,让顾客情绪放松,逐渐取消对立情绪;
⑥向顾客了解购买动机和真实的需求;
⑦以顾客为中心,从顾客的角度来解决顾客的疑难问题。

礼貌待客也是消除顾客疑虑的方法之一。

细节之处不可忽视,如宜人的环境布置和温馨的展位布置,播放背景音乐,甚至可以在车里根据事先了解到的顾客喜好的不同准备不同的 CD 音乐,如此,顾客肯定会眼前一亮,被这小小的真实一刻所打动。

在接待顾客的过程中,针对不同的情况,要不同对待。比如当确认顾客来店的目的不是买车而是来找人时,应先确认被访人员是否在,若在,则请顾客在顾客休息区坐下后,马上能使被访者会客,奉上茶水并说:"请用茶,请稍候,××马上就到。"并能随时提供帮助。如果被访者不在,可以请其到顾客休息区休息等待,并马上帮助联络被访者,同时奉上茶水,询问顾客的需求,根据情况主动关心和提供服务。

在展厅接待过程中,顾客会出现各种各样的情况,处理的具体方法也会有所不同,但以下 3 点对于每一个销售顾问来说都是必须共同遵循的。

①重视来店的每一位顾客。对每位顾客都要做到一视同仁,不能有好恶之分,不要以貌取人。

②运用心理学知识,巧妙地解开顾客心中的"结"。

顾客在下决心购买之前,一定会货比三家。顾客最初观点的形成最容易受到"先入为主"的影响。遇到拿竞争对手的车型、销售政策等来打压你的顾客时,你千万不要与他对着干,不要诋毁别人的产品,特别是在没有弄清楚事实真相的前提下,更不要擅自做主仓促应战,随意承诺你做不到的事情。

你可以这样说:"哦,您说的那款车,确实不错,品牌也好,质量也不差。可就是……唉,它那个地方如果这样设计就好了,就更安全了……要不,我也给您介绍一下,我家这款车的安全特点,您也可以比较一下……"

因为绝大多数购车的顾客都是非常在意安全问题的,从安全的角度去影响他,往往效果会不错。一般来说,关键是要说自己车的比较优势。

③同事间相互配合,协同作战。专营店的销售顾问不能以单兵作战的形式进行销售,而应以团队的形式,讲究团队合作精神,尽早、尽快地将顾客带进"舒适区"里去,以缩短距离,取得信任。

最后,在顾客离开展厅时,应送顾客到门外,如果可能,要一直把顾客送到车上,并欢迎他下次光临,目送顾客的车辆开出 30m 远,或车辆已转弯方可回店。顾客离去后,要及时整理、分析并将有关资料记录到来店(电)的顾客管理表、意向顾客级别状况表、销售活动日报表、意向顾客管理卡或其他公司规定的表格中,以方便后续追踪。这些工作也是接待工作的一部分,称为意向顾客的管理工作。

4. 来店(电)意向顾客的管理

在取得顾客的信任、缩短了与顾客的距离之后,销售顾问接下来就要做好对来店(电)顾客等意向顾客的管理工作。一般规范一点的 4S 店都有这方面的工具,将与顾客交流的过程,包括顾客的想法和要求、顾客的意向级别等,详细地记录下来,最好还能把这些信息用计算机信息管理系统进行管理。这方面的管理工作,丰田公司的做法很值得其他公司学习。

(1) 设定顾客意向级别。顾客的意向级别一般是根据顾客的意向程度来确定的,一般可设为A、B、C、D 4个级别。A级是指已交纳购车订金的;B级是指品牌、车型、价格、交货期等主要因素都已确定,只是对诸如颜色等非主要因素还要进行商量和确认的,一般情况下能够在一周内付款、订车的;C级是指品牌、车型、价格、交车期等主要因素中有部分认定,如对购车的价格范围已经确定,但却不知具体购买哪个品牌、哪种型号等,还需再了解、再咨询的,一般情况下在一个月内可以决定付款、订车的;D级是指已有购车愿望,可能尚在等待一笔钱到账或者先行对汽车的品牌、车型、价格、颜色、付款方式等问题作调查、咨询和了解的,一般情况下需在一个月以上才能够付款订车的。当然,意向顾客级别的确定,是指一般情况下的常例,由于会受到不确定性的多种因素的影响,其变动系数很大。比如,有的顾客虽然已经交付了购车订金,但也随时存在着退订的可能;再如,原本要一个月才能决定的C级顾客,也有可能在一周内决定付款购车;另外,不同的公司对意向顾客的分级标准和名称也会有所不同。

(2) 顾客级别分类的意义。把顾客分为4个等级后,可按照意向级别把他们分别填在表上,以后就可以根据顾客意向级别,按照设定的时间追踪方法对其进行追踪联系。虽然顾客是处在不断的变化之中的,但与顾客联系的时候还是应有一个先后顺序,最好能从概率论的角度作出科学的安排。顾客级别分类的意义主要表现在以下2个方面。

① 对于销售经理来说,可以及时了解很多的信息,便于日常工作的掌控和管理,合理、有效地安排工作和资源。

例如,可以了解来店(电)顾客的购车意向级别,了解各时段来店的顾客情况,了解顾客留下资料的比例,了解来店成交率,了解来店顾客的喜好车型,了解值班销售顾问的销售能力等。

因此,需要不断地联系和管理顾客,不断地重新认定顾客的购车级别,这样才能在变动中更准确地把握公司的意向顾客,把握住各阶段的市场信息,从而提高顾客管理的能力。

② 对于销售顾问来说,便于其改进工作方式,提高工作水平;便于保留和登录来店(电)的顾客资料;便于作为其继续联系顾客和判断顾客级别的依据;便于了解个人值班销售的能力;便于通过与其他销售顾问的业绩对比来增强自己提高销售业绩的动力;也便于获得同事的援助。

(3) 来店(电)意向顾客管理的重点和基本内容。

① 意向顾客管理的重点:

a. 根据各时段顾客来店(电)情况,判断值班人员的数量是否恰当;

b. 根据来店(电)顾客留下的资料数量及成交比例,评估销售顾问的值班能力;

c. 根据来店(电)顾客的喜好车型,作为促销活动依据;

d. 将这些信息作为向生产厂家订车的依据。

② 意向顾客管理的基本内容:顾客姓名、联系电话、身份证号、拟购车型、意向级别、接待人员、接待日期、来店(电)时间、离去时间、经过情形、失败原因、公司名称、现在地址、电话、邮编、网址、行业、介绍人、信息来源、下次访问日期、实际访问日期、再次确认的意向级别、经过情形、销售经理审核等。

三、需求分析

现在的销售是以顾客为中心的顾问式销售,这是当今市场竞争激烈化的必然结果。所以,要给顾客提供一款适合的个性化的车型必须要了解顾客的购买动机,对其需求进行分析。也正因为如此,需求分析就成为各汽车公司标准销售流程中的核心和关键一步。

1. 需求分析的目的与要求

(1)需求分析的目的。通过需求分析,来评定应该如何接待顾客以满足其需求,达成销售目标。

(2)需求分析的要求:

①销售顾问应该仔细倾听顾客的需求,让其随意发表自己的意见;

②通过与顾客的充分沟通,确认顾客的需求和期望;

③不要试图说服顾客去买某辆车;

④销售顾问应该了解顾客的需求和愿望,并用自己的话重复一遍顾客所说的内容,以使顾客相信销售顾问已经理解其所说的话;

⑤提供合适的解决方案。

2. 冰山理论——显性和隐性问题

这里涉及一个表面的问题和一个隐藏的问题。在汽车销售流程中有这么一种说法:表面的现象称之为显性,也叫显性动机;还有一种是隐藏的问题,叫作隐性的动机,冰山理论就是用来解释这个显性和隐性的问题。如图2-3所示,冰山既有露在水面以上的部分,也有潜藏在水面以下的部分。水面以上的部分是显性的,就是顾客自己知道的,能说出来的那一部分;水面以下的是隐藏的那一部分,这一部分比较复杂,可能有的顾客自己都不知道自己的真正需求到底是什么。比如,某顾客可能打算花10万元买车,这个时候销售顾问要解决的问题,就要首先去了解顾客,既要了解顾客的显性问题,也要了解顾客的隐性问题,甚至隐性的问题更关键、更能体现顾问的作用,这样才能真正分析顾客的需要。

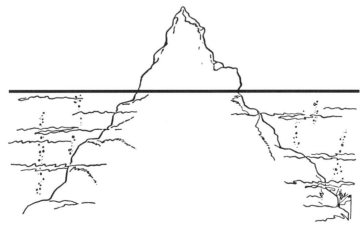

图2-3 冰山一角

如果销售顾问不懂得顾问销售方式,还像以前那样"黄瓜敲锣——一锤子买卖",顾客可能当时把车买了,回去以后却发现不对,当然顾客不会怪销售顾问,但是最起码不再信任销售顾问了,朋友关系没了,花了这么大的工夫把这个车卖出了,结果除了卖一台车以外其他什么收获都没有。所以,讲汽车销售流程和规范,目的就是要解决这些问题,就是要拉近顾客与销售顾问的距离,取得顾客的信任,把握住顾客的满意度,跟顾客成为朋友,然后顾客再买车的时候就会主动来找你,而且还会带动他周围的人来找你。我们很快就会像国外经常出现的情形那样,顾客第二年、第三年、第四年,再次找你进行购车,还会不断有朋友的朋友来购车。这才是销售顾问所追求和期望出现的局面。

3. 需求分析的技巧

在分析顾客购车需求细节时,首先必须肯定其购买的动机、立场、偏好以及对品牌认识的深度,尤其是使用汽车的用途与购买决定的关键点。有时,顾客的期望比需要更为重要。

(1) 影响顾客购车需求的因素。要了解顾客的需求与真正的期望,就等于要在短短的数分钟内了解一个人的内心,所以有经验的销售顾问容易成交,而一般新手就做不到。一般影响顾客购车需求的因素主要有如下几点:

①经济原因。经济状况影响和决定了一个人的需求,但是,一个有10万元的人未必期望拥有价值10万元的车。经济原因只是一个基本条件,甚至只是一个不十分重要、准确的原因。

②社会原因。一个人的社会地位及社会上的主流思想也会影响其期望和需求。某些购车人的攀比心理较强,其选择往往会因可以对比的事物而发生变化。

③心理原因。心理偏好无法用规律总结。如某个销售顾问曾经联系过一个顾客,结果怎样努力都不能达到目标。虽做不成销售,但后来成了朋友,再谈起这件事,那位顾客说:上大学时,同宿舍的同学开玩笑说"你算老几?开凯迪拉克啊?"因此,这个顾客就认定凯迪拉克就是最好的车,他就是要买凯迪拉克。

④其他原因。

(2) 提问的技巧。需求分析的一个关键技巧就是向顾客提问,通过提问来挖掘顾客的需求细节。

怎样提问才能获得最大的信息呢?这里有一定的提问技巧,下面先看一个例子。

例如,汽车加油站的职员如果问顾客:"你需要多少升汽油?"顾客就会很随便地回答一个数字,这个数字常常是很小的。而如果这样问顾客:"我为你把油加满吧?"此时,顾客常常会回答"是"。油的销售量因此会增加很多。

如果销售员想获得更多的关于顾客的信息,该采用什么样的问法呢?

我们先来探讨一下询问问题的几种方式。

①开放式提问法。开放式提问法是指发问者提出一个问题后,回答者围绕这个问题要告诉发问者许多信息,不能简单地以"是"或者"不是"来回答发问者的问题。

需求分析中的提问和倾听

销售顾问要想从顾客那里获得较多信息,就需要采取开放式问法,使顾客对你的问题有所思考,然后告诉你相关的信息。例如,销售顾问可以这样来提问顾客:"您从事什么行业""您以前开什么车""您什么时候要用车",以开放式问法询问顾客并且耐心地等待,在顾客说话之前不要插嘴,或者说出鼓励顾客的语言,使顾客大胆地告诉你有关信息,收效会很好。

顾客对于开放式的问法也是乐于接受的。他们能认真思考你的问题,告诉你一些有价值的信息,甚至有的顾客还会对你的销售工作提出一些建议,这将有利于你更好地进行销售工作。

②封闭式提问法。封闭式提问是指回答者在回答发问者的问题时,用"是"或者"否"就使发问者了解你的想法的提问法。

销售顾问以封闭式提问法可以控制谈话的主动权。如果提出的问题都使顾客以"是"或者"否"来回答,就可以控制谈话的主题,将主题转移到和销售产品有关的范围里面,而不至于把话题扯远。销售顾问为了节约时间,使顾客作出简短而直截了当的回答,也可以采用封闭式提问法。

一般说来,销售顾问在进行推销工作时,不宜采用封闭式提问法。采用封闭式提问法的销售顾问虽然掌握了谈话的主动权,但是并不了解顾客是否对谈话的主题感兴趣。

开放式提问法与封闭式提问法得到的回答截然不同。封闭式提问法的回答很简单,而开放式提问法的回答所包含的信息量多,回答的内容也常常出乎提问者的意料。两种提问法的不同在于用词。两种提问法的关键词对比见表2-3。

开放式提问法和封闭式提问法的关键词对比　　　　　　　　　表2-3

开放式提问法	封闭式提问法	开放式提问法	封闭式提问法
何人	是否	何处	能否
何事	你是	为何	将会
何时	有无	如何	定会

另外,需求分析开始时,可以使用各种"观人法""投石问路法""投其所好法""直接环境法"等技巧,以引起对方谈话的兴趣并讲出真正的心里话;谈话开始后,避免特定性问题,并注意在适当的时候,要会转换话题。

(3)积极聆听技巧。

说与听在沟通特点上是有区别的,其对此情况见表2-4。

说与听在沟通特点上的对比情况　　　　　　　　　表2-4

说	听
主动	被动
可见	不可见
当场出丑	事后诸葛

表2-4说明,主动出击比被动接受更能为传统销售理念所接受,同时作为表达则可以把销售顾问自认为可见的信息传达给顾客,因为一般人都认为聆听是属于不可见的属性,很难形成效果。最后就是认为学习表达技巧可以避免当场出丑,而聆听技巧则是事后诸葛,因此多数人会选择学习表达技巧而忽视聆听的技巧。

那么聆听到底是指什么?可概括如下。

①泛指各种收集信息的行为。

②除了使用耳朵听声音之外,还包括看(阅读)、嗅、触等感官。

③除了一己之力,也包括透过他人或其他组织之助力而取得信息的行为。

④判断。

⑤记忆。

这里讲的聆听指的是积极聆听,是主动的,它比说还要重要。积极聆听的要点有以下几个方面:

①目光凝视一点,不时与对方进行眼神交流。

②面部表情尽量随对方的谈话内容转变。

③手头不可兼做其他事,身体其他部位最好相对静止。

④专注,保持思考状。

⑤稍侧耳,正面与对方夹角5°~10°。

⑥身体前倾,与水平面夹角约3°~5°。

⑦适当探查,以示听懂或深入了解下去。

以下是影响聆听效果的9大障碍,我们在工作中一定要尽量克服:

①身体本身不适。太热、过冷、疲倦或者头痛都会影响一个人聆听的能力和他对说话者的注意程度。

②扰乱。电话铃声、手机铃声、电扇转动的声音等其他一切来自物质环境的声音都可能会打断沟通过程的声音。

③分心。惦记着其他的会议、文件或报告都会阻碍听力。

④事先已有问题的答案。对别人提出的问题已经形成了答案或者总是试图快点止住他们所要提的问题。这些都会影响专注地去听。

⑤厌倦。对某人有厌倦感,因此在他有机会说话之前你已经决定不去听他说些什么。

⑥总想着自己。聆听时,心中总是先想着自己的得失,则必然破坏沟通。

⑦个人对照。总是认为别人在谈论自己,即使在并非如此的时候也这么认为。

⑧对他人的情感倾向。对某人的好恶会分散人的听力。

⑨有选择性地听。仅仅听取一个人所说的话中与谈及的问题有关的个人意见或与自己相异的观点。这样会影响内容的完整,而且影响理解其话中所隐含的意义。可以用这样的方法,如说"你的意思是……"来重述别人的话,自我检测一下。

厂家推出一款新车必定自有用意,作为汽车销售顾问需要关注和了解的是顾客有没有对车的需求,通过各种方法探求顾客的内心,引导、帮助顾客满足需求。

简单地说,人们的需求决定于经济原因、社会原因、心理原因及其他原因。

每一种销售都必须平等,在平等的前提下才有交流,在交流的基础上才能理解,在理解的条件下才能帮助。要学会聆听,学会用顾客的各种表现探究其内心,这就是顾客需求分析。

单元能力检测

1. 试从以下几个方面,运用"头脑风暴法"讨论汽车销售顾问把顾客带入舒适区的具体方法与举措。

(1)问候寒暄;

(2)管理好名片;

(3)平易近人地打招呼;

(4)顾客第一;

(5)破冰的语言;

(6)请顾客自由参观;

(7)接听电话;

(8)倾听。

2.以下是汽车销售的一个基本程序图,图中有4个空缺,请分别补充完整。(1)为( ),(2)为( ),(3)为( ),(4)为( )。

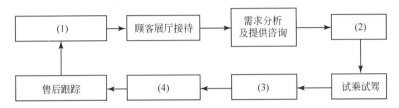

A.异议处理　　B.顾客来店前的准备　　C.缔结成交　　D.车辆展示

3.试谈谈展厅销售中推行规范化标准销售流程有何意义。

4.提问的方式有哪些?请列出在汽车展厅销售中为获得顾客的显性和隐性需求细节而经常要提的问题。

5.汽车销售顾问在销售过程中所提的问题还可以分为:过去的问题,主要是用于探索顾客的购买动机;现在的问题,主要是用于探索购买需求;将来的问题,主要是用于探索购买标准。请就过去/现在/将来的问题分别写出2个例子。

(1)过去的问题:

(2)现在的问题:

(3)将来的问题:

6.提问与聆听的技巧训练游戏。

(1)游戏课题:开放式与封闭式提问法及积极聆听技巧的训练。

(2)目标:找到设定的答案。

(3)时间:10min。

(4)教具:纸,笔,计时器,展板。

(5)人数:4~6人一组为最佳。

(6)基本准则:

①不允许有任何批评意见;

②小组合作,小组间对抗;

③遵守规则。

(7)过程：

①将全体人员分成每组3~5人的若干小组。每组指定一个主提问者，一个监督员，一个回答问题者。

②首先请每一小组找一个没外人的地方，用笔在纸上记下教室中可以看得见的任何一个物体或人，并叠好，同时要求全体组员牢记后不得泄密，回教室后把纸条交给组织者。

③两个小组开始对抗准备。两个小组组成一个对抗队，一方为守方，另一方为提问方。游戏开始前，请守方的回答问题者和提问方的监督员站到展板后，主持者把守方的答案纸挂在展板后。其余同学全站在看不见回答问题者和监督员的展板前。

游戏开始后由提问方除监督员以外的同学(或主提问者)提问，回答问题者负责回答，监督员监督其回答的情况，如有异议，由主持人负责裁决，但展板后的人除回答问题外，不得发出其他声音。

④主持人发出开始指令后，由提问方开始提问，所提的问题必须是封闭式的，回答问题者根据实际只能回答"是""否"或"不确定"三种答案。同时主持人开始计时，3min之后，如果提问方还未准确得出答案，则判守方胜出，否则提问方胜。

7. 从接待到需求分析实操演练。

具体步骤：

故事发生背景1：

一位顾客来到汽车展厅，停留在4S店某款车之前观看，一名销售顾问走上前来……

故事发生背景2：

一位顾客来到汽车展厅，四处转着看(展厅内有多个品牌)，一名销售顾问迎上前去……

故事发生背景3：

两位驾车前来的中年男女顾客来到展厅门口，一名销售顾问迎上前去……

学生一名扮演销售顾问，一名或两名扮演顾客，逐一进行。

讲师在旁边仔细观察、提醒、点评。

学生应基本做到：以较好的礼仪接待顾客，通过概述让顾客坐下，有技巧地提问、探查，最后完成需求总结。

单元三 车辆展示的方法与技巧

单元要点

1. 汽车产品知识；

2. 车辆静态展示方法；

3. 试乘试驾。

车辆说明话术

一、汽车产品知识

如果汽车销售顾问能够像修车技师那样熟悉汽车的各种复杂的技术，那么他一定可以成功地销售出许多汽车。这个看法有道理吗？实际上，在美国、欧洲汽车市场，汽车维修人员销售汽车的能力远远比不过专业的汽车销售顾问，因为在购买汽车的潜在顾客面前，维修人员的主要职能是维修汽车，而销售顾问的主要职能是根据顾客的切实需求，推荐符合他们需求的恰当的汽车，并不需要对汽车的具体技术细节知之甚多。所以，汽车销售顾问并不一定需要精湛的汽车专业知识，但也不能是一个"车盲"。

2001年，国内有家知名商务顾问公司经过对汽车消费者的调研后发现，中国汽车消费者在完整的汽车采购过程中，大致会问到48个问题，这些问题可以归纳为3个方面：商务问题、技术问题以及利益问题。

所有有关顾客采购过程中与金额、货币、付款周期及其交接车时间有关的问题都属于商务问题，诸如付款方式、讨价还价等问题。

技术问题很容易理解，所有有关汽车技术方面的常识、技术原理、设计思想、材料的使用等都可以归纳为技术方面的问题。

利益问题则是指顾客关心的、对自己使用汽车产生的作用方面的问题。比如四通道ABS对行车安全有什么帮助，就属于利益问题。顾客在采购汽车的过程中问到的许多问题，其表面上看多数是商务问题或者是技术问题，但其实质应该算是利益问题。在某种程度上，顾客关心ABS的通道似乎是一个技术问题，但其实，顾客关心的是这个四通道对本人在行车时的安全有什么帮助。

经过对894位汽车消费者问卷的统计，我们知道，顾客实际上更加看重汽车销售顾问对顾客利益的理解程度。如顾客在采购过程中提问的问题方面，表面是技术问题，但实质是利益问题的数量占总提问数量的73%，绝对的技术问题占9%，商务问题占18%。由此可见，在实际工作中，汽车销售顾问应该站在理解顾客利益的角度去理解汽车的产品知识。

一辆汽车从其使用的材料、外形设计、各种动力技术，到空调、音响等组成，是一个非常复杂的产品。在掌握复杂产品销售的时候，必须牢记，顾客并不关心技术到底是如何领先的，其关心的是这些技术对他们来说的利益是什么，而销售顾问首先必须非常清楚从几个大的方面来了解，一个汽车就可以全面、完整地概括了一个复杂的产品。

我们以奥迪A6L 40TFSI豪华动感型轿车来解释作为一个汽车销售顾问应该了解的技术知识点。

整车性能参数

变速器形式：7挡双离合
最大输出功率：140kW

> 最大输出转矩:320N·m。
> 风阻系数:0.24。
> 最高车速:230km/h。
> 0~100km/h 的加速时间:8.3s。
> 整车尺寸长×宽×高:5050mm×1886mm×1475mm。
> 行李舱容积:430L。
> 整车质量:1800kg。
> 经济性:90km/h 时的等速油耗值每100km 为 6.8L。
> 轮胎、轮毂:245/45R19。
> 油箱容积:73L。
> 发动机形式:2.0L/4 缸/4 气门/混合喷射。
> 安全装置:ABS 防抱死制动系统;ASR 电子防滑系统;EBD 电子制动分配装置;EDS 电子差速锁;驾驶及副驾驶安全气囊;侧安全气囊;带爆炸式张紧装置的三点式安全带;前后座椅头枕;高位第三制动灯;行驶稳定悬架系统;防止乘客舱变形的车身积压区;四加强侧防撞梁车门。
> 防盗系统:遥控中央门锁及行李舱锁;发动机起动防盗锁止系统;防盗报警系统。
> 功能性装置:驾驶信息系统;前后及高度可调式转向柱;电动加热外后视镜;车门显示灯;触摸式阅读灯;化妆镜照明灯;10 扬声器"音乐厅"音响;前后座椅中间扶手;胎压报警;制动辅助;主动制动系统;GPS 全球定位系统;道路救援呼叫;舒适型自动空调;蓝牙车载电话;车联网;LED 前照灯;自动头灯;自动防眩目内后视镜;感应刮水器。
> 附加选装:360 全景影像;无钥匙进入功能;转向盘加热;HUD 抬头数字显示。

对于以上技术参数,汽车销售顾问要从 5 个方面去总结与掌握,那就是造型与美观、动力与操控、舒适实用性、安全能力以及超值性的表现。一个车只要从这 5 个方面来了解,就非常完善了,而且没有遗漏。顾客关心的也就是这 5 个方面能带来的利益。

由此可见,当销售顾问向顾客介绍汽车产品的时候,不应将该汽车的所有特点都一一介绍,罗列在顾客面前,而是应该有针对性地将产品的各种特征概括为 5 个方面来论述,而且一定要努力让顾客接受这个理念:在看汽车的时候,首先要想到的就是这 5 个方面。

要想成为一个优秀的汽车销售顾问,首先应该从这个出发点来学习产品,牢记汽车的 5 个方面,不能给顾客留下不熟悉的印象。

我们在学习了汽车产品的 5 个方面之后还会碰到一个问题,那就是在销售过程中对产品的描述方法。一个重要的销售技能就是掌握如何将复杂的技术描述转化为顾客能够理解的、针对他们自身利益的描述。这就是我们在本学习任务的单元一中所介绍的对产品的特征、优点、利益的销售陈述(即 FAB 介绍法)。

销售顾问首先要对汽车的 5 个基本的方面非常熟悉,而每一个方面至少必须陈述出 3 个具体的要点。比如,动力操控性的 3 个要点可以是:低速转矩大,缸内直喷或混合式双喷射,全时四驱。具体的要点可以从以下几个方面考虑。

(1)造型与美观:流线型车身,车灯的设计,形状设计等;
(2)动力与操控:发动机动力,油耗,驱动性,悬架性能设计等;
(3)舒适实用性:储物空间,人员空间,车门开启,进入的难易等;
(4)安全能力:主动安全,被动安全,安全新技术的应用;
(5)超值能力:空调区域,品牌,品质等。

二、车辆静态展示方法与技巧

车辆展示是销售过程中非常重要的一环,其目的是让消费者更详细地了解产品,相信产品的性能及其所带来的利益能满足顾客的需求,进而作出购买决定。

有时尽管产品很好,有的销售顾问由于不了解顾客个性,不了解顾客真的想了解什么,而一味地介绍自己的产品,反而达不到预期的效果。下面就叙述一下车辆展示的方法和技巧。

1. 六分销售步骤

车行展厅中展示车辆,时常有一个标准的流程,这个流程就是我们常说的六分销售步骤,也称为环绕介绍法或六方位绕车介绍法。

所谓环绕介绍法,就是环绕汽车产品对汽车的6个部位进行介绍,以此来展示汽车产品。这6个部位如图2-4所示。

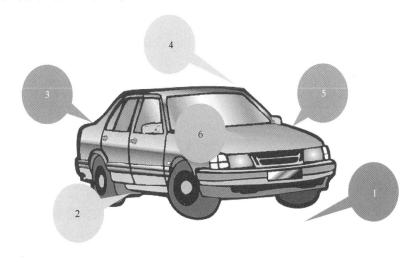

图2-4 六分销售步骤图

下面较详细地介绍一下六分销售步骤的主要内容。

步骤一,如图2-4中1所示位置。该位置为汽车的前部,这一步是开始的位置,是留给顾客第一印象处,在该处需要向顾客陈述的主要内容有:

①前照灯特性;
②前风窗玻璃;
③越野车的接近角;
④品牌特征;
⑤车身高度;

⑥通风散热装置；

⑦大型蝴蝶刷水设备；

⑧保险杠设计。

步骤二，如图2-4中2所示位置。该位置为副驾驶位一侧，该处需要向顾客陈述的主要内容有：

①汽车进入特性；

②侧面的安全性；

③侧面玻璃提供的视野情况；

④品牌特征；

⑤车身高度；

⑥通风散热装置；

⑦大型蝴蝶刷水设备；

⑧保险杠设计。

步骤三，如图2-4中3所示位置。该位置为汽车后部，这是一个过渡的位置，但是车的许多功能可以在这里介绍。在该位置，切记要征求顾客的意见，如果顾客有额外的问题，请他们在你全面介绍后仔细回答。

该处需要向顾客陈述的主要内容有：

①后门开启的方便性；

②存放物体的容积大小；

③汽车的扰流板（尾翼）；

④越野车的离去角；

⑤后排座椅的易拆性；

⑥后视窗的刷水设备；

⑦备胎的位置设计；

⑧尾灯的设计。

步骤四，如图2-4中4所示位置。该位置为驾驶位，这也是一个过渡的位置，在该位置要争取顾客参与介绍过程，邀请顾客开门、触摸车窗、轮胎等。此时回答顾客的一些提问，如果是关于发动机性能方面的，可以告知到6号位置时介绍，其他关于车辆的外形、安全、功能以及超值性都可以回答，并且根据需要引导顾客到车内亲自体验。如果顾客本人就是未来这个车的驾驶员，那么邀请其到驾驶座位上；如果不是驾驶员，也许应该邀请其到其他的座位上体验车辆的豪华、设计的造诣等。

如果顾客要求坐到驾驶位置上，应该采用蹲跪的姿势向顾客解释各种操作方法，包括刮水器的操作、挂挡、仪表盘的介绍等。

该处需要向顾客陈述的主要内容有：

①座椅的多方向调控；

②转向盘的调控；

③视野；

④腿部空间的感觉;
⑤气囊以及安全带;
⑥制动系统的介绍;
⑦操作方便性,音响、空调等;
⑧车门的控制等。

步骤五,如图2-4中5所示位置。该位置是一个灵活的变化的位置。如果顾客进入车内的乘客位置,应该给予细致的解释,注意观察顾客感兴趣的方面。

步骤六,如图2-4中6所示位置。该位置为发动机舱的位置。这是一个很重要的位置,因为介绍车时,发动机是非常重要的一个方面。在此位置,可以将前盖示范地打开,根据顾客的情况把握介绍的内容,而且一定要征求顾客的意见,如是否要介绍发动机。

该处可以向顾客陈述的主要内容有:
①发动机的布局;
②添加机油等液体的容器;
③发动机悬挂避振设计;
④节油的方式;
⑤环保设计,排气的环节;
⑥散热设备的设计与摆放。

这样规范化的汽车产品展示流程首先由奔驰车启用,在启用的初期并不完善,后来被日本丰田公司的凌志汽车采用并发扬光大。经过调研,一个汽车消费者要在车行大约花费90min,销售顾问平均用40min来做汽车展示。所以,这样的一个由6个标准步骤组成的展示应该使用40min的时间,其中每个步骤大约花费7min(有的步骤时间可以用得短些,有的则要长一些,比如步骤四和步骤五就比较耗费时间)。

对于汽车展示的要求是,熟悉在各个不同位置应该阐述的对应的汽车特征带给顾客的利益,即展示汽车独到的设计和领先的技术,并通过展示来印证这些特性满足顾客利益的方法和途径。

2. 车辆静态展示的技巧

车辆静态展示是汽车销售过程中非常重要的一步,也是说服顾客的关键一步。通过调研发现,在展示过程中作出购买决策的占最终购买的70%。通过车辆静态展示,可以充分地向顾客展示汽车的特性,尤其是它不同于其他汽车产品的独到之处和它能满足顾客需求的不可替代之处。然而,要完美地展示车辆却不是那么容易的,它需要独特的技巧和销售顾问非凡的慧眼才能做到。

汽车销售顾问在汽车展示过程中,需要注意4个方面的问题:
①显示自我的服务意识和态度;
②显示寻找顾客需求并满足其需求的热情;
③显示丰富的专业知识以及业务知识;
④显示产品的利益和价值,尤其是那些从外表不容易看到的价值点。

作为汽车销售顾问,你在介绍汽车时,没有必要将汽车的所有特点都事无巨细地向顾客

——介绍,而应有针对性地将产品的各种特征概括为前面所讲的5个方面,而且一定要努力让顾客接受这个理念——在看汽车的时候,首先要想到的就是这5个方面。这5个方面也是销售顾问必须了解和熟记于心的。

三、试乘试驾

试乘试驾是让顾客感性地了解车辆有关信息的最好机会,通过切身的体会和驾乘感受,顾客可以加深对销售顾问口头说明的认同,强化其购买信心。在试乘试驾过程中,销售顾问应让顾客集中精力进行体验,并针对顾客需求和购买动机适时地进行解释说明,建立其信心。

1. 试乘试驾的目的

(1) 让顾客对产品有切身的体验。

(2) 通过试乘试驾建立顾客对产品的信心,激发顾客的购买欲望。

(3) 通过试乘试驾收集更多的顾客资料,便于促进销售。

试乘试驾过程展示

2. 试乘试驾流程

(1) 试乘试驾前的准备。主要包括人员的准备、路线的准备、如何凸显车辆优势的准备、展车的准备和试驾时间的准备。

(2) 顾客来店时。这时要求顾客做到如下2点:

① 试驾顾客必须出示机动车驾驶证。

② 试驾顾客必须在《试驾同意书》上签字。

另外,此时还需向顾客介绍清楚试乘试驾的其他相关注意事项,尤其是安全问题。

(3) 试乘试驾的执行。首先由销售顾问驾驶,此时要做到如下几点:

① 试乘前先给顾客一个试乘试驾概述,介绍试乘试驾路线、规范、试乘试驾时间。

② 试乘开始前,先协助调整座椅,介绍仪表板上功能及各项操作,前后座乘员均应系上安全带。

③ 在不同试乘路段,销售顾问应简单描述体验重点,并遵守交通法规,给予顾客示范标准安全驾驶。

④ 顾客试乘试驾时演示介绍重点。

到指定地点后换手,此时要做到以下几点:

① 协助顾客调整座椅、转向盘、后视镜,并系好安全带。

② 提醒顾客正确的驾驶方式。

③ 保持安全车距,不要超速,不可超越前车。

④ 提醒前面路况及应采取的措施。

⑤ 及时纠正试驾人员不良驾驶行为和动作。

⑥ 让顾客专心驾驶,不作车辆介绍。

(4) 试乘试驾的结束及资料登记。

① 利用《意见调查表》,引导顾客回展厅(休息区)。

② 请顾客填写《意见调查表》,并询问顾客订约意向。

③ 针对顾客抗拒点适时利用展车再次解说,促成订约。

④向顾客赠送小礼品。

⑤送顾客离去。

⑥完成各项文件记录。

试乘试驾是车辆动态展示的过程,介绍时应重点根据顾客所关心的或有异议的技术特点进行展示,一定要注意有的放矢;另外,在试乘试驾过程中,把握好与顾客间的人际关系也是非常重要的,在此就不一一介绍了。

单元能力检测

1. 作为汽车销售顾问,介绍汽车时,必须将汽车的所有特点都事无巨细地向顾客一一介绍。这种说法是否正确?

2. 介绍汽车产品知识时,往往可以从5个方面进行介绍。以下是在向顾客介绍汽车商品时常用的一些描述性语言,请问这些描述是在描述汽车的哪个方面?

(1) 世界各地过去10年售出的几百万辆吉普车还有92%仍然在路上飞驰。

(2) 福特飞鹰看起来真像是一只海豚。

(3) 发动机导致的噪声被控制住了。

(4) 这样庄重的外形符合您的身份。

(5) 预张紧安全带确保最高级别的人体安全。

(6) 转向盘位置可调,对长时间驾驶有帮助。

(7) 走过的车多了就有了路,当然是越野车先开拓的。

(8) 空调可以为3个区域提供不同温度的冷风。

3. 某省教育厅农村教育处要采购一辆越野车,来了3个人,一个处长,一个秘书,一个驾驶员,请问:

(1) 他们侧重于汽车的方面一样吗?

(2) 驾驶员重视汽车的哪些方面?

(3) 秘书重视汽车的哪些方面?

(4) 处长重视汽车的哪些方面?

4. 角色扮演进行六方位绕车介绍的训练与考核。

(1) 场景设定(表2-5)。

场 景 设 定　　　　　　　　　　表2-5

车型设定	展厅销售的××车型
顾客来店状况	自由来店(首次来店)
时间	周六
地点	经销店展厅
来店方法	乘出租汽车前来
来店者	1. 30岁左右一男性,身份是私企老板; 2. 30岁左右一女性,角色为广告公司经理

续上表

展示车	顾客所关注的车辆在本展厅内有展车
提车时间	预定后,需要一个月以后才能提车
试乘车	店内准备有试乘车

另外,讲师应在训练前,从顾客购车用途、关注点、预算、异议问题等顾客资料和信息先设定好。

(2)训练课题。

①接待来店顾客,力求给顾客留下良好印象。

②了解展厅销售步骤,运用六分步法推销汽车产品(重点)。

③运用FAB介绍法进行产品推介。

④培训学生的服务意识。

(3)考核内容。

①展厅销售礼仪。

②六个方位介绍展车。

③FAB介绍法的运用。

(4)考核要点。

①动作规范、连贯,程序完整。

②介绍正确完整,符合FAB介绍法的要求。

③要体现服务意识。

④能灵活应变。

⑤声音洪亮,表达清晰。

(5)考核时间。

考核时间为10min。

任务实施

展厅销售是汽车销售顾问从事的主要工作,当前在我国已形成一门职业。为了使学生能更好地学习,我们把展厅销售分解成两个基本的学习任务,一个是在接待、需求分析的基础上设计出来的为顾客推荐新车这一学习任务;另一个是为顾客完成新车交易工作过程,这一过程包括从报价、成交、办证、交车及售后跟踪。

本学习任务是为顾客推荐新车,是展厅销售中最基本的任务之一,经教育学处理后形成一个高职学生的典型学习任务,它由若干个典型学习情景组成。教学过程中,建议按以下行动过程来完成任务。本学习任务也可以在汽车营销模拟实训室里完成。

一、接待来店顾客

为顾客推荐新车是展厅销售工作中初次来店顾客接待、顾客购车需求分析、车辆展示几个工作过程的综合,是完成汽车交易这一工作过程的前期基础工作。本学习任务从潜在顾客来店开始,到顾客离店结束。

典型学习情境一：初次来店顾客的接待

销售顾问对于初次来店的顾客应从顾客各方面信息来判断是不是属于潜在顾客,然后根据潜在顾客特点采取相应的接待策略。

(1) 请列出接待顾客的目的和要求。

(2) 请按表 2-6 所示要求,为你所销售的车型描述一下对应目标顾客特征及接待关键点。

目标顾客特征及接待关键点　　　　　　　　　　　　　　表 2-6

车　　型	目标顾客特征	接待关键点	备　　注

(3) 请对照下列内容检查一下,是否做好了接待顾客的准备工作:

①个人仪表仪容;

②名片;

③销售工具夹;

④茶水、饮料;

⑤各种资料;

⑥小礼物;

⑦接待顾客用语;

⑧其他。

(4) 请做好接待顾客的心理准备。

(5) 有顾客初次来店,情景假设见表 2-7。如果正好由你接待,你准备如何做?

顾客来店情景假设　　　　　　　　　　　　　　表 2-7

情　　景	接待流程	接待关键点	备　　注
年轻顾客,独自一人,乘坐出租汽车来店,晴天			
年轻顾客,一男一女,乘坐出租汽车来店,恰逢下雨			
年轻顾客,两人以上,开着车来,恰逢下雨			
中年顾客,独自一人,自驾车来店,晴天			

续上表

情　　景	接 待 流 程	接待关键点	备　　注
中年顾客,一男一女,自驾车来店,恰逢下雨			
中年顾客,两人以上,开着车来,恰逢下雨			

二、分析顾客需求

典型学习情境二:为顾客提供咨询

(1)你所接待的顾客是否进入舒适区?

(2)为什么要分析顾客需求?

(3)尽量邀请顾客坐到洽谈桌上交流。

(4)从公共话题开始。

(5)请写出顾客购车的主要需求细节,并把它们转化成你要问的问题。

(6)为了尽可能多地收集顾客的信息,你可以采用哪些方法?你需要获得的信息是哪些?

(7)如果有可以使用的顾客调查表,你会如何使用?

(8)用收集到的信息为顾客建档。

(9)在适当的时机总结顾客谈话的主要内容,寻求顾客的确认,然后根据顾客需求主动推荐合适的商品,并适当说明。

三、静态展示车辆

典型学习情境三:商品知识的准备

(1)顾客所关心车型的历史、设计理念、商品定位了解吗?

(2)顾客所关心车型的主要技术参数、特征、优点以及能给特定顾客带来什么样的利益清楚了吗?

(3)顾客所关心车型的主要性能熟悉吗?

(4)车辆展示的方法及话术熟练了吗?

典型学习情境四:静态展示车辆

(1)要展示的车辆展厅内有没有准备好?如何准备?

(2)应该从车辆的哪个位置开始为顾客介绍商品?

(3)在展车旁介绍推荐车辆时,顾客有没有积极参与?如何判断顾客的情绪?

(4)有没有很好地运用包括车型资料在内的各种工具进行辅助说明?

(5)有没有在成交时机出现时,及时向顾客建议成交?

(6)主动向顾客发出试乘试驾的邀请。

四、为顾客做试乘试驾

典型学习情境五:为顾客做试乘试驾

(1)请叙述试乘试驾的目的和流程。

(2)试乘试驾相关文件准备好了没有?

(3)顾客约好了吗?

请把与顾客预约的相关内容填入表2-8中。

顾 客 预 约 表　　　　　　　　　　　　　　　　　表2-8

顾客姓名	联系电话	有无驾照	意向车型	试乘试驾时间	试乘试驾线路	同行人数	约定内容	备注

(4)试乘试驾时如何接待顾客?

在检验顾客的机动车驾驶证后,重点要向顾客说明试乘试驾的流程及相关要求,尤其是安全的相关规定,要让试驾顾客本人在试乘试驾协议上签名。

(5)试乘试驾开始时,销售顾问要做示范驾驶,此时应如何做?应注意哪些方面?

(6)如何进行换手?

(7)顾客试驾时,销售顾问应如何做?

(8)试乘试驾结束时,赞扬顾客了吗?

(9)试乘试驾结束后,有没有邀请顾客到展厅休息并填写试乘试驾意见表?

(10)要适时地询问顾客的订约意向。

(11)与顾客约好下次见面的时间或联系方法。

(12)顾客离去后,要及时填写顾客信息,注明顾客的驾驶特性和关注点,以便进一步跟踪。

五、撰写总结

典型学习情境六:资料的汇总与整理

(1)收集到多少顾客的信息?有记录吗?收集到信息越多越好。

(2)有与顾客沟通交流的录音与合影吗?

(3)顾客主动打电话了吗?

(4)把在为顾客推荐新车的过程中所获得的资料用一个档案袋收集起来,并根据相关分类标准进行整理。

(5)把重要的资料录入计算机系统中。

典型学习情境七:总结的撰写

(1)通过各种途径获得总结的基本格式。

(2)总结的重点准备写什么?有哪些附件?

(3)写总结用的工具备齐了吗?

(4)认真检查并优化总结了吗?

评价反馈

(1)各小组分别制定一个为顾客推荐新车这一学习任务的评价标准,经讨论后,形成全班的标准。

(2)根据以上标准,每个学生对自己的工作进行一个自我评价,并填入表2-9中。

为顾客推荐新车学习任务学生自我评价表　　　　　　表2-9

指导老师：

姓　名	项　目					总得分
	评价标准一	评价标准二	评价标准三	评价标准四	评价标准五	
评分理由						

　　　　　　　　　　　　　　　　　　　　　　　　组长(签名)：　　　　日期：

(3)按照班级标准,对本小组和其他小组的工作进行评价,并将评价结果填入表2-10中。

为顾客推荐新车学习任务小组评价表　　　　　　表2-10

组别：

指导老师：

姓　名	项　目					总得分
	评价标准一	评价标准二	评价标准三	评价标准四	评价标准五	
平均分						

　　　　　　　　　　　　　　　　　　　　　　　　组长(签名)：　　　　日期：

(4)指导老师对你的学习任务完成情况进行评价了吗？

指导老师根据成果的完成情况、学生工作责任心等方面,再结合学生的评价标准制定相应的评价标准,并按小组评价表的格式制作评价表,把对学生的评价结果填入表2-11中。

为顾客推荐新车学习任务教师评价表　　　　　　表2-11

班级：

姓　名	项　目					总得分
	评价标准一	评价标准二	评价标准三	评价标准四	评价标准五	
平均分						

注：表中空格为评价后得分；总得分为各评价标准得分之和；平均分可以用来对比。

　　　　　　　　　　　　　　　　　　　　　　　　指导老师(签名)：　　　　日期：

(5)对学生的学习成绩进行总评。

根据一定的比例计算得到学生完成本学习任务的总评分,并记录在册。记录表格见表2-12。建议按以下比例进行总评：总评分 = 学生自评分 × 10% + 小组评分 × 20% + 指导老师评分 × 70%。

为顾客推荐新车学习任务学生评价得分总表　　　　表2-12

班级：

姓　　名	项　　目			总评分
	学生自我评价得分（10%）	小组评价得分（20%）	指导老师评价得分（70%）	
平均分				

指导老师(签名)：　　　　日期：

作　业

1. 什么是FAB介绍法？试举例说明。
2. 简述展厅销售需要注意的礼仪。
3. 如何赞扬顾客？
4. 如何判断顾客是否具备潜在顾客的条件？
5. 简述展厅销售流程的作用与意义。
6. 简述展厅接待的技巧。
7. 需求分析中提问的类型有哪些？
8. 简述六方位绕车介绍法。
9. 顾客对汽车产品关心的主要方面有哪些？
10. 简述试乘试驾的工作流程及要求。

学习任务 3　新 车 交 易

学习目标

1. 掌握报价的方法与技巧;
2. 明确顾客异议的概念;
3. 掌握顾客异议的主要类型及排除方法;
4. 把握缔结成交的时机和方法;
5. 掌握成交技巧;
6. 了解相关法律法规的规定,自觉依法办事,做知法、守法经营;
7. 熟悉汽车消费信贷业务办理知识;
8. 掌握新车办证业务;
9. 掌握新车交车流程;
10. 熟悉二手车置换业务;
11. 在新车报价、保险按揭业务办理等过程中做到诚信待客,弘扬中华传统美德,自觉践行社会主义核心价值观。

任务描述

1. 任务的详细描述

新车交易的对象一般都是已经跟销售人员商谈过几次的老顾客,因此,新车交易对销售人员来说尤为重要。在完成新车交易之前,销售人员应先学会准确报价,让顾客能对产品产生兴趣,当发生异议时,销售人员能及时进行排除,并通过对顾客心理的分析,努力促成顾客订下车辆。

基于以上工作任务,我们设计以下学习任务。

学生选择一个品牌汽车(如丰田车或一汽奥迪车)的某一个意向顾客,在商谈过程中对顾客进行准确报价,排除顾客产生的异议,把握机会促成顾客达成交易。达成交易后,销售人员应根据相应的法律法规、按照公司的交车流程帮助顾客办理交车手续。完成该任务时,要求做到:

(1)每个学生都必须掌握销售的流程;
(2)能准确报价;
(3)能解决各种顾客异议;
(4)能独立办理相应的手续;
(5)保持顾客的高满意度。

完成的形式有以下4点：
(1)对顾客异议的处理；
(2)能达成最终意向；
(3)按流程帮助顾客办理新车办证等业务；
(4)顾客对销售人员的满意度测试。

2. 任务分析

要完成本学习任务,可按以下流程进行：
(1)调出顾客档案,明确顾客需求；
(2)把握机会对顾客准确报价；
(3)针对顾客的异议进行排除；
(4)抓紧机会促成销售；
(5)帮助顾客办理各项手续,进行交车；
(6)评价工作成果与学习成果。

完成本学习任务需要用的工具和设备有：
(1)销售用工具夹,工具夹中包括车型资料、名片、笔、便笺、销售用表格等；
(2)小礼物；
(3)报价表、销售合同等资料；
(4)工作装；
(5)移动电话；
(6)其他需要用到的工具。

当然作为学习任务,本任务亦可在课堂中设计相关的场景来完成学习过程。场景要求如下：
(1)模拟顾客1~2人；
(2)模拟办公室若干间；
(3)按照顾客的信息及身份背景设定资料；
(4)模拟真实交车场景所需的资料。

完成本任务所需的知识详见此后相关各单元。

学习引导

学习本任务时,可以沿着图3-1所示脉络进行。

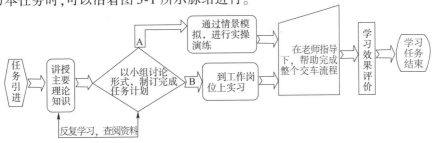

图3-1 学习任务3的学习脉络图
注:根据学校教学资源的具体情况选择A或B

单元一　报价及异议处理

单元要点

1. 报价的方法与技巧；
2. 顾客异议的概念；
3. 顾客异议的主要类型及排除方法；
4. 缔结成交；
5. 成交技巧。

相关知识

一、报价的方法与技巧

报价和议价的应对

1. 产品的报价

产品价格是汽车商品价值的表现，是市场营销过程中非常重要、敏感的一个因素，也是大多数顾客最关注的一个因素。所以很多业务员在面对报价的时候，都会有很大的心理障碍，报高了担心顾客接受不了，无法成交；报低了仍然担心无法满足顾客的需求，而且会因此失去调整的空间。准确报价是销售人员取得成功的一个关键因素，销售人员可以在适当的时候采取合适的报价方法。

2. 报价的方法

报价看似是很简单的问题，其实不然。报价太高，会把顾客吓跑，太低了自己又吃亏，只有一个合理且专业的报价，才能赢来更多的顾客。怎样才能做到合理报价呢？这里是有一定技巧的，关键是要看销售人员能否准确地应用各种报价方法。

（1）顺向报价方法。顺向报价方法是一种传统的报价方法，买卖双方从自身的主观愿望出发，报出双方心目中的最理想价格，即卖方首先报出最高价格或买方报出低价。这种报价方法，价格中的虚报成分一般较多，为买卖双方的进一步磋商留下了空间。卖方报出高价后，如果买方认为卖方价格过高时，会立即拒绝或怀疑卖方的诚意，并要求卖方降低价格。而当买方认为卖方的价格较为合理时，买方依然会坚持要求卖方继续降低价格，一旦卖方降价，买方就会产生一定的满足心理，这时只要卖方能够把握时机，往往能够促使交易成功。但是如果卖方所报价格水分过多，超出对方可预见的最小收益，就变成了乱开价，会让买方觉得对方没有诚意或对整个买卖失去信心，因此买卖双方的谈判也就无法继续进行。

（2）逆向报价方法。逆向报价方法是一种反传统的报价方法，具体做法是，卖方首先报出低价或买方报出高价，以达到吸引顾客、诱发顾客谈判兴趣的目的。然后，再从其他交易条件寻找突破口，逐步抬高或压低价格，最终在预期价位成交。运用此种报价方法，对首先报价一方风险较大。在报价一方的谈判地位不很有利的情况下，在报出令对方出乎意料的价格后,虽然有可能将其他竞争对手排斥在外,但也会承担难以使价位回到预期水平的风险。这种报价方法对商务谈判人员要求较高,除非确有必要,在实际商务谈判中,应尽量避免使用。

(3)先报价方法。先报价方法是指争取己方首先报价。这种报价方法使己方掌握主动,为双方提供了一个价格谈判范围。如当买方先报低价时,则双方的预期成交价格在买方价位与卖方预期价格之间;相反,当卖方首先报出高价时,双方预计的成交价位则应在卖方所报价位与买方预期价格之间。

(4)尾数报价方法。尾数报价方法即利用具有某种特殊意义的尾数或人们的"心理尾数"定价,尽量避免整数报价。根据一些消费心理学家的调查,消费者从习惯上乐于接受尾数价格,不喜整数价格。例如某商品价格为4.90元或4.95元时,销量远比价格为5.00元时要大。采用尾数报价方法一方面是针对人们对数字的心理,另一方面也是出于商业谈判技巧的需要。如前所述,某种商品的价格一般是按实际成本加上利润计算的,较少出现整数,因此,当一方采用整数报价方法时,往往难以使对方信服。又比如利用一些民族或地方的风俗习惯,在报价或还价中使用当地人们特别偏好的数字,投其所好等。

(5)"汉堡包"报价法。心理学研究表明,人们最容易记住的是第一印象和最后印象,中间印象是最容易被忽略的,也是记忆最不深刻的,就像汉堡包一样,两面是面包,中间夹层肉。因此"汉堡包报价法"的公式就是"第一良好印象(核心利益)+实际价格+最后良好印象(附加利益)"。

具体报价过程如下:首先总结出最能激起顾客热情的一些个人切身利益并介绍给顾客,这些利益要和顾客的购买动机相对应;然后再进行清楚的报价;最后再次强调那些超出顾客期望值的个人切身利益。

(6)"化整为零"报价法。对一些售价较高的产品,如果销售人员直接把产品的价格报给顾客,顾客可能很难接受,但如果销售人员把产品的价格按照产品使用时间或其他方式进行细分,则会让顾客在支付同样的费用时陷入不贵的感觉。这种细分方法被称为"化整为零"法。

(7)对比报价法。有一些顾客在购车之前,已经做好充分的市场调查,对所选车型的特点和价格都非常熟悉。面对这样的顾客,如果销售人员不能很好地把握,则很容易错失机会。与这类顾客谈判时,可以采用"对比法",有针对性地突出自己产品的优点,价格应接近底价,才有可能从一开始就"吸引"住顾客。

3. 产品报价的技巧

价格是商品价值的货币表现形式,它直接影响消费者心理感知和判断,是影响消费者购买意愿和购买数量的重要因素。有经验的销售人员都知道,价格问题谈得好就是成交的前兆,谈得不好就是销售失败的信号。那么当谈到价格问题的时候,销售人员该如何应对呢?这就需要销售人员能精确掌握报价技巧,使得自己的报价可以赢得顾客的认可。

(1)准确把握报价时间。有些销售人员习惯顾客一进销售区域,就把销售价格抛给顾客,这样很容易把顾客往门外赶。销售人员在接待顾客时,要避免过早提出或讨论价格,应该等顾客对产品的价值有了起码的认识后,再与其讨论价格。顾客对产品的购买欲望越强烈,对价格问题的考虑就越少。因此,销售人员应巧妙地把握报价的时机,最好选择在产品演示结束后,顾客产生购买欲望之际。但是如果顾客一开始就询问其所选的产品的价格,销售人员可以进行模糊回答,例如销售人员可以采用如下方式:"价格主要是跟您选择的车型有关,您可以到这边具体了解一下各型号的特点再作决定。"销售人员在回答时,应充分调动顾客的兴趣,从价格转向产品的性能。

(2)有效利用已签订的成交单。一般情况下,顾客都愿意相信既有的事实,所以有效利用已成交者最高成交的成交单(订单或交货单)来诱导顾客,并让顾客知道一样的产品其购买的价格比别人低,会让顾客在心理上产生优势。这是一种比较简单的做法,也是对一般顾客常用的方法,但对顽固的顾客此方法就不能使用。

(3)学会价格转嫁。所谓价格转嫁就是在价格谈判过程中,销售人员可以将价格的决定权交给自己的同事或领导。当着顾客的面,销售人员给上级领导打电话,让顾客相信其所购买的价格已经超出了销售人员的权限范围,已经是报给顾客的底线。这种报价技巧可以让顾客在最短的时间内下定决心购买。

(4)准确分析顾客需求点。对顾客需求点的把握对促成销售起关键作用。在与顾客的交流过程中,销售人员可以细心留意顾客的言谈举止,再根据顾客的具体表现来推测顾客的真正需求。例如,如果销售人员在跟顾客的交流过程中,发现顾客在还价的时候能精确到 1 元、2 元,这说明顾客对产品的价格特别敏感,对待这类顾客,销售人员一定要有足够的耐心,跟客人打一场"心理战",询问或揣摩一下客人的目标价格,再跟自己能给到的底价比较一下差距有多大。比如顾客的目标价格是 12 元,而你能承受的价格是 13 元,你最好报 14 元,还价时你可分多步骤走,先让多一点,让顾客看到希望,接着的让利一步步减小,千万不可以一步到位,而应步步为营,让顾客慢慢看到希望,但又要通过艰苦努力获得,让顾客最后有一种赢了的感觉。如果销售人员在交流过程中发现顾客最在意的是交车的日期,则销售人员就可以进行目标的转移。例如,本来销售人员报的交货期为 35 天,而顾客提出 20 天交货。在可行的情况下,销售人员可以满足客人的交货期,但以交货期限太紧张为由,适当提高一下价钱,这时对方也有可能接受,销售人员就能为自己多争取一些利润。

二、顾客异议的概念

顾客异议是指销售人员在销售过程中,顾客对销售人员的某一个举动、某种说法、某种态度等表示不赞同或者拒绝。异议处理就是指当顾客产生异议时,销售人员对情况的处理和把握。简单地说,被顾客用来作为拒绝购买理由的意见、问题、看法就是顾客异议。

顾客产生异议的原因有以下几种:不信任、不需要、不合适、不急或其他原因(如供货问题、贷款问题等)。这些原因的构成如图 3-2 所示。

从图 3-2 中可以看出,绝大多数顾客产生异议的原因都是因为不信任,要么是对销售人员不信任,要么是对所销售的产品不信任,要么就是对企业不信任。由此可见,销售人员在销售过程中建立顾客信任是非常重要的。

另外,从产生异议的直接原因分析,不外乎有下面这样几种:沟通中产生了误解,产品的问题,顾客对销售人员、公司及产品了解不够,或是销售人员的服务不够。销售人员一定要分清原因,对症下药才能顺利地排除异议。

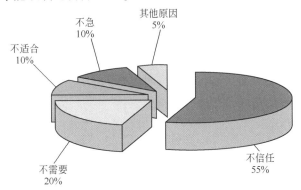

图 3-2　顾客异议产生的原因及其构成

三、顾客异议的主要类型及排除方法

很多新加入销售行列的人员在初期碰到顾客异议时都会产生恐惧,不知道如何去面对、解决。其实只要准确掌握顾客异议的类型,有针对地解决,顾客异议则会从另一个方面来帮助促成与顾客之间的谈判。

1. 顾客异议的主要类型

(1)按照顾客提出异议的目的或意图来进行分类,顾客异议主要可以分为以下 3 类。

①第一类:借口异议。

借口异议,是指顾客用借口、敷衍等方式应付销售人员,其目的不一定是不想和销售人员谈,并不是不想介入销售活动。可是很多销售人员在碰到借口异议的时候马上会产生抗拒心理,对顾客排斥或心生畏惧,不能很好地表达自己的意思。其实,很多时候,这些异议并不是顾客真正在意的地方,如:"你们的车子流线型不是很好……",这虽然是一项异议,但是并不是顾客的真正异议。

②第二类:真实异议。

真实异议,是指顾客表达目前没有需要、对产品不满意或者是对产品存在偏见等。例如,顾客对销售人员说,"我从朋友处了解到这个产品容易出故障"。

对真实异议的解决主要是要先了解产生异议的原因,再针对具体原因进行处理和化解,具体见表 3-1。

产生异议的原因　　　　　　　　　　　　　　　表 3-1

异议产生的原因在销售人员	异议产生的原因在顾客
销售人员无法得到顾客的信任	顾客对产品没有产生购买欲望,态度挑剔
销售人员使用过多专业术语,顾客无法理解	顾客认为产品无法满足顾客的需求
销售人员无法准确陈述产品的信息	顾客拒绝改变对产品的惯有想法
销售人员态度太过强硬,顾客感觉不舒服	顾客在价格上产生异议
销售人员无法准确理解顾客的问题点	顾客不想花太多时间来交流,摆出借口
销售人员展示产品失败	顾客抱有隐藏式的异议

③第三类:隐藏异议。

隐藏异议,是指顾客并不把真实的异议提出,而是提出各种真的异议或假的异议,目的是要借此假象达到隐藏异议解决的有利环境。例如,顾客产生价格异议时会借用其他如品质、外观、颜色等方面来提出异议,以降低产品的价值,从而真正达到降价的目的。

具体来说,顾客异议的种类主要有以下几种:

a. 顾客对价格的异议,这是最常见的一种异议;

b. 顾客对产品的异议;

c. 顾客对服务的异议;

d. 顾客对公司的异议;

e. 顾客对订购时间的异议;

f. 顾客对销售人员个人的异议;

g. 因为竞争者而产生的异议;

h. 因为不需要而产生的异议。

(2)按照销售人员对顾客异议的处理能力进行分类,顾客异议可以分为以下2类。

①第一类:有能力的异议。

有能力的异议,是指销售人员有能力改变顾客所述事实的异议。有能力的异议分为怀疑和误解两种。怀疑是指在销售人员介绍完产品后,顾客可能仍不相信销售人员所介绍的产品或服务具有销售人员所强调的特征,或怀疑公司的产品或公司本身无法提供销售人员所强调的利益。例如顾客有可能会说:"你们这款车的质量怎么样呀?我怎么很少听说你们这款车呀?"误解是指有些顾客对销售人员所介绍的产品存在不完全或不正确的了解。例如,顾客有可能会提出质疑:"你们的售后服务怎么样啊?我听说有人买了这款车后维修很麻烦,服务顾问的态度也很差。"类似于这样的误解,销售人员是可以解决的,销售人员通过跟顾客进行沟通和交流解决顾客所产生的异议。

②第二类:无能力的异议。

无能力的异议,指的是销售人员没有能力改变顾客所述事实的异议。比如,顾客所给的价格与车型实际价格之间存在很大的差距,又或者顾客所提出的一些车辆性能是其所选车型所无法达到的功能、配置,类似这类异议是销售人员所无法解决的,因此归于无能力异议。通常,顾客说的这些问题,都是我们无法改变的,所以我们把它们归于无能力异议。

2. 顾客异议的排除方法

对顾客异议,销售人员要正确对待,辨明顾客的真正动机和异议的分歧点,对顾客进行说服,从而消除顾客的疑惑、误解,最终达成销售的目的。例如,顾客的异议是不准备购买的借口,那么,应该深究顾客不购买的原因,而不是停留在对异议的处理和说明上;如果顾客的异议是抱怨,那么销售人员就要仔细分析顾客究竟要什么。这时候的抱怨往往不是产品本身的问题,而是在于服务本身;如果顾客的异议是保留意见,最好能够和顾客进行更多的沟通和交流;如果顾客的抱怨是议价手段,那么销售人员要把握好双方的底线,要让顾客觉得在这一轮谈判中赢得了胜利,而真正的胜利却在己方;如果顾客的抱怨是真正的反对,那么销售人员只能用自己的真诚和产品品质及服务去打动顾客。

（1）忽视法。忽视法是指当顾客提出产生一些无理异议,并不是真的要求销售人员解决或讨论时,销售人员可以忽视这些异议,只要面带微笑满足顾客的表达欲望即可,并要迅速引开话题。

> **案例**
>
> 小刘是一家豪华车4S店的销售顾问,该车型的广告代言人是国内某位知名的模特。一天,一位顾客来到4S店就对小刘发牢骚:"哎,如果你们品牌的汽车广告是由成龙拍的话我早就买了,还能拖到现在。"小刘听完,满脸微笑地对顾客说:"哈哈,就是,您真幽默,您这边请。"
> 这个案例中,你觉得小刘做得对不对?

（2）补偿法。当顾客提出的异议有事实依据时,销售人员应该承认并欣然接受,盲目地去否认事实是错误的做法,这样只会增加顾客的反感。在接受的同时,销售人员可以重点介绍一下自己产品的优点,并给顾客一些补偿,让顾客感觉心理平衡。补偿法最大的特点就是可以让顾客感觉到销售人员的真诚,并能间接地把自身产品的优点放大,从而来弥补产品本身的弱点。补偿法的运用范围非常广泛,效果也很好。

（3）太极法。太极法是指当顾客提出某些不购买的异议时,销售人员能立刻回复说:"这正是我认为您要购买的理由!"如果销售人员能立即将顾客的反对意见,直接转换成必须购买的理由,则会收到事半功倍的效果。太极法的最大特点就是能借力使力。太极法能处理的异议多半是顾客通常并不十分坚持的异议,特别是顾客的一些借口;太极法最大的目的,是让销售人员能借处理异议而迅速地陈述产品能带给顾客的利益,以引起顾客的注意,能将顾客感到迟疑的犹豫点转化成为顾客的购买点。

（4）询问法。询问法的最关键点就是要加强与顾客之间的沟通,透过询问可以把握住顾客真正的异议点,销售人员在没有确认顾客反对意见的重点及程度前,直接回答顾客的反对意见,往往可能会引出更多的异议;而当销售人员提出询问或者反问顾客后,顾客必然回答自己提出反对意见的理由,说出自己内心的想法,这个过程也可以让顾客再次确定自己提出的反对意见是否妥当。

> **案例**
>
> 当顾客提出"我希望您价格再降10%!"销售人员可以委婉地回答:"××总经理,我相信您一定希望我们给您100%的服务,难道您希望我们给的服务也打折吗?"

（5）"是的……如果"法。"是的……如果"法就是指在顾客提出异议后,销售人员可以先认可顾客的意见,再假设性地提出自己的想法。其实每个人都希望自己所提出的意见能得到其他人的认可,当对方给出直接反驳时,任何人都会觉得不痛快。试想:如果直接反对顾客的意见,屡次正面反驳顾客,肯定会让顾客恼羞成怒,就算销售人员说得都对,并且也没有恶意,还是会引起顾客的反感。因此,销售人员最好不要开门见山地直接提出反对的意见。例如,当一名刚毕业的大学生顾客对销售人员提出:"你的价格太高了,不是我立刻能支付的",销售人员可以委婉地回答:"是的,这的确是一大笔资金,很多年轻人都跟您一样,刚毕业收入情况比较紧张,一时之间没有办法立刻支付,针对这个情况,我们跟银行进行合作,您可以采用分期付款的方式,让您支付起来一定不会困难。"

(6)直接反驳法。一般不建议销售人员使用直接反驳法,因为直接反驳法会使顾客尴尬,容易造成顾客与销售人员之间的对立局面,但是当顾客提出的异议是针对公司的服务或其他影响到公司的形象时,或当顾客引用的资料不正确时,销售人员可以直接反驳。例如,当一名顾客来到4S店,对销售人员提出该公司的车型安全性能不好时,销售人员可以直接进行反驳:"您大概有所误解,我们的车型都是经过安全测试的,在安全性能方面我们一直非常重视……"这样的专业解释不但可以让顾客感觉到销售人员的专业水平,无形之中也会对其产生信任。不过,销售人员在使用直接反驳技巧时,对遣词用语要特别留意,态度要诚恳,对事不对人,切勿伤害了顾客的自尊心,要让顾客感受到销售人员的专业与敬业。

四、缔结成交

当顾客对产品有了充分的认识后,会出现一定的犹豫情绪和提出一系列的异议,这也是顾客表现出来的缔结成交的信号,销售人员要很好地把握这个机会,准确处理各项异议,抓住时间促成交易。

1. 缔结成交的流程

缔结成交的流程见表3-2。

表3-2 缔结成交的流程

步 骤	流 程
第一步:把握消费者心理	销售人员应准确把握顾客的心理,充分了解和把握顾客的心理活动过程,针对不同的心理反应阶段,运用不同的沟通手段
第二步:引导和激发顾客	在销售过程中,销售人员应把握顾客的需求,适时引导顾客自动进入心理体验和行动尝试
第三步:一对一情感营销	销售人员在销售过程中,应尽量为顾客着想,让顾客感觉到自身的真诚,赢得顾客的信任
第四步:注意细节,巧妙借势	在谈判过程中,随着谈判的进一步发展,顾客会在细节上表现出其心理的变化,因此销售人员应进行细致入微的观察,在销售流程上合理进行节奏控制,不疾不速、有条有理、有进有退。此外,销售人员还要巧妙借势,借助人物、道具帮助销售人员达到缔结成交的目的
第五步:及时缔结成交	营销的最终目的是缔结成交,当顾客表现出成交信号时,销售人员应把握时机,及时缔结成交

2. 成交时机和成交信号

销售人员对销售时机的把握是销售成功的最关键的一个环节,但是成交时机往往出现在某个瞬间,若不抓住稍纵即逝的时机,则成交的希望很可能落空。成交时机把握不准确,过早或过晚都会影响成交的质量和成败。促成顾客签单首先要捕捉住成交的时机。成交信号的表现形式很多,销售人员可以通过顾客语言、行为、情感表露出来的购买信息来促成销售。

(1)语言信号。当顾客有心购买时,销售人员可以从顾客的语言中得到判定。例如当顾客说:"我们最快要多久才能拿到车?"这就是一种有意表现出来的真正感兴趣的迹象,这说明成交的时机已到,顾客已产生强烈的购买意图。以下的任一种情形,都是顾客所表现出来的成交信号:

①顾客给予一定程度的肯定和赞同;
②主动讲述一些参与意见;
③询问车型颜色和出单时间;
④询问契约规定、订金金额;
⑤询问办牌相关准备事宜;
⑥询问贷款、缴款手续;
⑦询问交车事项、交车地点和时间等;
⑧询问售后服务和保修期。

(2)身体语言。销售人员可以从顾客的身体语言中判别其购买意向,销售人员要能细心地观察和认真思考,才能从顾客所表现出来的身体语言中得到判定顾客真实意图的信号。以下是几种常见的情形:

①顾客身体向前倾,或是向销售人员方向倾;
②点头对销售人员的看法表示认可;
③出现放松或愉悦的表现和动作;
④面部表情变化较大,紧锁的双眉分开,眉毛上扬,眼珠转动加快,像是在想什么问题;
⑤不断审视产品,边看边长时间思考对比;
⑥用心与仔细观看目录、合同或是订货单;
⑦详细地阅读说明书,并且逐条检视。

上述行为动作出现的时机不同,所要表达的意愿就不一样。销售人员除了要仔细观察顾客的行为动作外,更应该学会判别。判别顾客的成交信号并不困难,其中大部分都需要销售人员进行积极的诱导。当成交信号出现时,要及时抓住,并迅速导入促成动作,从而达到成交的目的。

3.缔结成交要点

缔结成交是报价过程中的最后一步,也是最关键的一步,只要顾客完成报价签约,就意味着此次交易已经达成,因此销售人员更应做好签约准备,把握成交要点,主要包括以下几个方面:认真正确地填写合同中的各项内容,例如车型、车身颜色、选购件、附属件、支付条件、支付金额、交车预定日期等,请顾客再次确认;记录下与顾客谈定的事情,谨防遗忘,并进行确认;签约时,要向顾客表示感谢;当商谈进行得不顺利时,即便没能成交,也要一如既往地对待顾客,倾听顾客的意见,寻找下次说服顾客的方法,努力以良好的态度结束商谈。

五、成交技巧

一个优秀的销售人员要成功地完成销售,关键就是要全面地了解顾客的态度,以及顾客对于产品说明和成交试探的反应。这需要销售人员选择使用最恰当的成交技巧和成交方法。

（1）假设型成交。假设型成交是指销售人员可以假定顾客要购买,然后通过语言或无声的行动来判断自身的假设是否正确。比如销售人员可以进行如下的假设:"您看,您是会选择红颜色的还是灰色的?"通过类似于这样的假设性的问题来进行试探成交,如果成功,能顺理成章地达成销售。一旦失败,也不会让销售人员陷入尴尬的局面,更不会使前面建立的关系倒退。

（2）直接成交。直接成交是指销售人员直截了当地提议顾客购买的方法。例如销售人员可以直接询问顾客:"您看,如果您没问题的话,我就给您开票了。"当然,直接成交有一定的局限性,会给顾客带来一定的压力。所以直接成交只能适用于以下情形:老顾客、理智型顾客、销售人员感觉顾客喜欢产品等。

（3）选择成交。选择成交是指销售人员向顾客提供两种或两种以上购买选择方案,把最后决定集中到两点上,然后让顾客从两者中挑选其一,并要求顾客迅速作出抉择的成交技巧。选择成交法可以帮助顾客快速地下定决心购买。

（4）压力型成交。压力型成交是指销售人员可以在合适的时机给顾客施加一定的压力,帮助顾客尽快地下定决心。例如,销售人员可以暗示顾客其所选择的车型有很多人在购买,如果再晚一些,可能就买不到了,或者即使有库存,也不一定能满足顾客的需求。但是,销售人员必须非常小心,不能盲目使用这种方法。一旦出现问题,顾客会对销售人员的职业道德产生疑问,进而影响公司的形象和顾客对品牌的忠诚度。

（5）利益总结型成交。利益总结型成交是最常见的成交方式,销售人员可以总结产品特点的主要优势和其给顾客带来的好处,在谈判过程中,以一种积极的方式成功地加以概括总结,以得到顾客的认同并最终取得谈判的成功。

（6）小点成交。小点成交法是指销售人员利用交易活动中的一些细微、次要方面来间接促成交易的一种成交方法。小点成交法的最大特点就是从小处着手,从无足轻重的地方入手,逐步使目标顾客达成最终的销售。小点成交法没有时间的限制,可以起到化整为零的效果,适合销售人员在任何情况下使用。例如,销售人员可以在顾客下订单之前,从产品特性、外形、颜色、品质、保修期、付款方式等方面逐一吸引顾客,最终达成销售。

（7）谈判成交。谈判成交法也被称为顾客异议处理成交法,是指销售人员用一种条件来交换顾客提出的另一种条件,双方相互妥协,达到共赢,促成交易的方法。例如,销售人员可以跟顾客如此交流:"如果我帮您把价格申请下来了,你确定现在就能签约吗?"

（8）保证成交。保证成交是指销售人员直接向顾客提供成交保证来促使顾客立即购买车辆。顾客往往会对交易条件、产品质量、技术问题、价格等产生异议而不敢购买,这种情况下,销售人员应为顾客提供保证,解决顾客的后顾之忧。例如,销售人员可以为顾客作出以下承诺:"先生,您可以放心购买我们的任一款车型,无论你选择了哪一款车,我们都将为您提供最好的服务,您可以免费享受我们的首次维护。"

（9）赞扬成交。赞扬成交能满足顾客的心理享受,特别适用于那些自称为专家、十分自负或情绪不佳的顾客。这类顾客比较乐于接受赞美之词,称赞可以使顾客感到满意和作出反应。

（10）体验成交。所谓的体验成交是指让顾客实际地触摸或试用其所关注的产品,令顾客感觉这个产品已经属于自己。依照销售心理学的研究,当产品交到顾客的手上,并使用一段时间后,甚至只是短短几小时,在其内心就会产生一种认为这一产品已经是属于自己的感觉。而当销售人员要把这种产品拿走的时候,顾客的心理就会产生一种失落感,此时只要销售人员能及时地给予引导,顾客就会更容易作出购买的决定。例如,目前很多4S店所推出的"试乘试驾"活动,就是体验成交的最好应用。

(11)订单成交。订单成交法是指当销售人员对顾客进行产品介绍之前,可以预先准备一张设计好的订单,这张订单的内容可以是一些假设性的问题(例如,销售人员可以假设性地询问顾客:"您看,这款车子您是喜欢红色还是蓝色呢?"),并将这些问题从浅到深来进行排列。在产品介绍过程中,销售人员可以根据所列的问题不经意地对顾客进行询问,等到产品介绍完成,顾客心目中所确定的车型也已经明确。此时,销售人员就可以抓住机会,促成顾客签约。同时,这张订单上要写上日期和顾客姓名等基本资料,让顾客感觉到这是根据其需求量身定做的一款车型。

单元能力检测

一、单项选择题

1.(　　)是一种传统的报价方法,即卖方首先报出最高价格或买方报出低价。
　　A.逆向报价法　　B.顺向报价法　　C.汉堡包报价法　　D.实物报价法
2.销售人员应巧妙地把握报价的时机,最好的时机是(　　)。
　　A.在产品演示结束后,顾客产生购买欲望之际
　　B.在产品演示前,顾客未产生购买欲望之前
　　C.在产品演示结束后,顾客产生购买欲望之前
　　D.在产品演示前,顾客产生购买欲望之际
3.(　　)是商品价值的货币表现形式,它直接影响消费者心理感知和判断。
　　A.产品　　　　　B.产品定位　　　C.价格　　　　　D.服务
4.销售人员把产品的价格按照产品使用时间或其他方式进行细分的报价方法是(　　)。
　　A.逆向报价法　　B.顺向报价法　　C.汉堡包报价法　　D."化整为零"报价法
5.(　　)能处理的异议多半是顾客通常并不十分坚持的异议。
　　A.太极法　　　　B.询问法　　　　C.补偿法　　　　D.忽视法

二、多项选择题

1.常见的顾客异议的三种类型是指(　　)。
　　A.隐藏异议　　　B.真实异议　　　C.借口异议　　　D.虚假异议
2.顾客异议常见的排除法是(　　)。
　　A.太极法　　　　B.询问法　　　　C.补偿法　　　　D.忽视法
3.成交信号的表现形式很多,销售人员可以通过顾客语言、行为、情感表露出来的购买信息来促成销售,主要可以体现在(　　)。
　　A.语言信号　　　B.身体信号　　　C.实物信号　　　D.以上都不正确

4. 以下异议产生的原因在销售人员的是(　　)。
   A. 顾客在价格上产生异议
   B. 销售人员使用过多专业术语,顾客无法理解
   C. 销售人员无法得到顾客的信任
   D. 销售人员无法准确陈述产品的信息
5. 以下异议产生的原因在顾客的是(　　)。
   A. 顾客对产品没有产生购买欲望,态度挑剔
   B. 顾客拒绝改变对产品的惯有想法
   C. 在价格上产生异议
   D. 产品展示失败

三、填空题

1. "汉堡包报价法"的公式就是"＿＿＿＿＿＿（核心利量）+ ＿＿＿＿＿＿ + ＿＿＿＿＿＿（附加利量）"。
2. ＿＿＿＿＿＿是指销售人员可以假定顾客要购买,然后通过语言或无声的行动来判断自身的假设是否正确。
3. ＿＿＿＿＿＿是指销售人员利用交易活动中的一些细微、次要方面来间接促成交易的一种成交方法。
4. ＿＿＿＿＿＿是顾客对销售人员或其推销活动所作出的一种在形式上表现为怀疑或否定或反对意见的一种反应。
5. 缔结成交的第一步是＿＿＿＿＿＿。

四、判断题

1. 当顾客提出的异议是针对公司的服务或其他影响公司形象,或引用的资料不正确时,销售人员可以采用直接反驳法。　　　　　　　　　　　　　　　　　　　(　　)
2. 询问法就是指在顾客提出异议后,销售人员可以先认可顾客的意见,再假设性地提出自己的想法。　　　　　　　　　　　　　　　　　　　　　　　　(　　)
3. 小王"五一"去买车时,销售人员告诉他,他所要的车型只在"五一"期间有优惠,过了"五一"就没有优惠了,此时销售人员在对小王使用压力推销。　　　　　(　　)
4. 营销的最终目的是缔结成交。　　　　　　　　　　　　　　　　　　(　　)
5. 谈判成交法也被称为顾客异议处理成交法,是指销售人员用一种条件来交换顾客提出的另一种条件,双方相互妥协,达到共赢,以此来促成交易达成的方法。　(　　)

五、简答题

1. 什么是顾客异议?
2. 顾客产生异议的主要原因有哪些?
3. 缔结成交的技巧有哪些?

单元二　相关法律法规的规定

单元要点

1. 销售合同(协议)知识;
2. 价格、票据、财务等相关知识;
3. 汽车保险相关法律法规。

一、销售合同(协议)知识

经济合同是民事主体的法人与其他经济组织、个体工商户、农村承包经营户相互之间,为实现一定经济目的、明确相互权利与义务关系而订立的合同。

合同应是成交双方签署的,合同格式中载明成交双方所达成的协议,包括所有的附件、附录和构成合同的其他文件。营销洽谈的结果(达成交易)要用经济合同的形式确定。

1. 有效合同与无效合同

(1)订立经济合同应符合的原则。

①经济合同(除即时清结的交易外)应当采用书面形式。经当事人协商同意的有关修改合同的文书、电报和图表,也是合同的组成部分。

②订立经济合同必须遵守法律和行政法规。任何单位和个人不得利用合同进行违法活动,牟取非法收入。

③订立经济合同应当遵循平等互利、协商一致的原则。任何一方不得把自己的意志强加给对方,任何单位和个人也不得非法干预。

④经济合同依法成立,即具有法律约束力。当事人必须全面履行合同规定的义务,任何一方不得擅自变更或解除合同。

⑤订立合同双方当事人必须具有法人资格,法人在订立经济合同时不得超越其合法经营范围。

(2)无效经济合同。

①违反法律和行政法规的合同。

②采取欺诈、胁迫等手段所签订的合同。

③违反国家利益或社会公共利益的经济合同。

④代理人超越代理权限签订的合同,或以被代理人的名义同自己或者同自己所代理的其他人签订的合同。

无效的经济合同从订立时起就没有法律约束力。

经济合同的无效由人民法院或者合同仲裁机构确认。确认经济合同部分无效的,如果不影响其余部分的效力,其余部分仍然有效。

在汽车营销业务中,对走私车、没收车签订的合同就属于无效合同,应由主管机关指定专门单位处理。没有轿车经营权的单位签订的轿车批发合同也是无效合同。在业务联系中要十分谨慎地判定合同的有效性。

2. 经济合同的种类和内容

(1) 经济合同的种类。我国的经济合同大致有如下几种类型:

① 销售合同。它是指企业以销售商品为内容的合同,其形式和内容极为广泛,有购销包销合同、采购或选购合同、代购代销合同等。这类合同一般由产需或供需双方签订,也可由产、供、运、销多方联合签订。

② 供应合同。它主要是指有组织、有计划以供应生产资料为内容的合同,如国家计划分配的原材料、燃料、动力等物资的供应合同,上级部门有组织协作配套的供应合同,企业自行在市场上采购原材料的供应合同等。这种合同,有的在上级部门指导下签订;有的只有供需双方,直接由供需双方签订。

③ 承包合同。它是指企业委托承包单位按要求完成某项工程、工作或产品的合同,如基建承包合同、设计承包合同、施工承包合同以及其他各种产品加工等承包合同。

④ 运输合同。它是指企业委托运输企业为保证及时运送货物而签订的合同,包括铁路、公路、航空、海运、内河运输等运输合同。

⑤ 信贷合同。它主要是指企业向银行或信用社申请贷款所签订的合同以及赊购赊销合同、分期付款合同等。

⑥ 租赁合同。它主要是指供方提供设备等物资为需方使用,并取得一定报酬而签订的合同,如工具设备租赁合同、房地产租赁合同等。

此外,还有仓储合同、补偿贸易合同和合资经营合同以及技术协作、技术服务和技术转让合同、财产保险合同等。

上述经济合同,按时间又可分为长期合同、年度合同和短期合同。长期合同指合同期在一年以上的合同;短期合同是指合同期在一年以下的季度和月度合同。

(2) 经济合同的基本内容。经济合同是具有法律效力的经济契约,它反映企业之间的经济关系和经济责任。因此,合同的内容必须周密全面,文字表达一定要正确清楚。特别要注意文字、条款的法律依据,以免产生不必要的纠葛和矛盾。

下面以汽车制造厂的销售合同为例简述。

① 明确规定汽车产品的型号、规格、质量、数量、选装件数量和型号及生产厂家、交货期限,这是汽车销售合同最基本的内容。这些条款的每一项内容,规定得越具体越好。如质量标准,应明文规定是国家标准还是行业标准,或者按用户提出的要求和标准进行规定。制造厂必须对产品质量负完全责任,只能提高不得降低。交货期限应具体规定交货的日期,如果延期交货,厂方应承担全部的经济责任。

② 具体规定交车的方式。如用户自行到厂提货,应规定接车的手续;如由厂家实行送货或代运,应在合同中注明送货的地点或到站名称及收货人。送货费用应在售价中另行计算。

③ 明确所购车型的外部色彩(或图案),如用户对汽车的外部色彩或图案、文字有特殊要

求时,应在合同中注明,所需费用经双方协商后,也应在合同中明确规定。

④正确规定产品的价格与货款的结算方式。凡是由国家或地方统一定价的车型,企业不得擅自提价或降价;如有特殊情况需要提价或降价,应报请有关部门批准。凡是国家允许浮动或自行定价的车型,应由供需双方协商定价。对于车款的结算方式,可按人民银行规定的"托收承付"或"验货承付"等办法执行,也可采用"款到付货"的方式。贷款利率按国家规定执行。

⑤明确规定合同双方的经济责任,如厂家对产品的型号、规格、质量、数量、选装件、交货期和交货方式等方面不能履行合同规定时,应在经济上承担全部或部分赔偿的责任。如需方发生中途退货、拒绝收货、延期付款等违背合同的规定时,应对造成的经济损失承担全部经济责任。如果由于运输部门不能履行合同规定而造成的经济损失,则完全由运输部门承担经济赔偿责任。

在合同中除上述内容外,还有其他内容和规定,应由供需双方相互商定,或补充具体条款。

(3)汽车营销合同的实施细则。合同实施细则如下。

①供货计划。无论是进货合同还是销货合同,供货时间常列出分月供货计划。通常用人民币计算和支付,除国家允许使用现金履行义务的以外,必须通过银行转账或票据结算。

②定金。当事人一方可向对方付出一定数额的定金(双方协商,一般为产品价的5%～30%)。在合同履行后,定金应当收回,或抵作货款。给付定金一方不履行合同的,无权请求返还定金。接收定金一方不履行合同的,应当双倍返还定金。

③产品价格。关于产品价格,除规定必须执行国家定价的以外,由当事人协商议定。在执行国家定价时,当在合同交付期限内国家价格调整时,按交付时价格计价。逾期交货的,遇价格上涨时按原价格执行;价格下降时按新价格执行。逾期提货或逾期付款,遇价格上涨时按新价格执行;下降时按原价格执行。

在国内贸易中,习惯上按指定地点提车报价成交,运往外地的运费由客户自负。在国际贸易或与开放城市贸易中,常用以下几种价格术语:

a. FOB(Free on Board,离岸价格,即装运港船上交货),即卖方在合同规定的装运港把货物装到买方指定的船上,并负担货物装上船为止的一切费用和风险。

b. CIF(Cost Insurance Freight,到岸价格,即成本加保险费、运费),即卖方负责运输,安全运往目的港船上卸货前运费、保险费等费用和上船前风险。

c. C&F(Cost and Freight,离岸加运费价格),即卖方负责运往目的港运费及上船前风险。

(4)支付方式。在合同条款中,常对支付方式作出规定。在国内贸易中,常用的是汇票,汇票结算是汇款单位或个人将款项交给当地银行,由银行签发汇票持往外地办理转账或支取现金的结算方式。支票是在本市可以流通的票据,它是另一种常用方式(一般有效期为5天),可以当时兑现,具有信用的可靠性。通常在市内用支票,在外地用汇票。此外,还可以采用托收承付、商业汇票、支票、银行本票和信用证等支付方式。这些支付方式的详细内容将在单元后续内容中详细介绍。以下介绍几种合同执行中常见的问题和处理方法。

①合同变更和解除。经当事人双方协商同意,在不影响国家和集体利益前提下,允许变更或解除合同。由于不可抗拒的天灾人祸使合同义务不能履行,或由于一方不能履行合同时,另一方有权通知对方解除合同。因变更或解除合同使一方受到经济损失(除法律上许可

免除责任以外),应由责任方赔偿对方经济损失。当事人一方发生合并、分立时,合同义务由变更后当事人承担。

②违反经济合同责任。当事人一方过错使合同不能履行,由过错方承担违约责任。由于不可抗力原因在取得有关证明后,允许延期履行,可部分或全部承担违约责任。一方违约造成损失超过违约金,还应付赔偿金,在明确责任后10天内偿付,逾期加罚。

③违反购销合同的责任。凡供方对产品品种、数量、规格、质量、日期等未按合同,或错发地点和收货单位;需方中途退货,未按期付款,提货,临时变更到货地点多支费用都认为是应负违约责任,根据情况酌付违约金或赔偿金。

④经济合同纠纷的调解和仲裁。当合同发生纠纷时,当事人应通过协商调解解决。如双方协商无效,一方可向工商管理局合同仲裁部门或人民法院提出请求或起诉,要求帮助调解;如调解仍无效,即可依法予以判决,起诉费最终由败诉方负担。一般规定仲裁申请期限为2年(纠纷发生后在2年以内起诉)。

⑤经济合同的管理。对于一个营销单位来说,经济合同的管理是十分重要的环节,这个环节抓好了,公司正常业务就可以有条不紊地进行,并可以减少或避免很多不应有的损失。

二、价格、票据、财务等相关知识

1. 发票相关知识

(1)发票的工商验证。购车后,由经销商开具正式发票,再到市工商局所属的机动车市场管理所办理验证手续。工商部门验证须有机动车统一发票第四联或调拨单。然后在发票上加盖验证章,进口车还需交验由经销商提供的海关货物进口证明或罚没证明书、商检证明书及相关申领牌照手续。

使用发票须知:在汽车消费信贷业务中,购车发票扮演着重要的角色。依据《购车合同书》第五条有关规定:乙方(指贷款购车人)在未将车发票、合格证及车辆购置附加费凭证交甲方(银行和经销商)保存期间,不得将所购车辆转让、变卖、出租、重复抵押或做出其他损害甲方权益的行为。因此,该发票与普通购车发票的开具和使用均不同,贷款购车发票一式六联,分别为一存根联、二发票联、三记账联、四注册登记联、五报销联和六抵扣联,其中,第二联和第四联原件提供给银行存留,经销商存留复印件。

(2)发票使用具体事项。

①单位购车,按单位公章名称填写购货单位栏,必须完全相符,名称不得漏字、错字、多字。个人购车,按个人居民身份证姓名填写购货人,必须完全相符。

②单位购车,根据其法人代码证填写组织机构代码。个人购车,根据其居民身份证号码。

③根据所售车辆的合格证如实填写车辆类型、厂牌型号、产地、合格证、发动机号、车架号码,如为进口车,还需填写进口证明及商检单号码,签订购销合同的还需填写合同单号。

④此发票为零售发票,开具时一车一票,单价填写所售车辆的售价,应根据银行进账单或所收取现款额如实填写,不得弄虚作假。

⑤价外费用包括向购货方收取的车辆售价之外的其他费用,包括接车服务费、出库费、

售后服务费等,需按具体项目名称分栏如实填写。

⑥根据车辆售价及价外费用合计数填写大、小写金额,大写金额一定要封头,"壹贰叁肆伍陆柒捌玖零"必须书写正确,小写金额必须紧接人民币符号"￥"填写。

⑦销货单位信息应填写:公司名称、地址、电话、纳税人识别号、开户银行、账号。

⑧开票人、收款人项目应填写齐全。

(3)其他注意事项。

①发票各联必须复写,一式六联,按发票号码顺序使用,逐栏如实填写清楚。

②发票开具后,第二联发票联和第四联注册登记联交给购货方,第三联记账联由开票人员于每月×日前和×日前分两次交给财务部记账用,其他联不得撕毁,应与存根联一并完好保存。如若发票开错,应加盖作废戳记,不得撕毁,并另行开具正确发票。

③购货方为最终用户的,开具此机动车销售统一发票。购货方为经销单位的,需到财务处开具增值税专用发票。

④如因购货方责任使发票各栏项目填写错误不能上户,须重开发票的,加收50元手续费。如因开票人责任使发票各栏项目填写错误不能上户,须重开发票的,罚款20元。

2. 财务结算相关知识

结算方式是指在一定事实条件下用何种形式来实现各单位之间货币支付的程序和方法。它是办理结算业务的具体组织形式。结算方式的内容主要有:交易货款支付的时间、地点和条件;商品所有权转移的时间、条件;结算凭证及其传递的程序、方法等。

支付结算方式,是指通过银行划转款项或票据给付来完成某种货币资金收付所采用的具体形式。根据有关规定,支付结算包括票据、信用卡和汇兑、托收承付、委托收款等结算方式,各种结算方式适用范围见表3-3。

各种结算方式适用范围　　　　　　　表3-3

支付结算方式	国内(同城)	国内(异地)	国　际
银行本票	√		
支票	√		
商业汇票	√	√	
银行汇票		√	
汇兑		√	
托收承付		√	
委托收款	√	√	
信用卡	√	√	
信用证	√	√	√

(1)银行本票。银行本票,是由银行签发的,承诺自己在见票时无条件支付确定金额给收款人或者持票人的票据。采用银行本票方式时,收款单位按照规定受理银行本票后,应将银行本票连同进账单据送交银行办理转账,根据盖章退回的进账单第一联和有关原始凭证编制收款凭证;付款单位在填报"银行本票申请书"并将款项交存银行,收到银行签发的银行本票后,根据申请书存根联编制付款凭证;企业因银行本票超过付款期限或其他原因要求退

款时,在交回本票和填制的进账单经银行审核盖章后,根据进账章第一联编制收款凭证。

银行本票分为转账和现金两种。申请人或收款人为单位的,只能申请签发转账银行本票;申请人和收款人均为个人时,可以申请签发现金银行本票。

银行本票的适用对象是在各商业银行辖属营业机构开户的单位和个人需要在本市票据交换区域内支付各种款项时,可以申请使用银行本票。

采用银行本票方式,应注意以下几个问题:

①由于银行本票受理银行见票即付,不予挂失,对于银行本票应视同现金,妥善保管;

②银行本票的提示付款期限自出票之日起最长不得超过1个月,逾期后,兑付银行不予受理。

③受理银行本票的企业,应注意审查票据的有效性,审查的内容同银行汇票基本一致。

(2)支票。支票是出票人签发的,委托存款业务的银行在见时无条件支付确定的金额给收款人或者持票人的票据。

支票适用于在商业银行辖属营业机构开立存款账户的单位和个人,凡在本市内票据交换区域内支付各项款项,都可以使用支票。

采用支票方式的,对方于收到支票的当日填制进账单连同支票送交银行,根据银行盖章退回的进账单记账联和有关原始凭证及时编制付款凭证。

支票支付方式具有如下特点:

①支票不限定支付方式,可以用于支取现金,也可以用于转账。支票可以流通转让,但用于支取现金的支票除外。在左上角划有两条平行线的支票只能办理转账,不得支取现金。单位和个人签发现金支票,应符合国家现金管理的规定。

②支票的提示付款期限自出票日起10天,到期日如遇例行假日顺延。持票人委托开户银行收款时,应作委托收款背书,在支票背面"背书人签章"栏签章,记载"委托收款"字样、背书日期,在"被背书人"栏记载开户银行名称。

③出票人签发空头支票、签章与其预留银行签章不符的支票,银行应予以退票,并按票面金额处以5%但不低于1000元的罚款;同时按票面金额处以2%的赔偿金赔偿持票人。

④记载内容完整的支票遗失后,失票人可通知出票人开户行办理挂失止付手续。银行受理挂失止付时,按票面金额0.1%向挂失止付人收取手续费,手续费不足5元的,按5元计收。

(3)商业汇票。商业汇票是出票人签发的,委托付款人在指定日期无条件支付确定的金额给收款人或持票人的票据。商业汇票按其承兑人的不同可分为商业承兑汇票和银行承兑汇票。商业承兑汇票由银行以外的付款人承兑,是由出票人签发经付款人承兑,或由付款人签发并承兑,或由收款人签发经付款人承兑的票据。银行承兑汇票是由出票人签发并由其开户银行承兑的票据。这种支付方式只有当银行开立存款账户的法人以及其他组织之间具有真实的交易关系或债权债务关系时才能使用。

采用商业汇票方式,应注意以下几个问题:

①在银行开立存款账户的法人以及其他组织之间,必须具有真实的交易关系或债权、债务关系。

②商业汇票承兑后,承兑人负有到期无条件支付票款的责任。如承兑人或承兑申请人

账户不足支付票款,凡属商业承兑汇票的,银行将汇票退还给收款人,由其自行处理,对出票人尚未支付的汇票金额按照每天 0.05% 计收利息。

③商业汇票的付款期限,最长不得超过 6 个月。

商业汇票由购货单位或销货单位签发,经购货单位或其开户银行承兑并于到期日向持票单位支付款项。

这种结算方式在国际上较为流行,因为这种方式的权利和义务比较明确,具有较高的信用,有利于及时收回货款,便于融通资金,是一种较好的信用支付工具。使用这一方式必须在合同中写明使用商业承兑汇票或银行承兑汇票方式,销货单位收到汇票及时发货,购货单位对到期汇票可以提出抗辩。付款单位和银行对其已承兑商业汇票的,不得以交易纠纷和本身承兑责任拒付票款。

(4)银行汇票。银行汇票是出票银行签发的,由其在见票时按照实际结算金额无条件支付给收款人或者持票人的票据。银行汇票的出票银行为银行汇票的付款人。

银行汇票分为转账和现金两种。申请人或收款人为单位的,不能申请现金银行汇票;申请人和收款人均为个人时,可以申请现金银行汇票。单位和个人的各种款项结算均可使用银行汇票。

银行汇票按使用范围分为全国银行汇票、华东三省一市(江苏、浙江、安徽、上海)银行汇票。全国银行汇票在全国范围内流通转让,华东三省一市银行汇票在华东三省一市范围内流通转让。

银行汇票结算一般规定必须记名,不准流通转让,不准涂改伪造。银行汇票的提示付款期限为自出票起 1 个月,逾期的汇票银行不予受理。汇款单位或个人必须同时将"汇票"和"汇款解讫通知"提交汇入银行,缺少任何一联凭证均为无效。汇款单位如确定不了收款单位,可填写汇款单位指定人员姓名,收款人可以在汇入行开立临时存款户,分期、分次支取。

银行汇票结算有灵活方便的优点,由汇款单位或汇款人自行持汇票到外地办理转账或支取现金,可持汇票直接向收款单位办理结算。如需转汇,可委托汇入银行办理信汇、电汇;此外,也可以用票汇(自己将汇票寄给收款单位)。

银行汇票使用程序有"出票""提示""承兑""付款"等步骤。

①"出票"是指当地银行在汇票上填写付款人、付款金额、付款日期、地点以及收款人等项目,经签字后交付给收款人的行为。

②"提示"是指持有人将汇票交付款人要求承兑和付款的行为。付款人看到汇票如系即期汇票,应立即付款。如系期票应办理"承兑"手续,到期付款。

③"承兑"是指付款人对期票表示承担到期付款责任的行为。手续是付款人在汇票正面写上"承兑",说明承兑日期并签名,再交还持有人。

④"付款"是指付款人见票后即期或到期付款的行为。

采用银行汇票方式,应注意以下几个问题:

①银行汇票的付款期为 1 个月,逾期的票据,兑付银行不予办理。

②受理银行汇票的企业,应注意审查票据的有效性,其中包括:银行汇票和解讫通知是否齐全;汇票号码和记载的内容是否一致;收款人是否确为本单位或本人;银行汇票是否在

提示付款期限内；必须记载的事项是否齐全；出票人签章是否符合规定，是否有压数机压印的出票金额，并与大写出票金额一致；出票金额、出票日期、收款人名称是否更改，更改的其他记载事项是否由原记载人签章证明。

③银行汇票和解汇通知必须由收款人或被背书人同时提交银行，缺少任何一联均无效，银行不予办理。

（5）汇兑。汇兑是汇款人委托银行将其款项支付给收款人的结算方式。汇兑分为信汇、电汇两种方式，由汇款人在填写汇兑凭证时选择。采用汇兑结算方式的，收款单位对于汇入的款项，应在收到银行的收账通知时，据以编制收款凭证；付款单位对于汇出款项，应在向银行办理款项后，根据汇款回单编制付款凭证。

（6）托收承付。托收承付是指根据购销合同由收款人发货后委托银行向异地付款收取款项，由付款单位向银行承认付款结算的方式。

这种结算方式由卖方发出货物后，开具汇票连同全套货运单据，委托银行在买方所在地分行或代理银行向买方收取货款。托收根据交单条件不同又分为"付款交单"和"承兑交单"，前者在买方交清货款后，银行才能交出货运单据（提货单）；后者在买方承兑汇票后，就能从银行取回货运单据。

有时付款人会拒付货款。拒付是指汇票在"提示"时，遭到付款人拒绝付款或拒绝承兑。"拒付"通常是由于到货与合同规定要求不符等原因导致，发生这种情况时双方应及时协商妥善解决。因为"托收"方式属于商业信用，银行只作委托人、代理人身份，既无检查发运单据是否齐全或正确的义务，也无必须为付款人承担付款的责任。

有关银行还规定每笔结算起点金额为1万元，新华书店系统每笔的结算起点的金额为1000元。

（7）委托收款。委托收款是收款人委托银行向付款人收取款项的结算方式。委托收款结算凭证按款项划回的方式不同，分为邮寄和电汇两种，由收款人选用。

单位和个人凭已承兑的商业汇票、债券、存单等付款债务证明办理款项的结算，均可使用委托收款结算方式。

（8）信用卡。信用卡是指商业银行向个人和单位发行的，凭其向特约单位购物、消费和银行存取现金，且具有消费实用的特制载体卡片。

采用信用卡方式的，收款单位对于当日受理的信用卡签购单、填写汇总单和进账单，连同签购单一并送交收单银行办理进账，在收到银行收账通知时，据以编制收款凭证；付款单位对于付出的信用卡资金，应根据银行转来的付款通知和有关原始凭证编制付款凭证。在私人购车中使用这种方式是较普遍的。

（9）信用证。信用证结算方式，是国际结算的一种主要方式。经中国人民银行批准经营结算业务的商业银行总行以及经商业银行总行批准开办信用证结算业务的分支机构，也可以办理国内企业之间商品交易的信用证结算业务。

关于信用证的定义很多，这里介绍一下国际商会在"跟单信用证业务指南"中对信用证的定义："跟单信用证是银行有条件的付款承诺。更详细地说，信用证是开证银行根据申请人的要求和指示，向受益人开立的，有一定金额的，在一定期限内，凭规定的单据，在指定的地点支付(即付款、承兑或议付汇票)的书面保证。"

关于信用证的详细内容,读者可参考相关资料自行学习。

三、汽车保险相关法律法规

由于汽车的广泛使用,汽车所产生的交通事故频繁发生,给人们带来了极大的威胁,因此汽车保险业务应运而生。目前,汽车保险业务约占了财产保险公司总业务量的50%,已成为我国保险市场的主要险种。车主在投保后,一旦出险即可获得保险责任范围内的赔偿,避免交通事故带来巨大的经济损失。为了更好地保证车主的权益,目前第三者责任险已作为机动车辆强制性投保险种。如果不投保该险种,车辆就无法上牌和年检。

1. 投保时的称呼

投保时被保险人是指受保险合同保障的汽车的所有者,也就是行驶证上登记的车主。保险人是指保险公司,在汽车保险中,就是有权经营汽车保险的保险公司。在保险合同中,保险人是第一方,也叫第一者;被保险人或致害人是第二方;除保险人与被保险人之外,因保险车辆意外事故而遭受人身伤害或财产损失的受害人是第三人,即第三者。

2. 投保时的各项文件

销售人员在为顾客办理保险手续时,应明确告知顾客各项文件的作用。

(1)投保单。投保单是指投保人申请投保的一种书面凭证。投保单通常由保险公司提供,由投保人填写并签字或盖章后生效,保险公司根据投保人填写的投保单内容出具保险单正本。

(2)保单。保单也成为保险单正本,是保险公司与投保人订立保险合同的书面证明。

(3)保险单。保险单由保险公司出具,主要裁明保险公司与被保险人之间的权利、义务关系,是保险人向保险公司进行索赔的凭证。

(4)保险卡。保险卡是由保险公司签发给保护的、记载保险单正本中的主要内容、供保户随身携带的卡片或简单的凭证。

(5)批单。批单是指为变更保险合同内容,保险公司出具给被保险人的补充性的书面证明,与保单具有同等的合同约束力。

3. 汽车常见保险种类

汽车保险种类主要分为两大类。

(1)交强险。交强险即交通强制保险,属国家强制类保险,是必须要购买的,一般在投保当天晚12点生效。

(2)商业险。商业险是车主根据个人需求随意购买的,商业险又包括基本险和附加险。其中,基本险包括车损险(汽车在行驶过程中发生的碰撞、颠覆等损失的赔付)、商业第三者责任险(同交强险相同,在扣除交强险赔付额后,不足部分由商业第三者赔付)、座位险(座位险又称为车上人员责任险,主要用来保障车上乘客的一个险种)等。附加险主要包括:盗抢险、玻璃单独破碎险、车身油漆单独损伤险、自燃险、涉水险等;附加险是在购买了基本险的条件下方可投的险种(附加险新车一般不保,但是如果顾客购车的时候是贷款购买的,而且采用的是抵押贷款的模式,很多银行和信贷机构会要求顾客一定要投保盗抢险)。由于各保险公司对各险种都会有一定的免赔额限定,所以投保后一般都建议购买不计免赔险。

不计免赔险的正式名称为不计免赔率特约条款,是车险的一个附加险种,车主只要投保了这个险种,就能把本应由自己负责的 5%~20% 的赔偿责任再转嫁给保险公司。由于这个附加险保障全面,而费率却相对较低,所以一经推出就很受车主欢迎。

销售人员可以根据顾客需要,给顾客进行介绍和推荐,但是切记,在办理保险业务过程中,销售人员只能给予建议,而不能左右顾客的思想,否则会让顾客产生厌恶心理。

4. 投保的技巧

销售人员了解投保的技巧可以给予顾客一定的参考意见,专业的意见会建立顾客与销售人员之间的良好关系。

(1) 提高免赔额。免赔额是在保险公司赔偿被保险人的损失之前被保险人自己必须交付的金额。因为保险并不单纯是解决小问题,主要是帮助人们抵御一些自己不能应对的危机,提高免赔额能大幅降低保险费用。

(2) 缩小投保的范围。个人汽车更新换代的速度非常快,新车很快就会变旧,如果任何索赔金额小于保费减去免赔额,那么这种保险并不值得购买。

(3) 购买适合自己汽车的保险。在新车市场上,消费者的选择非常多,所以必须时刻保持自己的理性;那些盗抢率高、维修费用昂贵的汽车会花更多的保险费。投保人可以选择一款"保险价值"相对低廉的汽车,这样就可以省下不少保险费。

(4) 选择第三者责任险的赔偿限额。第三者责任险的保险金额要根据需要按以下档次选择。第三者责任险额共有 6 个档次,分别是 5 万元、10 万元、20 万元、50 万元、100 万元和 100 万元以上,最高不超过 1000 万元。一般私家车可以选择投保 50 万元。但在实际保险合同的签订过程中,赔偿限额超过一定的金额,要与保险公司协商双方同意后投保。不同档次的赔偿限额差距很大,但是相应保费的差距并不大。例如,一辆桑塔纳轿车,赔偿限额 5 万元的相应保费为 1040 元,10 万元的为 1300 元,保额相差 5 万元,而保费则只相差 260 元。

(5) 选择车上责任险。如果顾客车上所乘坐的朋友较多,而且经常发生改变,则销售人员也应建议顾客投保车上责任险,用以满足意外交通事故发生时的医疗费用。

(6) 不计免赔特约保险。在车损险和第三者责任保险中,保险公司都只会按照车主在事故中的责任来进行赔偿,一般只赔偿实际损失的 80%~95%,这可能会给车主带来比较大的损失,所以销售人员可以建议顾客投保不计免赔特约保险。车主投保了这个险种才能得到损失的 100% 赔偿。

(7) 投保额的确定。一般情况下,车主在投保时都会担心自己是否多花钱超额投保,这时候,销售人员可以根据情况给予顾客合适的建议。一般情况下,销售人员可以建议顾客选择足额投保,即车辆价值多少就保多少。

单元能力检测

一、单项选择题

1. 营销洽谈的结果(达成交易)要用(　　)形式来确定。
   A. 经济合同　　　　B. 协议　　　　C. 公证书　　　　D. 行政合同

2. 合同应是( )签署的,合同格式中载明成交双方所达成的协议,包括所有的附件、附录和构成合同的其他文件。

　　A. 三方以上　　　　B. 成交双方　　　　C. 三方　　　　D. 单方

3. 长期合同是指合同期在( )以上的合同。

　　A. 一个季度　　　　B. 一个月　　　　C. 一年　　　　D. 三年

4. 发票开具后,( )和第四联注册登记联交给购货方。

　　A. 第二联　　　　B. 第三联　　　　C. 第一联　　　　D. 第六联

5. 银行汇票分为( )和现金两种。

　　A. 支票　　　　B. 转账　　　　C. 现金支票　　　　D. 以上都不正确

二、多项选择题

1. 以下属于无效经济合同的是( )。

　　A. 违反法律和行政法规的合同

　　B. 采取欺诈、胁迫等手段所签订的合同

　　C. 违反国家利益或社会公共利益的经济合同

　　D. 由代理人签订,但没有超出代理权限的合同

2. 通常在市内使用( ),在市外使用( )。

　　A. 支票、汇票　　B. 汇票、支票　　C. 汇票、汇票　　D. 支票、支票

3. 逾期交货的,遇价格上涨时按( )执行;价格下降时按( )执行。

　　A. 原价格、新价格　　　　　　　　B. 新价格、原价格

　　C. 新价格、新价格　　　　　　　　D. 原价格、原价格

4. 以下对经济合同纠纷的调解和仲裁描述正确的是( )。

　　A. 当合同发生纠纷时,当事人应通过协商调解解决

　　B. 如双方协商无效,一方可向工商管理局提出请求或起诉,要求帮助调解

　　C. 如调解仍无效,即可依法予以判决,起诉费最终由败诉方负担

　　D. 一般规定仲裁申请期限为5年(纠纷发生后在2年以内起诉)

5. 汽车保险种类主要分为( )两大类。

　　A. 主险　　　　B. 附加险　　　　C. 不计免赔险　　　　D. 特殊险

三、填空题

1. 经济合同_____都应当采用书面形式。

2. 经济合同的无效由_____或者_____确认。

3. 逾期提货或逾期付款,遇价格上涨时按_____执行;下降时按_____执行。

4. 使用发票时,购货方为_____的,开具此机动车销售统一发票。

5. 购货方为_____的,需到财务处开具增值税专用发票。

四、判断题

1. 订立合同双方当事人必须具有法人资格,法人在订立经济合同时,不得超越其合法经营范围。　　　　　　　　　　　　　　　　　　　　　　　　　( )

2. 无效的经济合同从认定之日起就开始没有法律约束力。　　　　( )

3. 确认经济合同部分无效的,就算不影响其余部分的效力,也仍然无效。　　(　　)
4. 保单也称为保险单正本,是保险公司与投保人订立保险合同的书面证明。　(　　)
5. 发票开具后,第三联发票联和第四联注册登记联交给购货方。　　　　　(　　)

单元三　汽车消费信贷业务办理知识

单元要点

1. 汽车信贷的条件;
2. 汽车消费信贷基本操作流程;
3. 汽车贷款银行审批程序流程图;
4. 贷款购车相关方需按程序办理的事宜;
5. 贷款购车需要支付的费用。

相关知识

所谓汽车消费信贷,即对申请购买轿车借款人发放的人民币担保贷款,是银行与汽车销售商向购车者一次性支付车款所需的资金提供担保贷款,并联合保险、公证机构为购车者提供保险和公证。我们常说的汽车按揭业务指的就是为消费者提供汽车消费信贷业务。

近年来,我国汽车工业发展迅速,已成为全球新车销量最大的市场。但与汽车行业持续稳定发展相比,我国汽车贷款业务处于增长缓慢的阶段。汽车消费贷款在汽车销售中所占的份额约占我国汽车销售总量的 70%,而 2013 年我国汽车消费贷款的比例仅为 20% 左右,这一比例显示,我国汽车抵押贷款市场前景光明。

一、汽车信贷的条件

贷款的个人要具有稳定的职业和经济收入或易于变现的资产,足以按期偿还贷款本息;贷款的法人和其他经济组织要具有偿还贷款的能力;有贷款银行认可的资产进行抵押或质押,或(和)有符合规定条件的保证人为其担保;提出借款申请时,有不低于银行规定的购车首期款存入经办银行。

在贷款银行指定的汽车经销商处购买汽车。

另外,各个商业银行还有各自相关的贷款条件,请大家参阅相关银行的汽车信贷政策和信贷规定。

二、汽车消费信贷基本操作流程

(1)客户到各经销点或服务处咨询,并将应提供的资料交付经销商。
(2)经销商初审并与客户签订合同。

汽车贷款办理

(3)经销商向银行推荐。

①贷款申请条件(以下为个人申请贷款)。到银行网点提出贷款申请,必须满足以下条件(以下以工商银行为例进行介绍):在中国境内有固定住所,有当地常住户口或有效居住证明,具有完全民事行为能力的中国公民;有正当的职业和稳定的收入来源,具有按期偿还贷款本息的能力;遵纪守法,没有违法行为及不良信用记录;能够提供银行认可的有效权利质押物或抵押物或具有代偿能力的第三方保证;若为"间客式"贷款(间客式:借款人到工商银行特约汽车经销商处选购汽车,提交有关贷款申请资料,并由汽车经销商转交工商银行提出贷款申请),银行经贷款调查审批同意后,签订借款合同、担保合同,并办理公证、保险手续,还需持有与特约经销商签订的购车协议或购车合同;在工商银行开立个人结算账户,并同意银行从其指定的个人结算账户扣收贷款本息;银行规定的其他条件。

②贷款金额。以质押方式担保的,或银行、保险公司提供连带责任保证的,贷款最高额可达到购车款的80%;以所购车辆或其他财产抵押担保的,贷款最高额可达到购车款的70%;以第三方(银行、保险公司除外)保证方式担保的,贷款最高额可达到购车款的60%。

③贷款期限。汽车消费贷款一般为3年,最长不超过5年(含)。

④申请贷款应该提交的资料。借款人向银行申请个人汽车消费贷款,需要提交如下资料:

a. 贷款申请审批表。

b. 本人有效身份证件及复印件。

c. 配偶的有效身份证件原件及复印件以及同意抵押的书面证明。

d. 居住地址证明(户口簿或近3个月的房租、水费、电费、煤气费等收据)。

e. 职业和收入证明(工作证件原件及复印件;银行代发工资存折等)。

f. 有效联系方式及联系电话。

g. 提供不低于规定比例的首付款凭证。

h. 贷款担保证明资料。

贷款担保可采用权利质押担保、抵押担保或第三方保证。

采用质押担保方式的,质押物范围包括借款人或第三人由工商银行签发的储蓄存单(折)、凭证式国债、记名式金融债券,银行间签有质押止付担保协议的本地商业银行签发的储蓄存单(折)等。

采用房产抵押担保的,抵押的房产应为借款人本人或其直系亲属名下的自由产权且未做其他质押的住房,并办理全额财产保险。

采用第三方保证方式的,应提供保证人同意担保的书面文件、保证人身份证件原件及复印件、有关资信证明材料等。

i. 在工行开立的个人结算账户凭证。

j. 银行规定的其他资料。

(4)客户在银行开户并存入首付款。首付款应根据顾客所选择的车型、购车单位和开户银行来决定。一般首付款项目包括:车价的30%的金额;车辆购置税(新出台的《中华人民共和国车辆购置税法》规定,自2019年7月1日起,所有应税车辆的税率都定为

10%）；保险费（为按揭期限再加3个月保费，如贷款3年则保费为3年零3个月的保费）；上牌杂费与上牌服务费等。但不同的企业和保险公司对首付款的要求也不尽相同，例如吉利车系，由于车价本身较低，因此在缴纳首付款的要求上相对较高。以下以一顾客购买吉利博瑞2018款1.8T舒适智领版，首付30%，还款期限3年为例进行介绍。

车辆售价：144800元；

首付款：144800×0.3＝43440元；

贷款额：101360元；

月付额度：3049元（银行贷款基准利率3年期为5.25%）；

车辆购置税：144800×10%＝14480元；

上牌费：500元；

车船使用税：480元；

交通事故责任强制保险：950元；

商业保险费：车损险2034元＋第三者责任险1252元（赔付额度50万元）＋车上人员责任险250元（五座）＋不计免赔特约险657元＝4193元；

首期付款总额＝首付款＋车辆购置税＋上牌费＋车船使用税＋交通事故责任强制保险＋商业保险＝43440＋14480＋500＋480＋950＋4193＝64043元。

备注：除缴纳以上费用外，顾客还应支付相应的手续费。

（5）银行对客户审定并办理贷款有关手续。银行在受理借款申请后，有权对借款人和保证人的资信情况进行调查，对不符合贷款条件的，银行在贷款申请受理后15个工作日内通知借款人；对符合贷款条件的，银行将提出贷款额度、期限、利率等具体意见，及时通知借款人办理贷款担保手续，签订《汽车消费借款合同》。

如果借款人在贷款行指定的保险公司预办抵押物保险，并在保单中明确第一受益人为贷款行，保险期限不得短于贷款期限。

（6）银行将款划拨经销商账户。

（7）经销商与客户办理抵押登记手续及各类保险。借款人以所购汽车作抵押的，其保险单、购车发票等凭证在贷款期间由贷款行保管。在合同期内，贷款行有权对借款人的收入状况、抵押物状况进行监督，对保证人的信誉和贷偿能力进行监督，借款人和保证人应提供协助。

（8）对合同协议进行公证。

（9）办理车辆上牌手续，交车给客户。

（10）客户按期交款。

前面所介绍的为最常见的汽车消费信贷基本操作流程，但由于汽车消费信贷将会受到顾客所选品牌经销商、银行、车型等因素的影响，因此销售人员为顾客办理汽车消费信贷业务时应具体参照公司要求执行。

前面我们介绍的都是个人贷款的相应情况，如果是公司贷款又应该如何操作呢？

公司贷款申请条件如下（以大众金融为例）：

a. 公司需成立一年以上；

b. 申请表；

c. 公司营业执照，组织机械代码证；

d. 贷款卡；

e. 法人授权书；

f. 近3年财务报表(最好是审计过的)；

g. 公司近半年的银行对账单(以上7项为必须项)；

h. 公司章程；

i. 公司营业场所租赁合同；

j. 法人(作为共同借款人)需提供以下资料：身份证、法人名下近半年的银行对账单、房产证明或购房合同。

这里需要强调，不同的银行或者金融机构对于所需要提供的材料并不一致，销售人员要具体了解，根据实际情况对客户进行要求。

三、汽车贷款银行审批程序流程图

汽车贷款银行审批程序流程如图3-3所示。

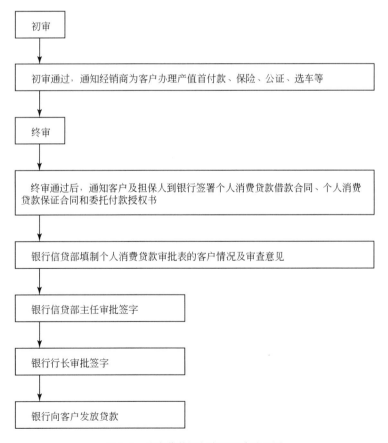

图3-3 汽车贷款银行审批程序流程图

四、贷款购车相关方需按程序办理的事宜

贷款购车相关方需按程序办理的事宜见表3-4。

贷款购车相关方程序办理事宜表　　　　表3-4

相关方	办理的事宜
借款人——个人/法人	1. 向银行特约经销商咨询； 2. 将必需的材料提交特约经销商初审； 3. 经销商初审； 4. 选定车型并交付首付款； 5. 借贷双方签订合同； 6. 进行公证、办理保险； 7. 按合同规定如期还款
特约经销商	1. 对借款人的申请及材料进行初审； 2. 向银行推荐办理车辆上牌手续并交车
贷款人——银行	1. 对借款人的申请及材料进行初审； 2. 初审通过，通知经销商为客户办理首付款、保险、公证、选车等； 3. 对借款人进行资信调查； 4. 银行受理批准； 5. 审查过后，通知客户及担保人到银行签署个人借款合同、个人消费贷款保证合同和委托付款授权书； 6. 银行信贷部填制个人消费贷款审批表的客户情况及审查意见； 7. 银行信贷部批准； 8. 银行行长批准签字； 9. 银行向客户发放贷款

五、贷款购车需要支付的费用

贷款购车需要支付以下费用。

（1）保险费用。保险费用的计算方法请参照相关的规定。

（2）担保费用。以贷款额度为基数，按年限计数，目前1年期1%直至5年期3.5%。

（3）车辆购置税。新出台的《中华人民共和国车辆购置税法》规定，自2019年7月1日起，所有应税车辆的税率都定为10%。

（4）验车上牌费。验车上牌各项费用为200~500元。例如，杭州目前收取的一般是200元。

（5）车船使用税。车船使用税根据排量定金额，例如1.4L的一般为150元，1.6L的为300元、1.8L的为360元、4.0L的为4500元。排量越大，车船使用税价格越高。

（6）车款。

（7）银行贷款利息。以初期贷款总额为基数，按签约时银行同期贷款利率计算，在还款期间如银行利率有变化，则随利率调整，一年一定。

在计算各项费用时，可以参考表3-5（金额栏请参考相关标准）。

银行贷款各项费用的计算表 表3-5

款　　项	计　算　公　式	选　　项	金额(元)
现款购车价格首付款	首付款＝现款购车价格×30%		
贷款额	贷款额＝现款购车价格－首付款		
月付款		还款期限 6个月 1年 1.5年 2年 3年	
车辆保险费	基础保费×(1＋与道路交通事故相联系的浮动比率)×(1＋与交通安全违法行为相关的浮动比率)	交强险	
	基数＋现款购车价×费率	车损险	
	限额5万元的基数 限额10万元的基数	第三者责任险 限额5万元 限额10万元	
	现款购车价×费率	全车盗抢险	
	(车损险＋第三者责任险)×费率	不计免赔特约险	
信用保险费	信用保险费＝贷款额×费率	6个月 1年 1.5年 2年 2.5年 3年	
购置附加费	现款购车价×费率		
公证费			
车船使用税	每年一定额		
上牌费	包括检测费、入籍费等		
验车费			
费用总计	贷款车款＝首付款＋月付款×贷款期限	贷款购车款	
	首期付款总额＝首付款＋保险费用＋牌证费用	首期付款总额	

六、案例介绍

为了更好地方便顾客,提升企业的顾客满意度,汽车销售公司一般都会选择帮助顾客办理相关汽车消费信贷业务,以下就以奔驰公司为例进行简单介绍。

1. 顾客办理信贷业务需要提供的清单

(1)个人。

①夫妻双方的身份证原件;

②夫妻双方户口簿(要求完整,不能缺页);

③婚姻证明(已婚提供结婚证,离异者提供离婚证或法院判决书,未婚者提供民政局出具的未婚证明);

④夫妻双方收入证明(要求加盖单位公章);

⑤房产证明(提供房产证明的原件,公房提供房卡,按揭房提供购房合同及首付款发票);

⑥提供近6个月的个人银行流水。

(2)公司。

①个人所需全套资信清单;

②公司营业执照/组织机构代码证/公司章程/验资报告原件及复印件上盖章;

③股东决议或董事会决议(盖公章);

④公司财务报表上一年度的年报及最新的月报,近6个月银行对账单等(盖公章);

⑤公司牌照需加收风险担保金(贷款额的1%)。

2.填写公司相应表格

具体表格见表3-6。

奔驰公司贷款填写表格　　　　　　　　　　　　　　　　表3-6

购车人:_____　客户性质:_____　联系方式:_____

车　价:_____万元　车　型:_____　贷款金额:_____万元　期限:_____年

首付款金额			险种	保险金额	保费
代办手续费			车损险		
公证抵押费			第三责任险(50万元)		
信用担保费		车辆保险	车上座位责任险(1万元×5座)		
垫资管理费			盗抢险(80%赔付)		
资信调查费			交强险		
牌证费	代收		不计免赔险		
车辆附加税	代收		进口玻璃险		
上牌服务费	现金		自燃险		
履约担保金	可退		保费合计		
每月还款	约		按揭费用总合计		
备注:					

注:(1)由于按揭业务的复杂性,具体请询业务顾问。

(2)客户必须履行在按揭期限内的车辆保险,在银行指定的保险公司投保,并在按揭期限内每月按时缴纳银行按揭约定的前提下还款,上述履约保证金在客户还清银行贷款之后可退,客户与担保公司的一切纠纷与本公司无关,特此说明。

(3)客户请在提车后3个工作日内上牌。上牌后将购车人发票(原件)、行驶证(复印件)、机动车登记证书(原件)、保险单(原件)、拿回且办理抵押登记。

3. 其他说明

(1) 购车人是否愿意在我公司推荐的担保公司办理车辆按揭手续。

愿意□	原因：
不愿意□	

(2) 申明：未在我公司代为办理按揭手续的个人或公司所发生的一切信贷纠纷与本公司无关。

销售顾问确认签名：_____　　购车人确认签名：_____

联系人：_____　　联系方式：_____

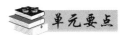

单元能力检测

1. 到银行网点提出贷款申请,必须要提供的材料有哪些?
2. 贷款购车的借款人所需要办理的事宜有哪些?
3. 贷款购车需要支付哪些费用?

单元四　新车办证业务

单元要点

1. 机动车注册登记;
2. 根据要求为顾客办理各项交易业务;
3. 机动车临时行驶车号牌和移动证;
4. 机动车行驶号牌;
5. 自选号牌;
6. 案例介绍。

相关知识

一般汽车公司都向顾客推出了"一条龙"服务,包括办证、保险、上牌、装潢、验车、索赔、施救、用车保障、旧车处理等一连串服务。因此,汽车销售人员除了掌握新车买卖的手续,更应该具体了解"一条龙"服务的内容,从而更好地服务顾客。

一、机动车注册登记

1. 机动车检验(或确认)

机动车在办理注册登记前,首先要进行机动车安全技术检验(国家机动车产品主管部门认定免于检验的车型除外)。机动车所有人或者代理人应当提交机动车来历凭证、国产机动车的车辆整车出厂合格证、进口机动车的进口凭证,车辆识别代号(车架号)拓印膜,确认和检验机动车的地点。

2. 提交的资料

注册登记所要提交的资料主要有：机动车注册登记/转入申请表，机动车所有人和代理人的身份证明和复印件，机动车来历凭证，国产机动车的整车出厂合格证，进口机动车的进口凭证，机动车车辆购置税的完税证明或者免税凭证，机动车交通事故责任强制保险单，机动车技术资料档案，法律、行政法规规定的应当在机动车注册登记时提交的其他证明、凭证。例如杭州需要提供的资料包括：发票联、报税联、居住证（外地顾客）、注册联、身份证、汽车发票复印件、拓印码等。

二、机动车临时行驶车号牌和移动证

临时号牌的使用带有时限性和区域性。从车辆购买地驶回使用地时，需在购买地车管所申领临时号牌；车辆转籍，已缴正式号牌时，需在当地车管所申领临时号牌，以便驶回本地；在本地区未申领正式号牌的新车，需驶往外地改装时，需在本地申领临时号牌，改装完毕后，在当地申领临时号牌驶回原地区；尚未固定车籍需要临时试用的。符合以上条件之一者，可向当地车管所申领临时号牌，办理时应讲明车辆行驶起止地点和使用临时号牌的时间。经管理人员审查和对车辆进行检查合格后，发给临时号牌，并签署有效期和起止地点。办理时所需要提交的资料有：机动车所有人和代理人身份证明和复印件；机动车来历凭证；国产机动车整车出厂合格证明或者进口机动车进口凭证；机动车保险凭证。

无牌证的车辆，需要在本地（市）辖区内移动时，发放移动证，如车站、码头、生产厂家移到仓库，车主提取新车，以及新车到车辆管理机关申报牌照或报停车辆申请复驶需要检验时，办理时应讲明车辆行驶起止地点、使用临时号牌的时间和行驶路线。经审查后，发给移动证，并签署有效期和起止地点。办理时需提交的资料有：机动车所有人和代理人身份证明和复印件；机动车来历凭证；国产机动车整车出厂合格证明或者进口机动车进口凭证。

三、机动车行驶号牌

购买汽车后，首先由车主凭以下凭证办理手续：机动车销售凭证，国产车合格证（改装车还须凭底盘合格证），车辆购置附加费（税）凭证，进口车还须凭海关进口证明，罚没车凭海关公安、工商罚没凭证，控购车还须凭控购指标证向保险公司办理第三者责任险；私车还须凭本人身份证及其复印件等手续，到当地县（市）公安局车管所领取机动车登记申请表，然后到机动车检测站检测，经检验合格后，到公安局车管所办理核发牌证手续。目前销售单位"一站式"服务工作站负责所销售并经过车管所备案批准的品牌、型号车辆的号牌的发放工作，购车后可以现场办理上牌手续。

四、自选号牌

自选号牌的流程这里就不再作详细介绍，仅以北京市为例，具体流程如图3-4所示。

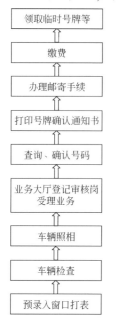

图3-4 自选号牌流程图

提示

一般的4S店都会帮助顾客办理车牌,帮助顾客解决后顾之忧。这样,可以为顾客赢得时间和精力,同时也能帮助商家赢得信誉和收益,达到双赢的结果。表3-7为某品牌4S店的顾客车辆上牌确认单。

某4S店顾客车辆上牌确认单　　　　　　　　　　　　　　　　　　　　表3-7

通知日期：　　　年　　月　　日

顾客名称				销售员	
联系人			联系电话		
厂牌型号		底盘号		发动机号	
车价			发票号		
购车方式	全款□	按揭□			
上牌要求	自拍号码□	代拍号码□	号码不变□	车牌号	
保险要求	自保□	代保□		保险合计	
财务预支款	现金：	支票(号码)：			
发票					
钥匙					
顾客预付款					
			停车费		
			照相、安装费		
			托盘费		
			加油费		
费用合计			补/退款费		
备注：					
用户签收:单据已收,款已结清,手续齐全,车况良好					
				车主签字：	
上牌服务人			结算额		

说明：本店可提供代顾客办理车辆上牌事宜,但随之产生的一切正常费用须由顾客自己承担;上牌时如果需要我店人员驾驶车辆者,请签字确认,并由顾客自负一切事项。

车主签字：_____

通知人：_____

销售部审核：_____　　财务审核人：_____

提示

一些有规模的汽车品牌4S店,都会有自己的"一条龙"服务,"一条龙"服务不但可以解决顾客的后顾之忧,还能帮助企业树立良好的形象。

五、案例介绍

1. 某品牌汽车4S店购车"一条龙"流程

购车"一条龙"可为顾客提供办理许多购车必备手续和缴齐主要税费的方便。准备购车时顾客需要带齐有关证件及足够资金,并按下列步骤办理。

第一步:谈妥价格,挑选好车辆后带顾客到银行交付车款。

第二步:交齐车款后,凭售车单位开具的售车发票,由交易单位业务人员陪同去驻场工商管理部门办理工商验证,盖讫工商验证章后,发票才能生效。售车单位同时将办好的商品车出库单和车钥匙、车辆合格证(进口车为商品车商检证明和海关进口货物证明)一并交付顾客手中。

第三步:销售人员陪同顾客到税务征稽处缴纳车辆购置税、购置附加费。

第四步:销售人员陪同顾客到驻场保险机构办理车辆保险手续(缴纳保险费)。

第五步:销售人员陪同顾客缴纳各项税费。

第六步:销售人员陪同顾客办理验车、上牌照手续,开具车辆移动证。市场综合服务部都可为顾客办理验车、上牌照服务。

第七步:执照片及行驶执照代用证,到车管分所领取行驶执照(进口车到市车管所领取)。

进口车购车后,需将发票、海关货物证明、商检证明送到市车管所,市车管所审核海关单(一般需要7~10天)之后才可以办理第四步以后的手续。公车购车程序需在办理完第五步程序后,去市财政局控办办公室换领控办审批单,然后才能办理第六步以后的手续。

2. 购车自办新车车牌及行驶证等流程

作为一名优秀的销售人员,除了要掌握帮助顾客在本公司办理相关业务之外,还要了解顾客自行办理新车车牌及行驶证的流程,这可以帮助顾客解决相关方面的疑问。

第一步:挑选适合顾客的车辆,并选好销售公司,办理停车泊位证明。

第二步:验证。购车后,由售车单位开具发票,再到市工商局所属的机动车市场管理所办理发票验证手续,并加盖工商验证章,进口车还需交验由经销商提供的海关货物进口证明或罚没证明书、商检证明书及相关申领牌照手续。

(1) 全款购车。顾客提供车款、身份证;车商提供:汽车销售发票、车辆保修手册、车辆使用说明书。车商可以代办缴纳车辆购置税、上牌等手续。

(2) 定金购车。

(3) 按揭购车。须提供身份证、户口簿、住房证明、收入证明、两张一寸照片(已婚者须提供配偶身份证、结婚证)。

第三步:办理移动证。验证后车主要到户口所在地的交通大队(或其驻场代办处)办理车辆移动证。须提供车主身份证、机动车来历凭证(国产机动车整车出厂合格证明或者进口机动车进口凭证)。

第四步：上保险。购买新车必须承保保险，且一定要在领取牌照之前办理。一般汽车交易市场都有保险公司代办机构，在购车时一起完成保险手续。

第五步：领取车牌照。完成上述程序后，就可到指定的车管所领取牌照。领取牌照需要带以下证件：购车发票、车辆合格证、个人身份证以及以上三项的复印件、保险单、购置附加税证、验车合格的机动车登记表及停车泊位证明。

单元能力检测

1. 请简述新车办证的流程。
2. 办理机动车注册登记需要提交的材料有哪些？

单元五　新车交车流程

1. 交车概述；
2. 交车准备；
3. 交车内容；
4. 交车当天具体流程。

一、交车概述

交车是与顾客保持良好关系的开始，也是在购车过程中洋溢着喜悦气氛的时刻。交车时顾客的心理会发生很大的改变，一方面顾客会希望自己的新车能按时、按要求交货；另一方面，顾客也会对自己新车的一些操作和维修问题特别感兴趣，因此销售人员必须留有充分的时间来帮助顾客了解这些内容。这个过程中，销售人员可以通过标准的交车流程和车辆与服务的高品质让顾客对汽车销售公司的服务体制及商品保证有高度的认同，进而提升顾客满意度。

交车过程中，顾客的心理防线会相对松弛下来，但此时销售人员的精神状态则要高度集中，销售人员应当拿出最专业的水准来帮助顾客完成整个交车仪式，并能让顾客在整个过程中都能感受到销售人员的热情和愉悦的心情，将顾客的喜悦心情带到极点。

二、交车准备

正所谓"机会都是给予有准备的人"，一个准备充分的销售人员势必能帮助顾客完成最完美的交车仪式。以下以丰田公司为例进行介绍,具体流程见表3-8。

丰田公司交车准备流程　　　　　　　　　表3-8

步　　骤	执 行 要 点	预备物品
PDS(新车检查)申请	1.即使是在交车日期不能预定的情况下,也要定期与顾客保持联络;	—
联系交车日期	2.如果出现向顾客说明的预定交车日期发生延迟的情况,向顾客说明其原因及解决方案	—
确认车辆	1.确保举行交车仪式的场地(交车场所)并做好清扫; 2.交车日、交车时间决定之后,通知顾客并确认; 3.确认是否有车牌板、登记材料、保证书、保险证书、行驶证、其他材料等,提前检查妥当;	登记材料 保证书 保险证书 行驶证 交车验收单 ……
准备交车	4.确认顾客所要求的装备并检查此装备是否正常运作; 5.销售人员在交车前,应对照"交车验收单",对交付车辆进行验收、确认	

1.交车的电话预约

车辆达到公司后,销售人员应在第一时间将信息告知顾客,并跟顾客商定交车时间。通常采用的方式都是电话预约,电话预约的内容包括以下几点:

(1)销售人员应告诉顾客交车所需要的时间较长;

(2)询问顾客最方便的交车时间和地点;

(3)询问顾客交车时,将与谁同来(销售人员可以事先做准备);

(4)销售人员应询问顾客是否需要安排车辆进行接送;

(5)销售人员应对顾客表示祝贺。

交车前的准备

电话预约过程中,销售人员一定要注意礼貌问题,要注意语言措辞,要让顾客感觉到自己被重视。此外,电话预约过程中,销售人员一定要注意跟顾客之间的确认并做记录,对一些重要内容(例如交车的时间和随行人员等),销售人员在通话过程中应跟顾客再次确认,并及时记录。在交车前一天,销售人员应再次跟顾客进行电话确认,防止顾客忘记。

2.进行场地布置

销售人员应事先布置好交车的场地;要确保场地没有其他用途,并打扫干净;要在交车区域内最明显的位置设立标示牌及标准作业流程的看板和告示牌,并要在展厅入门处设置好恭贺牌。

三、交车内容

交车时,销售人员一定要做到准确有序,要进行理性交车和感性交车的结合,以下以丰田公司为例进行介绍。

1.理性交车

(1)指引顾客办理相关的手续和文件,具体需要完成的事项每家公司都有相应的要求,销售人员在交车前应仔细检查确认。

(2)指引顾客检查验收车辆。指引顾客检查验收车辆是交车中非常重要的一项内容,销售人员在这个过程中,要详细地向顾客介绍车子的使用手册;介绍如何对待新车;从车辆的大小、性能、使用方法等一般性介绍入手,再介绍开关类、控制类的操作方法;跟顾客确认所定购的选购件、附属件等。在完成车辆的检查和验收之后,销售人员应让顾客在确认书上签字。

2. 感性交车

如果说理性交车可以让顾客对公司的服务感到满意和信任,那么感性交车则是建立与顾客之间感情的最好方法。所谓感性交车就是指在交车当日为顾客营造一种愉悦、轻松的环境,让顾客切实感受到自己的重要地位,公司对其的尊重和在乎,满足顾客最高层次(尊重和自我实现)的需求。

感性交车的人员越多越好,在众多人员中还要约定几位领导和对顾客今后的服务有帮助的人士,例如丰田参加感性交车的人员一般包括销售经理、服务经理、服务顾问、销售人员和在场所有空闲的人员。

丰田感性交车的流程主要包括以下几个步骤:

(1) 将顾客引导至交车区;

(2) 介绍总经理(销售经理、任何可参与的人员)或服务经理(服务顾问)与顾客认识;

(3) 将新车钥匙交予顾客,再次热情恭贺并衷心感谢顾客;

(4) 与顾客合影;

(5) 赠予顾客礼品;

(6) 全体参与仪式者引导及欢送顾客离去;

(7) 预估顾客达到家的时间,并在第一时间询问驾驶情况,并再次表示祝贺。

交车的过程

四、交车当天的流程

以丰田公司为例,具体交车流程见表3-9。

丰田交车当天流程图　　　　　　　　　　　　　表3-9

步　　骤	执 行 要 点	预 备 物 品
将车辆移动至交车场所	1. 注意仪表外貌的整洁,面带微笑,并以响亮的问候声出迎;	
出迎、问候	2. 各项费用的清算; 3. 依照"安全注意事项",进行安全乘坐的说明;	安全注意事项 车主手册
至接待桌处进行说明	4. 递交分发物品(车主手册、保险证、行驶证、钥匙); 5. 关于保修及售后服务的说明;	保险证 行驶证 保证书
要求服务顾问(或维修人员)出席	6. 关于免费检修时期(5000km、10000km)的说明; 7. 务必邀请服务顾问(或维修人员)出席;	钥匙(包括备用钥匙)
实车说明	8. 服务顾问与销售人员使用"实车说明清单",用简单易懂的语言对顾客进行说明,说明完了以后,核对"交车验收单";	实车说明清单 照相机 交车验收单
交车仪式	9. 做一些为顾客留下美好纪念的策划(拍摄纪念照片、递交小纪念品等);	

续上表

步　骤	执行要点	预备物品
目送顾客离开	10. 请顾客在"交车验收单"上签名,把原件交给顾客,复印件交由经理保管; 11. 目送顾客离开到看不见车辆为止;	
内部管理系统内输入顾客信息和顾客跟踪管理	12. 向经理报告交车活动; 13. 使用 TACT 完成"交车完成输入"; 14. 在一周内与顾客联系,感谢购买车辆并询问车辆使用情况	

这里特别要强调一点,很多销售人员认为交车当天在送走顾客之后,销售人员的任务也就完成了,其实在送走顾客之后,销售人员还应进行对顾客信息输入和顾客的跟踪管理,在一周的时间内与顾客取得联系,再次感谢顾客的购买并询问车辆的使用情况。

单元能力检测

1. 请根据要求自行设计交车当天的流程。
2. 请完成顾客的电话交车预约。
3. 采用"头脑风暴法"对感性交车提出更多创新的思路。
4. 请具体阐述交车前应做的准备工作。

任务实施

交车是销售流程中至关重要的一步,是之前一切工作的反馈,因此,汽车销售人员必须很好地把握这个步骤,切实达到销售的目的。本学习任务通过对一些常见情境的模拟来指导学生掌握如何准确报价、如何处理客户异议、如何帮助顾客办理相关手续、如何为顾客安排新车交车流程等知识。对汽车销售人员来说,这是工作的最后一步,也是最关键的一步,为了确保这一步的顺利完成,建议按照以下行动过程来完成任务。

一、发现与明确问题

完成整个交车仪式,首先要让顾客能接受汽车销售人员所报出的价格,要能很好地排除顾客的异议,要从排除异议的过程中来缔结成交。因此,在这个环节中最关键的一点就是要排除顾客异议,缔结成交。

典型学习情境一:准确报价

报价是交车环节中的第一步,由于面对的对象是对所需求的车型有一定了解的顾客,所以报价这一关一定要很好地把握,如果报价过高,很有可能会让顾客觉得销售人员没有诚意;如果过低,可能会让销售人员陷入被动的局势。报价的方法有很多种,但是如何因人而异,并能准确把握报价时机,这就需要汽车销售人员切实了解顾客,通过第一次接触过程中所积累的大量的顾客资料和顾客在现场的反应来掌握报价时机和报价方式。

(1)迅速找到顾客的背景资料,资料主要内容见表3-10。

顾客的背景资料　　　　　　　　　　　　　　　　表3-10

顾客姓名	性别	年龄	主要特征	所购车型	是否回访	回访理由	职业	前一次的态度,属于哪一类潜在顾客	备注

(2)找出顾客最关注的问题,是价格、车辆的性能抑或是其他理由,并牢记心中。

二、接待顾客

典型学习情境二:处理顾客异议

(1)在跟顾客的交谈过程中,要注意分辨顾客异议的类型,并采取相应的方法进行排除。
(2)在交谈过程中,随时记录顾客所带给你的一些重要信息,特别是记录顾客的需求。
(3)对顾客的需求进行总结。

典型学习情境三:缔结成交

在有针对性地排除顾客异议后,汽车销售人员可以把握机会,顺势缔结成交。
(1)在交谈过程中,汽车销售人员可以对顾客进行成交试探。
(2)当汽车销售人员捕捉到顾客的成交信号时,可以借助一些小礼品、优惠政策等对顾客进行成交诱导。
(3)成交后,汽车销售人员应主动出击,帮助顾客办理预订等手续,并详细记录顾客的信息和相应的要求,建立顾客个人档案。预定顾客信息表见表3-11。

预定顾客信息表　　　　　　　　　　　　　　　　表3-11

顾客需求		定购车辆情况	
姓名		预定的车型	
电话		车型颜色	
职业		是否要上牌	
家庭住址		是否需要办理保险	
费用交付情况		是否需要其他装饰	
下订单日期		是否答应赠送其他礼品	
交车时间			
交车地点			
参加交车的人员			
是否需要接送			
备注	(可以填写其他事项)		

三、安排交车仪式

典型学习情境四:电话预约交车时间

(1)预定车型到位后,汽车销售人员可以电话联系车主,预约交车时间和地点。
(2)电话预约前,应仔细研究预定顾客信息表,设计电聊内容,并用笔进行记录。
(3)把顾客信息及设计好的电话内容放于眼前,然后用固定电话给顾客打电话。注意电话沟通礼仪,并说明电话联系的原因,联系好交车时间及地点和其他相应的内容。打电话过程中要注意认真记录。
(4)电话结束后,再次完成预定顾客信息表。

典型学习情境五:做好交车前准备

(1)根据顾客所提出的交车时间和地点以及参加人员,准备好相应的资料。
(2)为顾客量身定做交车当天的活动计划。
(3)按要求完成新车检查。
(4)在预约时间的前一天,应再次跟顾客进行电话联系,确认时间、地点以及参加人员是否有改变。
(5)按要求准备好所有的交车资料文件。
(6)对新车进行清洗。
(7)再次确认交车当天的活动计划。
(8)确定交车仪式参加人员。
(9)通知涉及的各相关部门人员具体的交车时间。
(10)布置好交车现场。

典型学习情境六:交车当天安排

(1)检查需要用到的工具,再次检查仪容仪表,然后准时出门迎接。
(2)见面后,先恭贺顾客,热情指引顾客到休息处就座,核对相关信息,签订相应文件。
(3)准确指引顾客办理其他相关手续。
(4)为顾客安排交车仪式,仪式中将新车钥匙(包括备用钥匙)和礼物交予顾客。
(5)送顾客离开。
(6)顾客离开后,按要求做好系列后续工作。

四、对交车业务进行评价

典型学习情境七:资料的汇总与整理

(1)你的交车流程顺利吗?
(2)顾客对你的满意度高吗?
(3)你有给顾客打电话进行回访吗?
(4)你对顾客的资料进行整理和输入了吗?
(5)整个交车流程中是否有存在遗憾的地方?

评价反馈

(1) 各小组分别制定一个交车业务的评价标准,经讨论后,形成全班的标准。
(2) 根据班级标准,每个学生对自己的工作进行自我评价,并填入表3-12中。

顾客完成新车交易学习任务学生自我评价表　　　　　表3-12

指导老师:

姓　名	项　目					总得分
	评价标准一	评价标准二	评价标准三	评价标准四	评价标准五	
评分理由						

组长(签名):　　　日期:

(3) 按照这一标准,对本小组和其他小组的工作进行评价,并将评价结果填入表3-13。

顾客完成新车交易学习任务小组评价表　　　　　表3-13

组别:

指导老师:

姓　名	项　目					总得分
	评价标准一	评价标准二	评价标准三	评价标准四	评价标准五	
平均分						

组长(签名):　　　日期:

(4) 指导老师对你的学习任务完成情况进行评价了吗?

指导老师根据成果的完成情况、学生工作责任心等方面,再结合学生的评价标准制定相应的评价标准,并按小组评价表的格式制作评价表,把对学生的评价结果填入表3-14中。

顾客完成新车交易学习任务教师评价表　　　　　表3-14

班级:

姓　名	项　目					总得分
	评价标准一	评价标准二	评价标准三	评价标准四	评价标准五	
平均分						

注:表中空格为评价后得分;总得分为各评价标准得分之和;平均分可以用来对比。

指导老师(签名):　　　日期

（5）对学生的学习成绩进行总评。

根据一定的比例,计算得到学生完成本学习任务的总评分,并记录在册。记录表格见表 3-15,建议按以下比例进行总评:总评分 = 学生自评分 ×10% + 小组评分 ×20% + 指导老师评分 ×70%。

顾客完成新车交易学习任务学生评价得分总表　　　　　　　　　表 3-15

班级：

姓　名	项　目			总评分
	学生自我评价得分（10%）	小组评价得分（20%）	指导老师评价得分（70%）	
平均分				

指导老师(签名)：　　　　　日期：

1. 请阐述新车交车的具体流程。
2. 电话预约有哪些需要注意的问题。
3. 压力推销技巧有何特点?
4. 常见的顾客异议的主要类型有哪些?
5. 常见的顾客异议的排除方法有哪些?
6. 实践练习:请到 4S 店进行调研,并介绍 3 个以上汽车品牌的"一条龙"服务流程。
7. 实践练习:请按"任务实施"的步骤,自行策划一个你熟悉的品牌汽车的交车模式。

学习任务4　汽车促销活动

学习目标

1. 了解汽车营销4P理论与STP营销理论；
2. 叙述促销的定义和意义；
3. 掌握各种促销方法；
4. 能根据实际情况选择合适的促销方式；
5. 会撰写汽车营销活动策划方案；
6. 能实施汽车促销活动策划方案；
7. 培养团队合作、敬业奉献、服务人民的精神；
8. 培养节约生产成本的好品质，弘扬勤俭节约精神；
9. 通过活动筹划，养成坚持问题导向，坚持运用系统观念统筹安排的作风。

任务描述

1. 任务的详细描述

实施促销活动之前，促销活动负责人应仔细分析活动的市场背景，明确活动目的(是提升销量，还是处理存货等)和对象，然后合理安排活动方式，选择合适的促销方式，对整个促销活动进行合理策划，撰写促销策划书，并完成促销活动总结。

基于以上工作任务，我们设计以下学习任务：

学生选择一个品牌汽车(如一汽丰田车或一汽奥迪车)，并根据给定的特定条件(如新开张)，由小组成员集体完成一份营业推广活动的策划方案。完成该任务时，要求做到：

(1)学生以小组为单位完成指定任务；
(2)小组成员人人参与，分工合作；
(3)掌握各种促销方式的特点；
(4)学会策划的方法；
(5)能撰写策划书的细节。

完成的形式有以下3点：

(1)促销活动策划书；
(2)促销方式分析；
(3)策划书执行总结。

2. 任务分析

要完成本学习任务，可按以下流程进行：

(1)分析活动背景、新店开张的特点、促销活动的意义;
(2)根据活动的背景,确定活动的流程;
(3)选择合适的促销方法;
(4)完成促销活动的策划;
(5)实施策划方案;
(6)对实施情况进行总结;
(7)进一步评价和分析。

完成本学习任务需要用的工具和设备有:
(1)相关的工具夹,工具夹中包括纸、笔、便笺、评价分析表格等;
(2)促销所需要用到的小礼物;
(3)工作装;
(4)移动电话;
(5)其他需要用到的工具。

课堂任务实施模拟场景要求如下:
(1)新店开张布置;
(2)模拟办公室若干间;
(3)若干销售人员。

完成本任务所需的知识详见此后相关各单元。

学习引导

学习本任务时,可以沿着图 4-1 所示脉络进行。

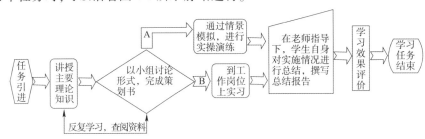

图 4-1 学习任务 4 的学习脉络图

注:根据学校教学资源的具体情况选择 A 或 B

单元一 4P 营销理论

单元要点

1. 4P 营销理论的产生;
2. 4P 营销理论的内容;
3. 4P 营销理论的意义。

相关知识

前面我们学习了汽车市场营销的基本含义,本单元我们学习市场营销的基础理论:4P营销理论与STP营销理论。

一、4P营销理论的产生

4P营销理论的产生要追溯到1953年,尼尔·博登(Neil Borden)在美国市场营销学会的就职演说中创造了"市场营销组合"(Marketing Mix)这一术语,其意是指市场需求或多或少地在某种程度上受到所谓"营销变量"或"营销要素"的影响。为了寻求一定的市场反应,企业要对这些要素进行有效的组合,从而满足市场需求,获得最大利润。20世纪60年代,美国学者麦卡锡教授在其《营销学》中最早提出了著名的4P营销组合策略。麦卡锡教授认为一次成功和完整的市场营销活动,就是以适当的价格、适当的渠道和适当的促销手段,将适当的产品和服务投放到特定市场的行为。

二、4P营销理论的内容

1. 产品(Product)

产品是指能够提供给市场被人们使用和消费并满足人们某种需要的任何东西,产品注重开发的功能,要求产品有独特的卖点,把产品的功能诉求放在第一位。产品的组合,主要包括产品的实体、服务、品牌、包装。它是指企业提供给目标市场的货物、服务的集合,包括产品的效用、质量、外观、式样、品牌、包装和规格,还包括服务和保证等因素。

例如,一汽集团生产的重型载货汽车、中型载货汽车、轻型载货汽车、高级轿车、中级轿车、普及型轿车、微型轿车等,这就是产品组合;而其中"重型载货汽车"或"中型载货汽车"等就是产品线;每一大类里包括的具体品牌、品种则为产品项目。图4-2所示为某一汽车生产厂家的汽车产品组合示意图。

图4-2 汽车产品组合示意图

2. 价格(Price)

价格是指顾客购买产品时的价格,包括折扣、支付期限等。价格或价格决策,关系企业的利润、成本补偿以及是否有利于产品销售、促销等问题。影响定价的主要因素有3个:需求、成本、竞争。最高价格取决于市场需求,最低价格取决于该产品的成本费用,在最高价格和最低价格之间,企业能把这种产品价格定多高则取决于竞争者同种产品的价格。

(1)汽车产品的定价策略。价格确定是汽车定价的开端。所谓价格确定,是指企业为了实现自己的定价目标,根据汽车市场的供需状况等,为汽车确定适当价格,从而有利于市场营销和汽车促销的价格策划。

一般来说,企业的产品定价,并非确定一个确切的数值,而是划定一个大致的范围,这个大致的范围,称为"定价幅度"。其中,定价幅度的上限,是企业努力争取的目标;定价幅度的下限,是企业尽力避免的结果。以定价幅度来为汽车定价,不但可以保证企业的经济效益,而且可以提高汽车定价的灵活性,产生既有利于生产厂家也有利于中间商的结果。但是,在相当多的情况下,企业大都采取"最低限价"的形式,即下有底线、上不封顶的形式来为汽车定价。

常见的定价策略有:就低定价策略、就高定价策略、统一定价策略和差异定价策略。

①就低定价策略。就低定价策略,也可以称之为低价位渗透策略,是指企业以较低的成本利润率为汽车定价,以求通过"薄利多销"来实现利润指标的定价策略。

低价促销是一种比较常见的促销手段,它利用人的求实、求廉心理定价,一般只适用于价格弹性较大的产品,即消费者对价格反应敏感的产品,如生活资料的定价。一般来说,品牌投入期和产品衰退期的汽车,常常会采取就低定价的策略。前者的目的是迅速占领市场,后者的目的是加快更新换代。

就低定价不但是占领市场的手段,而且是更新换代的策略。美国汽车的更新非常频繁。一辆现款车如果在3年内还没有卖掉,即便是"0km"新车,其价格都可能跌至2000~3000美元。

②就高定价策略。就高定价策略,也可以称之为高价位取脂策略,是指企业以较高的成本利润率为汽车定价,以求通过"厚利少销"来实现利润指标的定价策略。

高价促销是一种比较反常的促销手段,它利用人的求名、求美心理定价,一般只适用于价格弹性较小的产品,即消费者对价格反应迟钝的产品,如生产资料的定价。一般来说,处于投入期和成长期的汽车,常常会采取就高定价的策略。前者的目的是迅速收回投资,后者的目的是获得高额利润。

新车就高定价是最为常见的定价策略。新车刚刚投入市场,用户尚且缺乏了解,无疑为新车的就高定价提供了基础。1997年4月23日,本田在泰国首都曼谷举行了"都市"新车发布会。尽管"都市"的价位早已被媒体烘上了云天,但是,揭开盖头,人们还是感到"比预想的要贵"。其中,最廉价者也高达39.8万铢,约合170万日元。对此,本田的松下课长解释说:"虽然贵了2万~3万铢,但为了让人感到社会地位,使该车具有高级感,用户也是可以接受的。"使汽车具有高级感,使车主具有地位感,这位课长说得多好啊!事实也确实如此,"都市"自投入市场以来,销售最快和销量最高的,还不是39.8万铢的经济型,而是44.8

万铢的高档型。在我国,广州本田"雅阁"在上市之初也被炒到了42万元,比原定价位29.8万元高出了30%。

③统一定价策略。统一定价策略是一种无视市场差异,以单一价格面对整体市场的定价策略。2000年,东风公司对于新推出的轻卡"小霸王",制定了"封闭区域、控制资源、恒定价格"的策略,从而使"二传手"们失去了存在的市场。一位湖南用户想买5台东风"小霸王",长途跑到襄樊专营部,询问能否买到"优惠车"。结果发现,他们得到的报价竟与湖南市场上的零售价格一样。

④差异定价策略。差异定价策略是一种在市场细分的基础上分别定价的策略。这种差异既可表现为针对销售者的价格差异,如经销价和代理价、批发价和零售价;也可表现为针对消费者的价格差异,如以用户为基础的定价和以关系为基础的定价。

(2)汽车价格的调整策略。所谓价格调整,是指企业在汽车销售的过程中,根据企业营销战略的发展变化和汽车销售市场的价格波动,以及市场竞争对手的价格特点,对已经确定下来的汽车价格进行调整,从而有利于市场营销和汽车促销的价格策划。

同价格确定一样,价格调整也有一个"调价幅度"。但是,调价幅度与定价幅度又不尽相同。一般来说,调价幅度的上限应是升价调整的极限,超过了这个极限,消费者的需求就会下降;调价幅度的下限应是降价调整的心理极限,低于这个极限,消费者也会视而不见。1997年,进口轿车关税下调了20%,但是,有关的调查发现,进口轿车的销售状况并没有因此而发生变化。究其原因,显然是降价幅度太小。以本田雅阁为例,关税降低以前,价格为39.5万元,关税降低以后,降低为38万元。降价1万多元,根本不能增强购买者的欲望。同时,无论是暴利还是倾销,也都会受到《中华人民共和国价格法》的制约。

常见的价格调整策略有降价调整策略和升价调整策略。

①降价调整策略。所谓降价调整,是指企业通过将汽车价格在原来的基础上下调的形式来达到其调价目的的价格策略。一般来说,企业之所以进行降价调整,不外乎生产成本降低、生产能力过剩、需求弹性增大、市场竞争加剧,以及为了适应经济形势、照顾顾客关系等几个方面的原因。

价格调整讲究适时、适度、规矩、主动四原则。所谓适时,即把握好降价调整的时机;所谓适度,即把握好降价调整的尺度;所谓规矩,即中规中矩,这就是说,降价是一种循规蹈矩的行为;所谓主动,即伺机而动,这就是说,降价调整并非一种被动的防御策略,而是一种主动的进攻战术。但是,就其形式而言,降价调整又可分为形式类降价和实质类降价两种类型。

形式类降价调整是一种直截了当的降价形式,即"明降"或以现金形态进行的降价调整,如价格折扣或优惠、让利或返还利润、减收或免收费用、低息或无息贷款等。美国汽车市场价格竞争的显著特点就是现金回扣,几乎所有汽车生产厂家都向用户提供这种所谓的"福利"。就价格折扣而言,又可分为累计数量折扣和非累计数量折扣两种类型。其中累计数量折扣也可以称之为积点优惠,即根据用户在一定时期内购买本企业产品的累计数量或金额向他们返还一定比率的企业利润;非累计数量折扣也可称之为一次性数量优惠,即根据用户一次性购买本企业产品的数量或金额向他们返还一定比率的企业利润。

实质类降价调整是一种隐晦曲折的降价形式,即"暗降"或以实物形态进行的降价调整,如提高质量、附加配置、超值服务、赠送礼品等形式,让用户得到实惠,从而达到降价调整的目的。例如买车送1t油即属此类。

②升价调整策略。所谓升价调整,是指企业通过将汽车价格在原来的基础上上调的形式来达到其调价目的的价格策略。一般来说,企业之所以进行升价调整,大都是因为成本上涨、通货膨胀、市场需求强劲和产品开发加快等几个方面的原因。除此以外,选装配件增加、豪华程度提高、技术含量增加、安全系数提高等也是价格上涨的原因。

3. 渠道(Place)

(1)分销渠道的概念。渠道是指商品从生产企业流转到消费者手上的全过程中所经历的各个环节和推动力量之和,主要包括分销渠道、储存设施、运输设施、存货控制,它代表企业为使其产品进入和达到目标市场所组织、实施的各种活动,包括途径、环节、场所、仓储和运输等。汽车分销渠道就是指汽车的销售渠道或分配渠道。

分销渠道的主要职能有以下几个方面:

①售卖。售卖即将产品卖给最终用户。这是分销渠道最基本的职能和作用。

②投放。投放即决策好将何种产品、以何种数量、在何时投放到哪个市场中去,以实现企业的营销目标,并获取最佳效益的功能。

③物流。物流也称实体储运职能,即保质保量地将产品在指定时间送达指定地点的功能。

④研究。研究即收集市场信息,进行市场预测的功能。

⑤促销。促销即进行关于所供应的物品的说明性沟通。

⑥接洽。接洽即寻找可能的购买者并与之进行沟通。

⑦融资。融资即为补偿渠道工作的成本费用而对资金的取得与支出。

⑧服务。服务即为用户提供满意的服务的功能。对汽车产品来说,售后服务是很重要的。

⑨风险承担。风险承担即承担与渠道工作有关的全部风险。

此外,销售渠道还有信息反馈、自我管理、谈判等功能。

(2)汽车分销渠道的类型。不同的汽车生产企业从自身的特点出发,为了不同的目标市场,汽车分销渠道各不相同。随着产品经济的发展,分销渠道日益多样化,但归纳起来有以下几类基本模式。

①汽车生产企业直售型(零层渠道模式)。汽车生产企业不通过任何中间环节,直接将汽车销售给消费者。这是最简单、最直接、最短的销售渠道。其特点是产销直接见面,环节少,有利于降低流通费用,及时了解市场行情,迅速开发与投放满足消费者需求的汽车产品。但这种销售模式需要生产企业自设销售机构,因而不利于专业化分工;难以广泛分销,不利于企业拓展市场。但是,随着电子商务的发展、普及和完善,相信这种模式会被汽车企业作为重要的销售渠道之一。

②汽车生产企业转经销商直售型(一层渠道模式)。汽车生产企业先将汽车卖给经销商,再由经销商直接销售给消费者。这是经过一道中间环节的渠道模式。其特点是,中间环

节少、渠道短，有利于生产企业充分利用经销商的力量，扩大汽车销路，提高经济效益。我国许多专用汽车生产企业、重型车生产企业都采用这种分销方式。

③汽车生产企业经批发商转经销商直售型（二层渠道模式）。汽车生产企业先把汽车批发销售给批发商（或地区分销商），再由其转卖给经销商，最后由经销商将汽车直接销售给消费者。这是经过两道中间环节的渠道模式，也是销售渠道中的传统模式。其特点是中间环节较多，渠道较长。一方面，有利于生产企业大批量生产，节省销售费用；另一方面，也有利于经销商节约进货的时间和费用。

④由汽车生产企业经总经销商转经销商直售型（二层渠道模式）。汽车生产企业先委托并把汽车提供给总经销商（或总代理商），由其销售给经销商，最后由经销商将汽车直接销售给消费者。这也是经过两道中间环节的渠道模式。其特点是中间环节较多，但由于总经销商（或总代理商）不需承担经营风险，易调动其积极性，有利于开拓市场，打开销路。这种分销渠道在我国的大、中型汽车生产企业的市场营销中较为常见。

⑤汽车生产企业经总经销商与批发商后转经销商直售型（三层渠道模式）。汽车生产企业先委托并把汽车提供给总经销商（或总代理商），由其向批发商（或地区分销商）销售汽车，批发商（或地区分销商）再转卖给经销商，最后由经销商将汽车直接销售给消费者。这是经过3道中间环节的渠道模式。其特点是总经销商（或总代理商）为生产企业销售汽车，有利于了解市场环境，打开销路，降低费用，增加效益。缺点是中间环节多，流通时间长。

4. 促销（Promotion）

促销是公司或机构用以向目标市场通报自己的产品、服务、形象和理念，说服和提醒顾客对公司产品和机构本身信任、支持和注意的任何沟通形式。促销主要包括广告、人员推销、营业推广与公共关系等。促销的具体内容和意义将在本学习任务的后续单元中详细介绍。

三、4P营销理论的意义

随着市场竞争的日益激烈，产品、价格、营销手段愈发趋于同质化，互相模仿的现象比较严重，在众多的竞争中找寻合适的产品营销组合已经成为各大商家取胜的主要着力点，因此，很多商家认为原有的营销理论框架已经很难实现，很多学者针对市场新观点，随之也产生了新的4C理论。4C是指Customer（顾客）、Cost（成本）、Convenience（便利）和Communication（沟通）。

Customer（顾客）主要指顾客的需求，企业必须首先了解和研究顾客，根据顾客的需求来提供产品。同时，企业提供的不仅仅是产品和服务，更重要的是由此产生的顾客价值（Customer Value）。

Cost（成本）不单是企业的生产成本，或者说4P中的Price（价格），它还包括顾客的购买成本，同时也意味着产品定价的理想情况，应该是既低于顾客的心理价格，亦能够让企业有所盈利。此外，这中间的顾客购买成本不仅包括其货币支出，还包括其为此耗费的时间、体力和精力消耗，以及购买风险。

Convenience（便利），即所谓为顾客提供最大的购物和使用便利。4C理论强调企业在制定分销策略时，要更多考虑顾客的方便，而不是企业自己方便。要通过好的售前、售中和售后服务,让顾客在购物的同时也享受到便利。便利是顾客价值不可或缺的一部分。

Communication(沟通)则被用以取代4P中对应的Promotion(促销)。4C理论认为,企业应通过同顾客进行积极有效的双向沟通,建立基于共同利益的新型企业/顾客关系。这不再是企业单向的促销和劝导顾客,而是在双方的沟通中找到能同时实现各自目标的通途。

虽说4C理论从某些方面弥补了4P理论所存在的问题,但究其根本,4P理论依然是基础,是传统营销学的核心。特别是对于我国企业而言,4P理论还存在着巨大的空间,所以扎实做好产品技术、质量、成本、服务等营销工作对企业而言依然是根本。

对于整个市场营销环境而言,4P理论的作用也是非常显著的。该理论的出现,一方面使市场营销理论有了体系感,另一方面也使复杂的现象和理论简易化,从而促进了市场营销理论的普及和应用。此外,由于该理论简单,易于操作,因此易于在企业中推广。

单元能力检测

一、单项选择题

1. 最早提出4P营销理论的是(　　)。
    A. 亚当·斯密　　B. 尼尔·博登　　C. 麦卡锡　　D. 梅奥
2. 当企业存在成本上涨、通货膨胀、市场需求强劲和产品开发加快等几个方面的原因时,企业所需要的价格调整策略应该是(　　)。
    A. 升价　　B. 降价　　C. 不变　　D 视市场环境而定
3. (　　)是指能够提供给市场被人们使用和消费并满足人们某种需要的任何东西,产品注重开发的功能,要求产品有独特的卖点。
    A. 价格　　B. 渠道　　C. 产品　　D. 促销
4. 一般来说,处于投入期和成长期的汽车,常常会采取(　　)的策略。
    A. 就低定价　　B. 就高定价　　C. 统一定价　　D. 差异定价
5. (　　)是指在商品从生产企业流转到消费者手上的全过程中所经历的各个环节和推动力量之和。
    A. 价格　　B. 渠道　　C. 产品　　D. 促销

二、多项选择题

1. 以下属于4P范畴的是(　　)。
    A. 沟通　　B. 渠道　　C. 产品　　D. 促销
2. 汽车产品的定价策略主要有(　　)几种。
    A. 就低定价策略　　B. 就高定价策略
    C. 统一定价策略　　D. 差异定价策略
3. 以下属于分销渠道职能的是(　　)。
    A. 促销　　B. 研究　　C. 物流　　D. 售卖
4. 汽车价格的调整策略主要有(　　)。

A. 就低定价策略　　　　　　　　B. 升价调整策略
C. 降价调整策略　　　　　　　　D. 差异定价策略

5. 影响定价的主要因素是(　　)。
A. 需求　　　　B. 成本　　　　C. 竞争　　　　D. 产品

三、填空题

1. ＿＿＿＿＿＿＿＿是一种隐晦曲折的降价形式。
2. 最高价格取决于＿＿＿＿＿＿＿＿，最低价格取决于该产品的＿＿＿＿＿＿＿＿。
3. 以＿＿＿＿＿＿＿＿来为汽车定价,不但可以保证企业的经济效益,而且可以提高汽车定价的灵活性,产生既有利于生产厂家也有利于中间商的结果。
4. 价格调整讲究适时、适度、＿＿＿＿＿＿＿＿、＿＿＿＿＿＿＿＿四原则。
5. ＿＿＿＿＿＿＿＿是一种比较常见的促销手段,它利用人的求实、求廉心理定价,一般只适用于价格弹性较大的产品,即消费者对价格反应敏感的产品,如生活资料的定价。

四、判断题

1. 销售渠道不具备信息反馈、自我管理、谈判等功能。　　　　　　　　(　　)
2. 形式类降价调整是一种直截了当的降价形式。　　　　　　　　　　(　　)
3. 新车就高定价是最为常见的定价策略。　　　　　　　　　　　　　(　　)
4. 价格确定是汽车定价的最后一步。　　　　　　　　　　　　　　　(　　)
5. 价格是指顾客购买产品时的价格,但不包括折扣、支付期限等。　　　(　　)

五、简答题

1. 分销渠道一般应具有哪些功能？
2. 汽车产品的定价策略常见的有哪几种？

单元二　汽车市场 STP 营销理论

1. 汽车市场细分的概念、细分标准与原则；
2. 目标市场营销的战略类型；
3. 市场定位的概念；
4. 汽车市场定位常见策略。

现代市场营销,非常重视 STP 营销,即汽车市场细分化(Segmentation)、选择汽车目标市场(Targeting)、汽车产品定位(Positioning)。企业无法在整个市场上为所有用户服务,故应该在市场细分的基础上选择对本企业最有吸引力并能有效占领的那部分市场为目标,制订相应的产品计划和营销计划为其服务,这样企业就可以把有限的资源、人力、财力用到能产生最大效益的细分市场上。选择那些与企业任务、目标、资源条件等一致,与竞争者相比本身有较大优势,能产生最大利益的细分市场作为企业的目标市场,并作出合理的市场和产品定位是 STP 营销的主要任务。

一、汽车市场细分

1. 汽车市场细分的概念和作用

(1) 汽车市场细分的概念。

所谓汽车市场细分,就是企业根据市场需求的多样性和用户购买的差异性,把整个市场划分为若干具有相似特征的用户群。每一个用户群就是一个细分市场,而每一个细分市场又包含若干细分市场。市场细分化就是分辨具有不同特征的用户群,把它们分别归类的过程。企业选择其中一个或若干个作为目标。

市场之所以能够细分的前提是市场需求具有相似性和差异性。

(2) 汽车市场细分的作用。

汽车企业实行目标市场营销,对于改善汽车企业经营、提高经营效果具有重要作用,具体体现在以下几个方面。

① 有利于发现汽车市场营销机会。运用汽车市场细分可以发现汽车市场上尚未得到满足的需求,并从中寻找适合本汽车企业开发的需求,抓住汽车市场机会。这种需求往往是潜在的,一般不容易发现,而运用汽车市场细分的手段,就便于发现这类需求,使汽车企业抓住汽车市场机会。日本铃木公司在打开美国市场时,通过细分市场,发现美国市场上缺少为18～30 岁年轻人设计的省油、实用的敞篷车,因此推出了小型轿车"铃木 SJ413",也就是"铃木武士"。

② 有效地制订最优营销策略。汽车市场细分是目标市场选择和汽车市场定位的前提,是为目标市场选择做基础的。汽车企业营销组合的制定都是针对所要进入的目标市场,离开目标市场特征和需求的营销活动是无的放矢,是不可行的。

③ 有效地与竞争对手相抗衡。通过汽车市场细分,有利于发现汽车用户群的需求特性,使汽车产品富有特色,甚至可以在一定的汽车细分市场中形成垄断优势。汽车行业是竞争相当激烈的行业,几乎每一种车型都有相类似的车型作为其竞争对手,但是,如果选择细分市场正确,也可以在一定程度上具有垄断优势。例如,福特公司为使凯迪拉克汽车减少竞争压力,恢复传统销售势头,曾做过一次市场调查,排列出在美国高档车市场上,凯迪拉克的竞争对手有以下几种:通用公司的林肯,奔驰的梅赛德斯—奔驰,另外还有宝马、沃尔沃和尼桑等。但是凯迪拉克并没有将劳斯莱斯作为自己的竞争对手,那是因为劳斯莱斯自建立以来至今一直采用全手工制作,从汽车产品的宣传到汽车企业形象,乃至劳斯莱斯的性能和售价,都决定了劳斯莱斯是豪华车中的王者之作,至今和任何品牌的豪华车都不存在竞争关系。

④ 有效地扩展新的汽车市场,扩大汽车市场占有率。汽车企业对汽车市场的占有是从小至大,逐步拓展的。通过汽车市场细分,汽车企业可以先选择最适合自己占领的某些子市场作为目标市场。当占领这些子市场后,再逐渐向外推进、拓展,扩大汽车市场的占有率。

⑤有利于汽车企业扬长避短,发挥优势。每一个汽车企业的营销能力对于整体市场来说都是有限的。汽车企业必须将整体市场进行细分,确定自己的目标市场,这一过程正是将汽车企业的优势和市场需求相结合的过程,有助于汽车企业集中优势力量,开拓汽车市场。

所以,汽车市场细分及其目标市场营销,既是汽车企业市场营销的战略选择,又是汽车企业市场竞争的有效策略。它不仅适合实力较强的大型汽车企业,还特别适合实力不强的中小型汽车企业。因为中小型汽车企业的资源相对有限,技术力量相对缺乏,竞争能力相对低下,通过汽车市场细分并结合汽车企业自身特点,选择一些大型汽车企业不愿顾及、汽车市场需求相对较小的汽车细分市场,集中精力做出成绩,取得局部优势,是立足汽车市场和求得生存发展的秘密武器。

2. 汽车市场细分的常见标准

汽车产品市场的细分标准多种多样,下面介绍一些常见的细分标准。

(1)按地理位置细分。这是把市场分为不同的地理区域,如国家、地区、南方、北方、高原、山区等。各地区自然气候、经济文化水平等因素,都会影响消费者的需求和反应,例如在城市用的汽车和山区用的汽车就是有差别的。

(2)按人口特点细分。这是按照人口的一系列性质因素来辨别消费者需求的差异,就是按年龄、性别、家庭人数、收入、职业、教育程度、民族、宗教等性质因素来细分的。如在研究轿车市场时,就通常按居民的收入水平进行市场细分。

(3)按购买者心理细分。这是按照消费者的生活方式、个性等心理因素上的差别对市场加以细分。生活方式是指一个人或一个群体对于生活消费、工作和娱乐的不同看法或态度;个性不同也会产生消费需求的差异。因此,国外有些企业根据消费者的不同个性对市场加以细分。例如,有的市场学家研究发现,有活动折篷汽车和无活动折篷汽车的购买者存在个性差异,前者比较活跃、易动感情、爱好交际等。

(4)按购买者的行为细分。所谓行为的细分化,就是根据用户对产品的知识、态度、使用与反应等行为将市场细分为不同的购买者群体。属于这些的因素有以下几种。

①购买理由。按照购买者购买产品的理由而被分成不同的群体。例如,有的人购买小汽车是为自己上下班用,有的是为了好玩。生产厂家可根据用户不同的需求理由提供不同的产品,以适应其需要。

②利益寻求。消费者购买商品所要求的利益往往各有侧重。这也可作为市场细分的依据。这其中可能有追求产品价廉实用的,也有追求名牌的,或者是追求造型、颜色等。

③使用者情况和使用率。对于消费品,很多市场可按使用者的情况,细分为某一产品的未使用者、曾使用者、以后可使用者、初次使用者和经常使用者等类型。此外,还可以按某一产品使用率进行细分,则可分为少量使用者、中量使用者和大量使用者等类型。

④品牌忠诚程度。消费者的忠诚程度包括对企业的忠诚程度和对产品品牌的忠诚程度,也可作为细分的依据。

⑤待购阶段。消费者对各种产品特别是新产品,总处于不同的待购阶段。据此可将消费者细分为6大类:即根本不知道该产品;已经知道该产品;知道得相当清楚;已经产生兴

趣;希望拥有该产品;打算购买。按待购阶段不同对市场进行细分,便于企业针对不同阶段,运用适当的市场营销组合促进销售。

⑥态度。消费者对于产品的态度可分为5种:热爱、肯定、冷漠、拒绝和敌意。对待不同态度的消费者应当结合其所占比例,采取不同的营销措施。

(5)按最终用户的类型细分。不同的最终用户对同一种产品追求的利益不同。企业分析最终用户,就可针对不同用户的不同需要制订不同的对策。如我国的汽车市场按用户类型,可以分为"生产型"企业,"非生产型"组织,"非生产型"个人(家庭),个体运输户等细分市场,还可分为民用、军用两个市场。

(6)按用户规模细分。根据用户规模,可将汽车市场划分为大、中、小三类客户。一般来说,大客户数目少但购买额大,对企业的销售市场有着举足轻重的作用,企业应特别重视,注意保持与大客户的业务关系;而对于小客户,企业一般不应直接供应,可以通过中间商销售。

大多数情况下,市场细分通常不是依据单一标准细分,而是把一系列划分标准结合起来进行细分,目标市场取各种细分市场的交集。

如我国某国有大型集团公司,主要生产各种重型汽车,其重型汽车在市场占据重要地位。为进一步开拓国内市场,市场部进行了市场细分并据此确定目标市场。

大的层次上,以省(自治区、直辖市)为区域,按工业布局、交通发展、资源性质等情况,将国内市场细分为:重要市场、需开发市场、需重点培育市场、待开发市场。如按行业类别划分市场,运输需求量大的煤炭、石油、金属等行业为重要市场,基础设施建设如高速公路建设、铁道建设、港口建设等为重点开发市场,远离铁路的乡镇矿山及采石场、乡镇小化肥厂等为需重点培育市场。

该市场在划分标准上就把重要程度、地理、行业、基础设施建设等标准结合起来对市场进行细分。

3. 汽车市场细分原则

(1)可衡量性。用于汽车细分市场的特征必须是可以衡量的,细分出的汽车市场应有明显的特征和区别。例如在整车销售中,业界比较通用的市场细分方法有2种:一是按照排量划分,二是按照价格划分。后者可以将市场划分为高、中、低3种,每一种市场都有鲜明的特征。比如,高档车用户注重车辆的外观、性能、豪华程度,对价格不敏感;而低档车用户则对价格相当敏感,要求耗油量小、耐用等。

(2)可进入性。要根据汽车企业的实力,量力而行。汽车细分市场本来就是为了让汽车企业可以扬长避短,只有可以充分发挥汽车企业的人力、物力、财力和营销能力的子市场才可以作为目标市场,不然就是对汽车企业资源的浪费。

(3)效益性。在汽车细分市场中,被汽车企业选中的子市场必须具有一定的规模,即有充足的需求量,能使汽车企业有利可图,并实现预期利润目标。因此,细分出的市场的规模必须恰当,使汽车企业能得到合理盈利。汽车企业要在汽车细分市场中获得盈利,除了考虑汽车市场的规模外,还要考虑汽车市场上竞争对手的情况。如果该市场已经有大量竞争对手,而汽车企业又没有明显的优势,同样不适宜进入该市场。

(4)有发展潜力。汽车市场细分应当具有相对的稳定性,汽车企业所选中的目标市场不仅要为汽车企业带来目前利益,还要有发展潜力,有利于汽车企业立足于该市场后可继续拓宽汽车市场。因此,汽车企业选择的目标市场不能已经处于饱和或者即将饱和状态。

二、目标市场营销

市场细分为企业展现多处营销机会,接着要对这些细分市场进行评估,相应确定准备为哪些细分市场服务。

1. 细分市场的评估

(1)细分市场的规模和发展评估。

这主要是对目标市场的规模与企业的规模和实力相比较进行评估,以及对市场增长潜力的大小进行评估。

(2)市场吸引力评估。

这里所指的吸引力主要是指企业目标市场上长期获利能力的大小。而这种获利能力的大小主要取决于5个群体(因素):同行业竞争者、潜在的新参加的竞争者、替代产品、购买者和原材料供应商。影响细分市场吸引力的5个因素及其关系如图4-3所示。

如果某个市场已有为数众多或实力强大的竞争者;或有可能招致更多的竞争者;或替代产品竞争能力很强;或购买者谈判能力很强而各种苛求又太多;或企业的供应者能够在很大程度上控制企业对该市场产品的供应,那么这个细分市场的吸引力就会下降。企业对于是否将这样的细分市场作为目标市场就应审慎决策。反之,细分市场的吸引力就会增强。

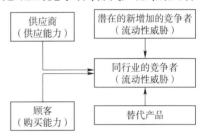

图4-3 影响细分市场吸引力的
5个因素及其关系

(3)汽车企业本身的目标和资源。

如某个细分市场具有一定规模和发展特征,其组织结构也有吸引力,企业还必须对该市场是否符合企业的长远目标、是否具备获胜能力以及是否具有充足的资源等情况进行评估。

汽车企业对细分市场进行科学评估后,接下来就可以制订相应的目标市场营销战略。

2. 制订目标市场营销战略

(1)目标市场营销战略的类型。

目标市场营销战略是企业在市场细分和评估基础上,对拟进入的目标市场制订的经营战略。目标市场战略主要有以下类型。

①整体市场营销战略。这种战略就是要面对整个市场,为满足各个细分市场上不同的需要,分别为之设计不同的产品,采取不同的市场营销方案,分别向各个细分市场提供各种不同品种的汽车产品,并以所有的细分市场为目标的营销战略。

这种战略比较适合于我国的大型汽车企业(集团),例如以宽系列、全品种发展汽车产品的营销战略便是面对各个细分市场。

②密集性市场营销战略。这种战略是选择一个或少数几个细分市场作为目标市场,制订一套营销方案,集中力量为这一两个目标市场服务,争取在目标市场上占有大量份额。由于目标集中,产品更加适销对路,专业化经营,生产成本和营销费用可降低。但这种战略也有风险,一旦市场发生变化,由于产品集中于此市场,会使企业亏损。

这种战略最适于实力一般的中小型汽车企业,一些汽车出口企业最初进入国外市场时也常采用此种战略,他们开始时以一个不被竞争者重视的细分市场为目标,集中力量在这个目标市场上努力经营,提供高质量的产品和服务,赢得声誉后再根据自己的条件逐渐扩展到其他市场中去。据研究,日本、韩国的汽车公司大多数是运用了这种战略,才在国际汽车市场上取得惊人成绩的。

以上讨论的两种营销战略都是以市场细分为前提,都属于差异性营销战略。在有些情况下,企业也可以采取无差异的营销战略。例如美国福特公司于20世纪20年代前期所生产的T型车,在营销战略上就属此类。这种战略是针对市场共性的一种求同存异的营销战略。它的优点是节约生产和营销费用,可降低成本,但因产品单一、竞争能力差,不能满足用户的多方面需求。同样是T型车,在20世纪20年代后期就因形势变化,消费者的需求改变而招致企业损失惨重。

另外,企业在选择营销战略时,必须考虑企业自身的实力、产品的差异性及所处生命周期阶段、市场的差异及市场规模、竞争对手的营销战略等因素对目标市场营销战略选择的影响。企业应根据自身的优势选择营销战略。

(2)目标市场战略选择时应考虑的主要因素。

①汽车企业的实力。实力强则实行差异性营销,否则宜选择无差异性营销或密集营销。

②产品的差异性及所处的生命周期阶段。如果汽车产品的性能和结构差异性大,汽车企业就应采取差异性营销战略。同样,汽车产品生命周期不同,汽车企业亦应采取不同的营销战略。当产品处于市场导入期或成长期时,营销的重点应放在启发和巩固消费者的偏好上,在此阶段汽车企业若精力有限,可以不必提供太多的品种,可采取无差异性营销或密集营销战略。当产品处于成熟期时,由于市场竞争激烈,消费者需求也日益多样化,在此阶段汽车企业可以改用差异性营销战略,大力发展新品种,以开拓新汽车市场,延长汽车产品生命周期,提高汽车企业的市场竞争能力。

③汽车市场的差异及市场规模。如果汽车市场需求偏好、购买特点以及对营销刺激的反应等存在较大差别,宜进行差异性营销。此外,如果每一品种的汽车产品市场容量都不足以维持大量营销,汽车企业则应采取差异性营销的战略。

④市场供求情况。市场供不应求时可采用整体市场营销策略,甚至是采取不进行市场细分的无差异市场营销战略,反之则采用差异性策略。

⑤竞争者的营销战略。一般来说,汽车企业如果比竞争对手实力强,可采取差异性营销,差异的程度可与竞争对手一致或更强。如果汽车企业实力不及竞争对手,一般不应采取完全一样的营销战略。在此种情形下,汽车企业可采取密集营销战略,坚守某一细分市场,也可采取差异性营销;但在差异性方面,应针对竞争对手薄弱的汽车产品项目形成自己的优势。

三、市场定位

1. 市场定位的概念

当企业选定一个目标市场后,同行的竞争对手也在争夺这一目标市场。如果大家都向这个市场推出同类产品,消费者就会购买价格最低的公司的产品,最终大家都降价,没有什么利益可得。唯一的办法是使自己的产品与竞争者的产品有差别,有计划地树立自己的产品某种与众不同的理想形象,有效地使自己的产品差异化,去获得差别利益。这就是市场定位的功能。

所谓市场定位就是企业根据用户对所生产产品的需求程度,根据市场上同类产品竞争状况,为本企业产品规划一定的市场地位,即为自己的产品树立特定形象,使之与众不同。市场定位的过程就是在消费者心目中为公司的品牌选择一个希望占据的位置的过程。我们也可以理解为市场定位就指企业以何种产品形象和企业形象出现,以给目标用户留下一个深刻印象的过程,这是一个使自己产品个性化的过程。

市场定位是现代市场营销学中的一个重要概念,是市场细分化的直接后果。

对于汽车产品来说,因其产品繁多,且各有特色,广大用户又都有着自己的价值取向和认同标准,企业要想在目标市场上取得竞争优势和取得较大效益,找准市场定位是非常必要的。

2. 市场定位的战略类型

汽车企业要做到准确定位,首先要决策采取何种市场定位的战略。市场定位的战略类型包括以下几种。

(1) 产品差别化战略,即从汽车产品质量、产品特色等方面实现差别的战略。汽车企业通过寻求汽车产品特征的方法实现产品的差别化,如丰田的安装、本田的外形、日产的价格、三菱的发动机都是非常有特色的。

(2) 服务差别化战略,即向目标市场提供与竞争者不同的优质服务的战略。一般地,汽车企业的竞争能力越强,越能体现在用户服务水平上,越容易实现市场差别化。如果汽车企业将服务要素融入产品的支撑体系,就可以为竞争者设置"进入障碍",通过服务差别化提高顾客总价值,保持牢固的顾客关系,从而击败竞争对手。

(3) 人员差别化战略,即通过聘用和培训比竞争对手更优秀的人员以获取差别优势的战略。实践早已证明,市场竞争归根到底是人才的竞争,一支优秀的人员队伍,不仅能保证汽车产品质量,还能保证服务质量。一个受过训练的员工的基本素质应包括人员的知识和技能、礼貌、诚实、可靠、责任心、反应灵活、善于沟通等内容。

(4) 形象差别化战略,即在汽车产品的核心部分与竞争者无明显差异的情况下,通过塑造不同的汽车产品形象以获取差别的战略。如在豪华汽车中宝马的蓝天和白云的标志,就会联想到"驾乘宝马,感受生活,与成功人士有约"。

3. 市场定位的方法

汽车企业在市场定位过程中,一方面要了解竞争者汽车产品的市场定位,另一方面要研究目标用户对汽车产品的各种属性的重视程度,然后选定本汽车企业产品的特色和独特形象,从而完成汽车产品的市场定位。

汽车企业的市场定位,一般应参照以下工作程序进行。

(1)调查研究影响定位的因素。调查内容主要包括:①竞争者的定位状况。汽车企业要对竞争者的定位状况进行确认,并要正确衡量竞争者的潜力,判断其有无潜在的竞争优势。②目标用户对汽车产品的评价标准,弄清楚用户最关心的问题,并以此作为定位决策的依据。

(2)选择竞争优势和定位战略。汽车企业通过与竞争者在汽车产品、促销、成本、服务等方面的对比分析,了解自己的长处和短处,从而认定自己的竞争优势,进行恰当的市场定位。

(3)准确地传播汽车企业的定位观念。汽车企业在作出市场定位决策后,还必须大力宣传,把汽车企业的定位观念准确地传播给潜在的用户。但要避免因宣传不当在公众心目中造成3种误解:一是档次过低,不能显示出汽车企业的特色。例如,面向社会集团销售的轿车就应避免给人档次过低的印象。二是档次过高。三是混淆不清,在公众心目中没有统一明确的认识。上述误解将会给汽车企业形象和经营效果造成不利影响。

4.汽车市场定位常见策略

(1)比附定位。这种定位方法就是攀附名牌,比拟名牌来给自己的产品定位,以借名牌之光而使自己的品牌生辉。如沈阳金杯客车制造公司金杯海狮车的"金杯海狮,丰田品质"的定位就属此类。

(2)属性定位。这是指根据特定的产品属性来定位。如"猎豹汽车,越野先锋"就此类。

(3)利益定位。这是指根据产品所能满足的需求或所提供的利益、解决问题的程度来定位。如"解放卡车,挣钱机器"即属此定位。

(4)与竞争者划定界线的定位。这是指对某些知名而又司空见惯类型的产品作出明显的区分,给自己的产品定一个相反的位置。

(5)市场空当定位。企业寻找市场尚无人重视或未被竞争对手控制的位置,使自己推出的产品能适应这一潜在目标市场需要的定位策略。如国内推出MPV车时在定位上就采用了这一策略,把MPV车定位在"工作+生活"这个市场空当,并获得了较好的效果。

(6)质量/价格定位。这是指结合对照质量和价格来定位。如物有所值、高质高价或物美价廉等定位。例如一汽轿车的红旗明仕18的市场定位"新品质、低价位、高享受"即属此类。

单元能力检测

一、单项选择题

1.在对轿车市场进行细分时,常采用家庭收入这一指标来进行细分,请问这一细分指标属于哪一类细分标准?(   )

    A.地理位置   B.购买者行为   C.购买者心理   D.人口特点

2.要面对整个市场,为满足各个细分市场上不同的需要,分别为之设计不同的产品,采取不同的市场营销方案,分别向各个细分市场提供各种不同品种的汽车产品,并以所有的细分市场为目标的营销战略属于(　　)。

    A. 无差异市场营销战略　　　　　　　B. 集中市场营销战略

    C. 整体市场营销战略　　　　　　　　D. 密集型市场营销战略

3. "金杯海狮,丰田品质"的定位属何类型的定位?(　　)

    A. 比附定位　　　B. 利益定位　　　C. 属性定位　　　D. 质量/价格定位

二、多项选择题

1. 汽车市场细分的原则主要有(　　)。

    A. 可衡量性　　　B. 可进入性　　　C. 效益性　　　D. 有发展潜力

2. (　　)等因素是目标市场战略选择时应考虑的主要因素。

    A. 企业的实力　　　　　　　　　　　B. 市场供求情况

    C. 竞争者的营销战略　　　　　　　　D. 产品所处的生命周期阶段

三、填空题

1. 影响细分市场吸引力的5个因素是指＿＿＿＿＿＿、＿＿＿＿＿＿、＿＿＿＿＿＿、＿＿＿＿＿＿、＿＿＿＿＿＿。

2. 我们把企业根据用户对所生产产品的需求程度,根据市场上同类产品竞争状况,为本企业产品规划一定的市场地位,即为自己的产品树立特定形象,使之与众不同过程称为＿＿＿＿＿＿过程。

3. 市场之所以能够细分的前提是市场需求具有＿＿＿＿＿＿和＿＿＿＿＿＿。

四、判断题

1. 汽车企业在采取无差异市场营销战略时,应先对市场进行细分。　　　　(　　)

2. 汽车企业进行市场细分是其进行市场定位的前提。　　　　　　　　　　(　　)

五、简答题

1. 简述汽车市场细分的作用。

2. 简述汽车市场定位的程序。

六、论述题

运用STP营销策略论述汽车企业市场竞争优势的选择策略。

单元三　汽车市场促销方法

单元要点

1. 促销的定义;

2. 促销的作用;

3. 促销组合的概念;

4. 促销方式。

 相关知识

汽车促销是指汽车企业实施一系列以说服顾客采取购车行动为最终目的的活动。合适的促销方法不但可以激发潜在顾客的购买兴趣、强化顾客的购买欲望,甚至能创造购买需求。好的促销活动更能帮助企业建立与顾客之间的良好关系,使之成为企业的忠实顾客。

一、促销的定义

促销是促进产品销售的简称。从市场营销的角度看,促销是企业通过人员和非人员的方式,沟通企业与消费者之间的信息,引发、刺激消费者的消费欲望和兴趣,使其产生购买行为的活动。

(1)促销工作的核心是沟通信息。没有信息的沟通,企业就不能把汽车产品和购买途径等信息传递给目标顾客,也就谈不上购买行为的发生。因此,促销的一切活动都以信息传递为起点,完成销售,最后又以信息反馈为终点。

(2)促销的目的是引发、刺激消费者产生购买行为。在消费者可支配收入既定的条件下,消费者是否产生购买行为主要取决于消费者的购买欲望,而消费者购买欲望又与外界的刺激、诱导密不可分。促销就是利用这一特点,激发用户的购买兴趣,强化购买欲望,甚至创造需求来实现最终目的。

(3)促销的方式有人员促销和非人员促销两类。人员促销,亦称直接促销或人员推销,是企业运用推销人员向消费者推销商品或劳务的一种促销活动,主要适用于消费者数量少、比较集中的情况下进行促销。非人员促销,又称间接促销或非人员推销,是企业通过一定的媒体传递产品或劳务等有关信息,以促使消费者产生购买欲望、发生购买行为的一系列促销活动,包括广告、公关和营业推广等。在消费者数量多、比较分散的情况下适合进行非人员促销。通常,企业在促销活动中将人员促销和非人员促销结合运用。

二、促销的作用

促销活动不仅能帮助或说服顾客购买企业的产品,更能刺激消费者产生消费需求。实践表明,促销在现代营销工作中越来越能够创造出人们无法预料的成绩,好的促销活动还能取得顾客对销售企业和品牌的信赖,使顾客成为企业的忠实顾客。在现代营销环境中,促销具备以下作用,如图4-4所示。

(1)传递信息。销售企业可以通过促销活动的开展,将企业的信息传递给中间商和消费者,吸引公众的注意,从而形成企业产品的潜在购买群。对汽车销售企业而言,通过促销宣传,可以使用户知道企业生产经营什么样汽车产品,有什么特点,到什么地方购买,购买的条件是什么等,从而引起顾客的注意,激发并强化购买欲望,为实现和扩大销售做好舆论准备。

(2)增加需求。在促销活动中向顾客介绍产品,不仅可以诱导顾客需求,更能促使顾客增加需求甚至创造需求。这种作用尤其对企业新汽车产品推向市场,效果更为明显。企业通过促销活动诱导需求,有利于新产品打入市场和建立声誉。促销也有利于培育潜在需要,为企业持久地挖掘潜在市场提供可能性。

图 4-4　促销的作用

(3) 突出特点。在促销活动中,通过有针对性的介绍可以更好地展示企业本身和产品的特点,宣传自己与竞争对手之间的区别,突出自己的优势,奠定自身的良好形象,从而促进销售。在激烈的市场竞争中,同类汽车产品中,有些商品差别细微,而通过促销活动能够宣传突出企业产品特点的信息,从而激发潜在的需求,提高企业和产品的竞争力。

(4) 稳定销售。市场竞争的存在使企业的产品销售量起伏不定,通过促销活动不仅能改变潜在顾客的某些顾虑或观望的态度,而且还能使顾客形成对企业产品的"偏爱",从而稳定产品销售,达到巩固企业市场地位的目的。例如汽车企业的销售会存在着很多不稳定的因素,例如油价的上涨、税收的降低等,这些都会直接影响汽车企业的销售量。恰当的促销活动能树立良好的企业形象和商品形象,能使顾客对企业及其产品产生好感,从而培养和提高用户的忠诚度,形成稳定的用户群,进而不断地巩固和扩大市场占有率。

三、促销组合

由于各促销方式都各有特点,所需要的投入也不尽相同,所以要想实现良好的促销效果就不能仅依靠某种单一的促销方式,企业应将各种促销方式有效地结合在一起,这就称为产品促销组合。汽车产品的促销组合实际上就是对促销预算如何在各种方式之间进行合力分配的决策。一般情况下,汽车产品促销组合策略可以简单总结为"拉引"和"推动"两种。"拉引"是指利用非人员方式来促使潜在顾客产生对经营者的产品或劳务的需求及购买欲望,以促进销售的产品推销策略。常见的方法有广告促销、信誉促销,即通过一些服务承诺,增加顾客对产品的信任感和吸引力。"推动"则是利用一定的方式将产品或劳务推向目标市场以促进销售的促销策略。"推动"的具体方法包括各种推销会、订货会等,其主要是将产品先推向销售渠道,进而推向用户。应该讲所有促销策略都具有推、拉作用,可以说拉中有推,推中有拉,很难分得清。但其中最本质的区别是:拉引式策略以各种促销手段为主;而推动式策略主要是以各种商业组织、流通机构的功能为主。

促销组合一般包括了人员推销、广告、营销推广、公共关系和技术服务5个主要方面,如图4-5所示。

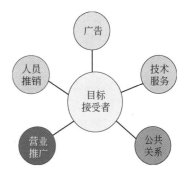

图 4-5　促销组合示意图

企业在进行产品促销组合前,除了要了解各种促销方式的特点之外,还应了解以下几种影响促销效果的因素。

(1)产品的种类和市场类型。企业应根据自身的产品特性来采取合适的促销效果,在产品对象明确、产品市场集中的情况下采用人员推销的效果最好,营业推广和广告促销的效果次之;而在产品对象不明确、产品市场分散的条件下,广告的效果最好,营业推广和人员推销次之。例如:重型汽车因使用上的相对集中,市场也比较集中,因而人员推销对促进重型汽车的销售效果较好;而轻型汽车、微型汽车由于市场分散,则广告对促进这类汽车销售的效果就更好。总之,市场比较集中时人员推销的效果最好,营业推广和广告效果次之。反之,市场需求分散时广告的效果较好,营业推广和人员推销则次之。

(2)促销目标。在企业营销的不同阶段和为了适应市场活动的不断变化,要求有不同的促销目标。因此,促销组合和促销策略的制订,要符合企业的促销目标,根据不同的促销目标,采用不同的促销组合和促销策略。就消费者而言,促销目标包括鼓励消费者更多地购买汽车相关产品,特别是购买库存产品,为企业争取更多的顾客。就零售商而言,促销目标包括吸引零售商们经营新的车型和维持较高水平的库存量;鼓励他们购买厂家的库存车型,储存相关品目;抵消各种竞争性的促销影响;建立零售商的品牌忠诚和获得进入新的零售网点的机会。就销售队伍而言,销售目标包括鼓励销售员支持一种新车型,激励他们寻找更多的潜在顾客和刺激他们推销不畅销商品。

(3)促销思路。根据企业促销策略的不同,企业的促销思路也可以分为"拉引"和"推动"两种。企业在进行促销活动之前,应充分了解顾客的买点、企业的卖点和产品的热点,再根据其各自的需求来选择促销组合的策略。买点是指顾客购车的关键,包括顾客的消费需求、消费水平和购车习惯;卖点是指汽车企业提供的差异化利益点,企业必须熟悉掌握自身产品的车型、服务,在大量同类汽车企业中本公司提供的差异化利益点和附加值;热点是指新闻媒体的热点,企业要能合理利用新闻媒体的热点,并利用热点进行汽车促销。

(4)产品生命周期的阶段。我们把产品从完成试制、投放到市场开始,直到最后被淘汰退出市场为止的全部过程所经历的时间,称为产品的生命周期。汽车产品的生命周期可以理解为某种车型从试制、成功上市到被新车型替代而淘汰所经历的时间。汽车产品从进入市场到被淘汰出市场,便经历了一个寿命周期,一般来说分为4个阶段,即导入期、成长期、成熟期和衰退期。

产品所处的周期将直接影响促销的效果和促销手段的选择。当产品处于导入期时,需要进行广泛的宣传,以提高知名度,因而广告的效果最佳,营业推广也有相当重要的作用。当产品处于成长期时,广告和公共关系仍需加强,营业推广则可相对减少。产品进入成熟期时,应增加营业推广,削弱广告,因为此时大多数用户已经了解了产品,在此阶段应大力进行人员推销,以便与竞争对手争夺顾客。产品进入衰退期时,某些营业推广措施仍可适当保持,广告则可以停止。产品生命期促销手段如图4-6所示。

(5)促销预算。促销预算是指企业在计划期内反映有关促销费用的预算。促销支出是一种费用,也是一种投资,促销费用过低,会影响促销效果;促销费用过高又可能会影响企业的正常利润。促销预算也就是计划,即为了某一特殊的目的,把特定的一段时期内促销活动所需开支的费用详细列明用钱数体现出来。

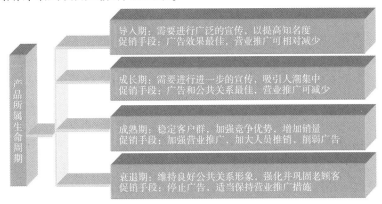

图4-6 产品生命期促销手段图

任何企业用于促销的费用总是有限的,这有限的费用自然会影响营销组合的选择。因此企业在选择促销组合时,首先要根据企业的财力及其他情况进行促销预算;其次要对各种促销方式进行比较,以尽可能低的费用取得尽可能好的促销效果;最后还要考虑促销费用的分摊。

四、促销方式

从销售额的构成来说,正常的自然销售占到了销售额的70%,促销则占到了30%。因此,合适的促销方式对销售企业的销售效果起着重要的作用。常见的销售方式有以下几种。

1. 人员推销

人员推销是指通过推销人员与一个或几个潜在顾客进行交谈,进行产品的介绍和推广,从而扩大产品销售的一系列活动。成功的人员推销不但能达成产品的销售,还能帮助建立起长期良好的关系。

(1) 人员推销的特点。

①面对面接触。由于人员推销是发生在两人或多人之间的直接和交流式的沟通与促销,推销人员可以根据推销对象的说话和表情的变化,及时进行话题的调整,当销售对象有购买意图时可以及时促成销售。

②涉及面窄。人员推销虽然有很高的针对性和交流性,但是单靠推销员的促销不可能有很大的涉及面,因此一般只适合于用户数量小且相对集中的产品促销。

③费用高。费用高是人员推销最大的一个问题,在美国每年的人员推销费用是广告费用的2倍以上,这笔费用主要部分是用来培养一支优秀的推销队伍,因为维持一支推销队伍是一种长期的支出行为。

④培育关系。人员推销能够与用户建立起良好的关系,不论是业务性的销售关系,还是更深的个人友谊,都对推销是十分有益的。一个优秀的推销人员会把顾客的兴趣爱好时刻放在心上,投其所好;或者在特定的日子里送上一句问候和关心,这些都将有利于建立起顾客与推销人员和企业之间的良好关系。

由于人员推销的实际效果显著,对顾客最后确认与购买行动有着特殊的刺激作用,所以人员推销常应用在消费者购买过程的最后几个阶段。

(2)人员推销的基本过程。

①寻找可能顾客。寻找可能顾客是一个寻找、识别、鉴定潜在顾客的过程。推销人员首先要寻找出销售线索,企业可以提供某些线索,但最重要的是自己寻找那些可能成为顾客的目标线索。推销人员必须对各种销售线索进行识别,剔除没有价值的不可能成为现实顾客的销售线索。

②前期准备工作。这是接触可能顾客前的准备工作。推销人员应该尽可能更多地了解销售线索的情况与特征,了解他们的背景、产品需求、决策人和采购员的个人情况以及在购买中的作用等。推销人员还要根据可能顾客的具体情况确定走访目标和恰当的走访方式。走访目标一般有以下几种:一是通过走访考查鉴别目标对象的资格;二是收集更多的信息资料;三是达成交易。走访的方式也有很多种,可以直接面访,也可以电话访问和发函询问等。

③接近目标顾客。推销人员对接近用户时的方式、如何问候、如何开场等都要事先做好准备,并要注意自身的礼仪形象,争取能在第一次跟顾客见面的时候树立良好的印象。接近的方式也取决于对象是老顾客还是新顾客,如果是老顾客可以采用电话约谈的方式;如果是新顾客,销售人员则要更加主动,可以直接上门拜访也可以先电话预约等。

④推销陈述与演示。在可能引起顾客的注意和兴趣后,推销人员就可以向其推销产品的具体特点了,推销人员在这个过程中可以利用多种手段(如图片、直接演示、视频播放等多种方式)促成其购买欲望的形成。

⑤处理异议。推销人员在推销过程中势必会跟顾客产生异议与抵触,推销人员应根据这些方面,巧妙地加以处理。具体处理方式前面已经介绍。

⑥成交。当顾客明确提出购买欲望时,整个推销活动就成交了,推销人员则可以准备成交的手续性工作。但是在很多情况下,顾客的购买欲望并不是非常明显,这时销售人员就应该学会正确识别顾客的成交信号,在顾客犹豫之际给予适当的促进。

⑦售后工作。这是保证顾客满意的重要方面,也是稳定与顾客之间关系的一个关键步骤。推销人员应该确保交货时间和其他所允诺的条件,及时地给予交付并提供指导与服务。人员推销过程具体如图 4-7 所示。

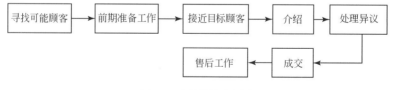

图 4-7　人员推销过程图

(3)人员推销的方法。

人员推销的方法较多,主要有直接推销法、应用推销法、关系推销法、连锁推销法、优惠推销法和互换推销法等。

①直接推销法,是指企业营销人员直接对不确定的销售对象所进行的一种推销方法。这种推销方法比较简单,多为新营销人员所使用;一些老营销人员到新市场去推销产品有时也使用。

②应用推销法,是指企业营销人员采用现场表演、现场试用、现场操作等手法向人们推销产品的一种方法。这种销售方法虽较古老,但能收到"百闻不如一见"的效果。

③关系推销法,是指企业营销人员利用各种人际关系,通过曲线手法向人们推销产品的一种方法。每一个人都有一定的人际关系,推销人员在工作中也可通过人际介绍,收到"不看僧面看佛面"的效果,从而获得较多的推销对象。

④连锁推销法,是利用营销人员建立起来的基本顾客介绍新顾客的推销方法,也称滚雪球式推销法。

⑤优惠推销法,是指企业营销人员在向顾客推销产品时,采用适当的优惠手法,促使产品成交的推销方法。它利用消费者的实惠心理、求廉心理、喜庆心理,以取得消费者的欢心。

⑥互换推销法,是指一企业的营销人员与另一企业的营销人员彼此交换顾客的推销方法。

(4)人员推销的技巧。

推销员在了解了上述推销方法后,还必须掌握一些推销技巧。

①开谈的技巧。在开始洽谈阶段,推销人员应巧妙地把谈话转入正题,做到自然、轻松。

②排除推销障碍的技巧。推销员如果不能有效地排除和克服所遇到的障碍,将会功亏一篑。因此,要掌握下列排除障碍的技巧。

第一,排除顾客异议障碍。如果发现顾客欲言又止,推销员应自己少说话,直截了当地请顾客充分发表意见,以自由问答的方式真诚地同顾客交换意见和看法。对于顾客一时难以纠正的偏见和成见,可以将话题转换。

第二,排除价格障碍。应充分介绍和展示产品特点,使客户感到"一分钱一分货"。

第三,排除顾客习惯势力障碍。实事求是地介绍顾客不太熟悉的产品,并将其与他们已经习惯的产品相比较,使顾客乐于接受。还可以通过相关群体的影响,使顾客接受新的观念。

③与顾客会面的技巧。一是要选好见面的时间,以免吃"闭门羹";二是可采用请熟人引荐、名片开道、同有关人员交朋友等策略,赢得顾客的欢迎。

④抓住成交机会的技巧。推销员应善于体察顾客的情绪,在给顾客留下好感和信任时,应抓住机会发动进攻,争取签约成交。

2.广告促销

广告是指广告者通过购买而获得的非人员沟通的形式,是利用大众媒体为广告者的产品/服务或意图进行宣传。一般,当采用人员直接接触的方式难以经济而有效地沟通时,广告就是最好的方法。广告的媒体非常多,常见的有报纸、杂志、电视、户外广告等。一般来说,电视、广播、报纸和杂志是广告的传统四大媒体。此外,在当前网络时代,网络已成为广告最重要的媒体。只要巧妙运用这些媒体,便能产生意想不到的效果。

(1)广告促销的特点。

①可控性较强。广告是企业可控的,可以根据需要多次重复传递信息,从而可以强化促销效果,实现企业的营销意图。

②涉及面广。广告是一种高度公共性的沟通和传递方式,具有极强的覆盖率,涉及面在

理论上达到了广告媒体所能达到的程度和区域,涉及区域内的所有对象都覆盖在内。

③表现力强。广告可以通过巧妙的编导和艺术的使用来表现沟通的主要思想,可视效果好,可读性强,对消费者的直接冲击力度大。但是,过分的渲染有些时候反而会冲淡观众对产品本身的注意力。

④针对性较差。广告虽说可以让所有观看者都能有效地接受广告的内容,但同时,广告的效果也会受到顾客的年龄、学历、性别等多种因素的影响,企业无法满足所有人的喜好,所以推销的针对性差,效果会受到影响。

广告推销不但能帮助企业建立一个品牌长期良好的形象,也能够促进产品在一定时间内的快速销售,同时也可能使人员推销变得容易,特别是能帮助推销人员快速地圈定企业的潜在顾客。因此广告推销是企业常选择的一种推销方式。

(2)广告促销的步骤。

广告促销步骤具体如图4-8所示。

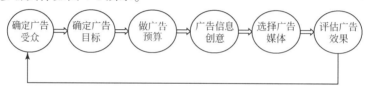

图4-8　广告促销流程图

(3)广告定位策略。

广告定位策略有以下3种。

①广告的实体定位策略。广告的实体定位策略就是在广告中突出宣传产品本身的特点,主要包括功能定位、质量定位和价格定位,确立怎样的市场竞争地位,在目标用户心目中塑造何种形象,从而使广告最富有效果。

②目标市场定位策略。目标市场定位使广告传播更加具有针对性。例如,中央电视台黄金时间是晚7点至9点,如果是农用机械,这种广告最好不选择夏秋两季晚7点至8点播出,因为这段时间我国大部分地区的农民还在劳作。另外,进入外国市场,也要按照当地特点进行重新调整,使之符合当地的文化和传统习惯。

③心理定位策略。心理定位主要包括正向定位、逆向定位和是非定位3种方法。正向定位主要是正面宣传产品的优异之处,逆向定位主要是唤起用户的同情与支持,是非定位则强调自己与竞争对手的不同之处,把强大的竞争对手逐出竞争领域。

④广告创意与设计。确立了广告的媒体之后,还必须根据不同媒体的特点,设计创作广告信息的内容与形式,立意应独特、新颖,形式要生动,广告词要易记忆,宣传重点要突出。切忌别人看了广告后,却不知道广告要表达的是什么产品的什么特点。广告应达到讨人喜欢、独具特色和令人信服的效果,或者说要达到引起注意、激发兴趣、强化购买欲望并最终导致购买行为。

⑤广告时间决策。广告在不同时间宣传,会产生不同的促销效果。这一决策包括何时做广告和什么时刻做广告。前者是指企业根据其整体市场营销战略,决定自什么时候至什么时候做广告;是集中时间做广告,还是均衡时间做广告;是季节性广告,还是节假日广告

等。后者则是决定究竟在哪一时刻做广告,如电视广告是在黄金时间做广告,还是在一般时间内做广告,是否与某一电视栏目相关联等。纵观国内外的汽车广告,宣传的主题主要是围绕汽车产品的安全性、环保性、节能性、动力性、驾驶性、舒适性和浪漫性等内容展开。

3. 营业推广促销

营业推广,又称销售促进,它对刺激顾客购买和提高经销商的积极性有较好的作用。营业推广促销是指采用一系列(如赠券、奖券等)短期诱导性强、对顾客刺激性强的促销方式来激发目标顾客的购买欲望,从而达成销售目的。营业推广促销能帮助企业形成一个快速而强有力的市场反应,造成消费热潮。在现实的营业推广活动中,包括鼓励消费者购买企业产品的各种短期性的刺激手段和活动。汽车营业推广在汽车营销中被广泛应用,是刺激销售增长,尤其是销售短期增长的有效工具。

(1)营业推广的特点。

①激励性强。营业推广促销所借助的工具能给予消费者最直接的实惠和精细,能很好地激励消费者产生购买行为。

②具有邀请性质。营业推广促销所借助的促销工具就是促销人员所执有的特殊的邀请函,可以吸引消费者前来购买。例如,优惠券、赠券等就是最好的邀请函。

③信息沟通。营业推广促销能借助各种工具和手段来形成一种关注点,提供相应的产品信息与供给信息,引导消费者去注意产品。

④见效快。只要企业选择恰当的营业推广方式,其效果可以很快显示出来,而广告、公共关系的效果要在较长时间里才能显示出来。

⑤非规则性和非周期性。营业推广大多用于短期和临时的促销工作,是一种非定期和非例行的促销活动,与广告等促销手段相比,它更注重刺激顾客采取直接的购买行为。如果说广告提供了购买的理由,营业推广则刺激了购买。

营业推广促销是一种短期的、临时性的促销方式,只能作为其他销售方式的补充,对建立长期的品牌形象没有太大的作用。

(2)营业推广的作用和局限性。营业推广的对象主要包括目标顾客和汽车经销企业两类。对目标顾客的营业推广,目的主要是鼓励顾客试买、试用,争夺其他品牌的顾客。其形式主要有服务促销、价格折扣、展销、卖方信贷等。对经销商的营业推广,目的是要鼓励多买和大量购进,并建立持久的合作关系。其主要形式有批量和现金折扣、展销、业务会议、推销奖励、广告补贴、商业信用、价格保证、互惠等。

营业推广在销售中引起的反应虽然比广告等促销手段快,但由于营业推广主要吸引的是追求交易优惠的顾客,因此,它不易产生稳定长期的购买者,且这种做法容易使人感到卖主有急于求售的心理。

(3)营业推广的步骤。

①确定营业推广的目标对象。这是营业推广成功开展的一个重要内容,例如商店打折优惠应该因目标对象而异,如果对象是成年男性,则过分的打折反而会降低品牌形象;如果对象是成年女性,则价格对其会比较敏感。

②明确营业推广的目标。营业推广的目标企业应根据实际情况加以选择。例如,营业

推广的目标可以是鼓励对新产品的试用、鼓励中间商增加进货、刺激消费者增加购买量、激发冲动型购买、寻找新的顾客等。

③做好营业推广的预算。根据营业推广的管理成本、打折优惠成本和预期的购买人数测算费用,再按总的促销费用规模确定营业推广费用的比例。另外,如果企业是与若干商店合作进行营业推广活动的,那么经费可以与商店分摊预算,由于打折等活动的幅度直接影响预算的大小,企业可以在经验的基础上,对刺激的强度进行测试与调查,可以通过少量消费者的评估来进行,最后确定折扣比例。

④选择营业推广的手段。营业推广手段的确定主要是考虑推广活动的目标,如果目标是鼓励中间商加强销售努力,那么手段的选择与刺激最终消费者购买就有所不同。

⑤制订营业推广的方案。制订营业推广方案是具体安排企业销售促进活动,一般要对整个活动进行统筹布置。主要工作有:确定刺激强度、分析参加者的条件、促销的时间、推广方案的发布、与经销商和零售商之间的合作安排、意外事件的应急处理安排等。

⑥实施与效果评估。在活动实施后,应该对本次活动进行效果评估。这个环节是对营业推广活动促进目标达成程度的检查,一般可以从市场占有率的变化、产品知名度的提高、分销渠道的扩展和稳固等方面来进行。

(4)营业推广评价。由于营业推广是一种短期的促销行为,因此,为了不断提高营业推广活动的效果、提升营业推广活动的组织能力,在营业推广活动结束后应该进行及时的评价。评价的方法有以下几种。

①阶段比较法。对企业在营业推广活动实施前后的产品销售进行比较评价。

②追踪调查法。追踪那些在营业推广活动中先是购买甲产品,后来又转向购买乙产品的顾客。通过追踪调查,揭示出顾客进行转移性购买的原因。

③回忆测试法。开展对顾客的调查,了解有多少人参加了营业推广活动、他们的印象如何、活动中受益人有多少等。

④测试法。企业由于在不同的市场采用不同的营业推广方法,或在同一个市场采用不同的营业推广方法的逐个试验,以便对不同的营业推广的效果作出比较和评价。

4. 公共关系促销

对企业来说,在日常营销活动中,不仅要和企业外部的原材料供应商、产品经销商、代理商、顾客、政府管理部门、各种公众团体打交道,更要和企业内部的合伙人、股东、董事、职工等内部公众打交道,因而存在错综复杂的公共关系。所谓公共关系就是一种与公众的沟通过程,以期维护企业在公众心目中的良好形象与美誉度,解释企业所追求的目的或要实现的目标,纠正对企业的错误印象。公共关系是现代企业经营管理的重要环节,尤其对企业领导者来说,树立正确的公共关系思想是取得经营成功的基础。公共关系的促销功能,是从公共关系的其他功能中派生出来的。通过塑造良好的组织形象来促进组织经济效益的发展,是公共关系促销的显著特点。

(1)汽车企业公共关系的对象。公共关系工作的对象是公众,这些公众的利益为某一个机构的行动和政策所影响,反过来这些公众的行动和意见也影响着这个机构。一般来说,公众可以分为内部公众和外部公众;现在公众、潜在公众和将来公众;重要公众、次要公众和边缘公众等。

汽车企业的公众对象有着自身的特点。

①作为汽车厂家,有众多品种的原材料、零部件供应厂家和配套单位、产品用户以及各行各业。

②对中外合资企业而言,还涉及各投资方、政府涉外部门和许多国外的组织和个人。

③汽车企业一般在规模和影响方面较大,它的许多事务涉及各方面、各层次的政府部门和企事业单位。

④同其他企业一样,公司需要新闻、法律方面的工作,需要商业、服务业等方面的配合支持,同时也有着员工、家属及各种社会关系。

(2)公共关系促销的方法。公共关系促销是一种面向公众的促销方式。所谓公众就是指任何现实的或潜在的与企业有利益关系或影响企业行为的团体。公共关系促销常用的方法有以下几种。

①公开出版有关文字材料。例如企业可以通过年报、小册子、视听材料、文章等来触及与影响目标市场,帮助消费者了解企业状况和产品,树立企业形象,提高企业美誉度。

②制造新闻。这是公关的主要工作之一,为产生新闻,需要一定的技能去形成新闻故事的概念创意,研究它并写成具有吸引力的报道。

③开展公关活动。企业可以通过某些事件来吸引市场的注意力,集中到企业新产品或其他企业活动上,如新闻发布会、学术讨论会、展销会、企业庆典等。

④参与公益事业。企业可以积极参与和资助公益事业,例如可以帮助失学少年、关心残疾人员等,从而建立与改进企业的美誉度。

⑤关心社会热点。企业可以积极参加热点问题的讨论,关心社会焦点,通过企业主管或发言人的演讲让公众了解企业的态度与立场,以及企业已经或将要采取的行为。

单元能力检测

一、单项选择题

1. 促销工作的核心是( )。
   A. 沟通信息　　　　　　　　　B. 引发刺激消费者的购买行为
   C. 盈利　　　　　　　　　　　D. 完成销售任务

2. 以下促销策略中,( )策略是利用一定的方式将产品或劳务推向目标市场以促进销售的促销策略。
   A. 拉引　　　　B. 拉动　　　　C. 推动　　　　D. 牵引

3. 以下最适合处于成熟期产品的促销方式是( )。
   A. 人员促销　　　B. 广告促销　　　C. 营业推广促销　　　D. 公共关系促销

4. 在以下各种人员推销的方法中,( )是指一企业的营销人员与另一企业的营销人员彼此交换顾客的推销方法。
   A. 应用推销法　　　B. 直接推销法　　　C. 关系推销法　　　D. 互换推销法

5. 当采用人员直接接触的方式难以经济而有效地沟通时,( )就是最好的方法。
   A. 人员推销　　　　　B. 营业推广　　　　　C. 公关促销　　　　　D. 广告

二、多项选择题

1. 促销的作用包括( )。
   A. 传递信息　　　　　B. 增加需求　　　　　C. 突出特点
   D. 稳定销售　　　　　E. 搞好关系

2. 企业在进行产品促销组合前除了要了解各种促销方式的特点之外,还应了解以下哪几种影响促销效果的因素?( )。
   A. 产品的种类　　　　B. 促销的目的　　　　C. 促销的思路
   D. 促销预算　　　　　E. 产品的市场类型

3. 产品所经历的生命周期包括( )。
   A. 导入期　　　　　　B. 成长期　　　　　　C. 成熟期
   D. 衰退期　　　　　　E. 复苏期

4. 以下属于人员促销特点的是( )。
   A. 面对面接触　　　　B. 涉入面小　　　　　C. 费用大
   D. 培育关系　　　　　E. 顾客不易接受

5. 广告定位策略有( )。
   A. 心理定位策略　　　　　　　　　　　B. 目标市场定位策略
   C. 广告的实体定位策略　　　　　　　　D. 以上都不正确

三、填空题

1. 产品对象明确、产品市场集中的情况下采用_____的效果最好,营业推广和广告促销的效果次之。

2. _____是指顾客购车的关键,包括顾客的消费需求、消费水平和购车习惯。

3. 在广告定位策略中,心理定位主要包括_____、_____和_____ 3 种方法。

4. 在广告定位策略中,_____定位主要是唤起用户的同情与支持。

5. 在广告定位策略中,_____定位主要是正面宣传产品的优异之处。

四、判断题

1. "拉引"是指利用非人员方式来促使潜在顾客产生对经营者的产品或劳务的需求及购买欲望,以促进销售的产品推销策略。　　　　　　　　　　　　　　　　　　　　( )

2. 产品处于导入期时,在常采用的促销手段中广告效果最佳,营业推广更应大量增加。
　　　　　　　　　　　　　　　　　　　　　　　　　　　　　　　　　　　　( )

3. 产品对象不明确、产品市场分散的条件下则营业推广的效果最好,人员推销次之。( )

4. 通常,企业在促销活动中将人员促销和非人员促销结合运用。　　　　　　　　( )

5. 公共关系促销是一种面向经销商的促销方式。　　　　　　　　　　　　　　　( )

6. 营业推广手段的确定主要要考虑推广活动的目标,如果目标是鼓励中间商加强销售努力,那么手段的选择与刺激最终消费者购买就有所不同。　　　　　　　　　　　( )

五、简答题

1. 举例说明什么是促销。影响促销的因素有哪些？
2. 什么是公共关系促销？
3. 什么是营业推广？营业推广有何特点？
4. 拉引策略与推动策略的区别是什么？
5. 试讨论如何运用广告策略才能取得汽车营销的成功。

单元四　汽车促销活动的筹划与实施

1. 汽车促销活动的步骤；
2. 汽车促销活动筹划方案的撰写；
3. 汽车促销活动筹划方案的实施方法。

一、汽车促销活动的步骤

营销策划方案
活动的策划

促销组合实际上是根据选定的促销目标，由不同的促销活动所组成的，促销效果是各种促销活动相互作用的结果。所有具体的促销活动能够相互协调，以实现最佳的促销效果。汽车促销活动的开展可以分为以下几步，具体见表4-1。

汽车促销活动的步骤　　　　　　　　　　　　　　　　　　　表4-1

步　　骤	具体方法
第一步：进行市场调查和分析	1. 针对目标进行市场调查； 2. 根据调查结果进行分析，找到问题点和机会点
第二步：确定汽车促销目标	1. 活动的目标针对顾客时，主要应鼓励顾客购车，争取未知者，吸引竞争者的顾客； 2. 活动的目标针对经销商时，应吸引其经营新的车型，鼓励他们配合车辆的推广，巩固与经销商之间的关系，获得新的经销商的合作与支持； 3. 活动的目标针对销售人员时，其主要目的是鼓励其支持一种新车型，激励其寻找更多的潜在顾客，刺激其推销滞销车辆
第三步：制订汽车促销方案	1. 了解整个促销活动的经费预算，可提供的奖励幅度、数量和品种，并进行经费的合理分配； 2. 根据促销目标选择合适的促销工具； 3. 根据经费预算和目标设置参与活动的条件以及活动持续的时间； 4. 按照需要进行促销组合，并确定活动的传播途径，例如如果促销工具是一张折价券，则可以采用以下途径：放在销售展厅、邮寄给顾客、附加在广告媒体、由销售人员到开展活动的场所分发等； 5. 制订开展活动的日程安排，根据需要进行人员分配，完成相应的分配表

续上表

步　骤	具体方法
第四步:预试汽车促销方案	1. 选定少数特定对象进行测试,分析测试效果,或邀请顾客对几种不同的可能优惠方法进行评价,给出评分,或在有限的地区范围内进行测试; 2. 测试通过后,可设计一套汽车促销执行规则,包括汽车促销前规划(包括汽车促销设计、包装、修改、批准、制作、分类、相关人员等)和汽车促销期间规划(包括方案从正式开始到结束整个过程的促销运作和管理活动)
第五步:实施和控制汽车促销方案	1. 对整个活动的各个细节分别给予仔细筹划; 2. 作出具体的行动安排; 3. 对相关工作人员进行培训; 4. 安排活动过程中的协调人员; 5. 注重活动过程中的现场控制和监督
第六步:评价汽车促销结果	1. 评价活动预定目标的达成情况; 2. 评价活动对销售的影响情况,可以采用纵向比较法(把活动前、中、后期的销量进行比较,扣除季节等因素的自然增长率,衡量活动对销量的帮助情况)和横向比较法(选择市场份额、品牌地位相当的同类车型做同期销量比较); 3. 评价活动所产生的利润情况; 4. 评价活动对品牌形象的提升情况

二、汽车营销活动策划方案的撰写

根据汽车促销活动的步骤可知,在进行汽车促销活动过程中,促销活动策划方案是策划创意的清晰表达,是策划实施的重要依据。因此,方案的撰写就成为汽车促销活动策划过程中非常重要的一环。促销活动策划方案是汽车营销活动策划方案的一种,本书从营销策划方案的撰写来探讨促销活动策划方案的撰写。

1. 营销策划方案的框架设计

营销策划方案又称营销策划文案,是策划者根据营销策划项目的内容、特点,所描述的为实现营销策划目标而进行行动的实战方案。它是策划者前期工作与全部智慧的结晶,也是策划者协调和指导策划参与者行动的规划。

营销策划方案的文案编写

营销策划方案必须具备鲜明的目的性、明显的综合性、强烈的针对性、突出的操作性、确切的明了性等特点,即体现"围绕主题、目的明确、深入细致、周到具体、一事一策、简易明了"的要求。

(1)框架设计的准备。

第一,营销策划方案设计给谁？制订营销策划方案,第一步须弄清策划方案的提供对象是谁,不同的接受者所要求的标准是不相同的。

第二,营销策划方案的作用是什么？需要说服别人开展营销策划,但仅以口头又无法说清楚。这时就需要设计策划方案,通过策划方案将策划人的意图向不同的审议者传达。

第三,营销策划方案的最终设计目的是什么？从根本上说,营销策划方案设计目的就是要使决策者接受策划的内容,并确保策划能按方案顺利实施。

第四,为什么要设计营销策划方案？营销策划方案可使策划操作更具有科学性、系统性和实战性。简言之,设计好的营销策划方案就是为了使策划得以理解、操作和实施。

(2)框架设计的要素。营销策划方案的种类,因提出的对象与内容不同,而在形式和体裁上有很大的差别。但是,任何一种营销策划方案,其基本框架均应包括下列的要素,可以概括为"5W2H1E"。

What(什么)——策划目标:将策划目标进一步具体化、指标化,并说明实现目标的基本要求和标准。

Who(谁)——策划人员:确定策划中承担各项任务的主要人员及责任权利。

Where(何处)——策划实施:确定策划中承担各项任务的部门及场所。

When(何时)——策划日程:列出实现各个目标的时间进度表。

Why(为什么)——策划原因:主要是向策划实施人员说明策划目标,阐述策划的必要性、可行性等,以期实施人员便于理解和执行。

How(怎样)——策划手段:确定各部门、人员,实现目标及行为的顺序、时间、资金、其他资源等的管理控制方式。

How(多少)——策划预算:按策划确定的目标(总目标或若干分目标),列出细目,计算所需经费,以控制策划活动严格按预算进行。

Evaluation(估测)——策划评估:确定实施项目策划情况的标准,以及由谁检查评价工作和出现偏差如何处理等。

需要特别指出的是,我们所说的"5W2H1E"是营销策划方案的框架内容,缺一不可,但这并不意味着它们是营销策划方案的全部内容。不同专题的营销策划方案其目标和要求各异,因而内容也千差万别。

(3)框架设计的纲要。依据营销策划活动的一般规律及特性,营销策划方案的基本框架设计可分为两大部分。

①策划基础部分,主要是对宏观环境、微观环境、企业概况等调查情况的分析。

②行动方案部分,主要是对企业营销活动的范围、目标、战略、策略、步骤、实施程序和安排等的设计。

营销策划文案框架的这两个部分是相辅相成、前因后果的关系。基础部分为行动方案部分作铺垫,行动方案的内容不能脱离基础部分提供的前提,否则就成了无源之水、无本之木。

2. 营销策划方案的基本内容

营销策划方案没有一成不变的格式,它依据产品或营销活动的不同要求,在策划的内容与编制格式上也有变化。但是,从营销策划活动一般规律及特性来看,其中有些要素是共同的。因此,我们重点谈一下如何设计营销策划方案的各部分内容及编制技术。

(1)营销策划方案的内容和编制技术。一部完整的营销策划方案,包括封面、策划主体、附录等,下面就对营销策划方案的主要内容及编制技术进行说明。

①封面。策划方案的封面可提供以下信息。

a. 策划方案的名称;

b. 被策划的顾客;

c. 策划机构或策划人的名称;

d. 策划完成日期及适用时间段;

e. 编号。

例如,"××汽车"小型车展活动策划方案

名称:"××汽车"小型车展活动策划方案

策划单位:××公司

策划人:王××

完成日期:××××年××月××日

②前言。前言或序是对策划方案的高度概括,让人一目了然,引起顾客的注意和兴趣。其内容主要是:a.接受委托的情况。如:×××公司接受××××公司的委托,就××汽车的广告宣传计划进行具体策划。b.本次策划的重要性与必要性。c.策划的概况,即策划的过程及达到的目的。

③目录。策划方案的目录和其他书籍的目录一样,它涵盖了全方案的主体内容和要点,读过后应能使人对策划的全貌、策划人的思路、策划方案的整体结构有一个大体的了解,并且为使用者查找相关内容提供方便。

④概要。概要包括策划的目的、意义、创意形成的过程,相关策划的思路、内容等介绍,阅读者通过概要提示,可以大致理解策划的要点。概要应简明扼要,篇幅不能过长,可以控制在一页纸内,即400~500字。

⑤界定问题。在这一部分中,需要明示策划所实现的目标或改善的重点。如何提出问题、如何界定问题主次、哪些问题必须定义、哪些问题可暂时不理等。在进行营销策划之前要找到一个最佳切入点,以及实现那些目标的战略直觉。这主要是通过界定问题来解决,即把问题简单化、明确化、重要化。

⑥环境分析。"知己知彼方能百战不殆",这一部分需要策划者对环境较了解。环境分析的内容包括宏观营销环境、微观营销环境分析等。

⑦问题点和机会点。营销策划方案是对市场机会的把握和策略的运用,因此分析问题、寻找市场机会,就成了营销策划的关键。找准了市场机会,可以极大地提高策划成功率。通常采取SWOT分析法。

⑧营销目标。无论是什么方面的营销策划方案,其营销目标的主体内容都要具体明确,如市场占有率、销售增长率、分销网点数、营业额及利润目标等。

⑨营销战略。在营销策划方案中的"营销战略"部分,要清楚地表述企业所要实行的具体战略,主要包括市场细分(Segmenting)、目标市场(Targeting)和市场定位(Positioning)三方面的内容。S即市场细分,其目的在于帮助企业发现和评价市场机会,以正确选择和确定目标市场。T即目标市场,根据企业资源状况及实力,找准的目标市场。P即市场定位,是指企业为在目标顾客心目中寻求和确定最佳位置而设计产品和经营特色的活动。

⑩营销组合策略。确定营销目标、目标市场和市场定位之后,就必须着手准备在各个细分市场所采取的具体营销策略,以及确定相关的营销组合策略。

⑪行动方案。要实施营销策划,还要将各项营销策划转化成具体的活动程序。为此,必须设计详细的策划行动方案。在行动方案中,需确定以下的内容:要做什么作业、何时开始、何时完成,其中的个别作业为多少天、个别作业的关联性怎样、在何地需要何种方式的协助、需要什么样的布置、要建立什么样的组织机构、由谁来负责、实施怎样的奖酬制度、需要哪些

资源、各项作业收支预算为多少等。

⑫费用预算。策划方案的预算包括营销过程中的总费用、阶段费用、项目费用等,其原则是以较少的投入获得最优效果。

预算费用是策划方案必不可少的部分。预算应尽可能详尽周密,各费用项目应尽可能细化。预算费用应尽可能准确,能真实反映该策划案实在的投入大小。同时,应尽可能将各项花费控制在最小规模,以求获得最大的经济效益。

⑬方案调整。这一部分是作为策划方案的补充部分。在方案执行中都可能出现与现实情况不相适应的地方,因此方案在贯彻过程中必须随时根据市场的反馈及时对方案进行调整。

⑭结束语与前言呼应,使策划方案有一个圆满的结束,主要是再重复一下主要观点并突出要点。

⑮附录。附录是策划方案的附件,附录的内容对策划方案起着补充说明作用,便于策划方案的实施者了解有关问题的来龙去脉,附录为营销策划提供有力的佐证。如引用的权威数据资料、消费者问卷的样本、座谈会记录等。列出附录,既能补充说明一些正文内容的问题,又能显示出策划者负责任,同时也能增加策划案的可信度。附录也要标明顺序,以便查找。

营销策划方案的编制一般由以上几项内容构成。企业产品不同、营销目标不同,则所侧重的各项内容在编制上也可有详略取舍。

(2)营销策划方案的一般格式。

营销策划方案,是关于营销活动及其行动方案设定的文字载体。它为企业营销行为作出周到的事前安排。方案的基本结构分为两大部分。

①策划基础部分,主要是对企业营销背景、环境、市场竞争对手进行分析,具体视策划内容而异。

②行动方案部分。主要是对企业营销活动的范围、目标、战略、策略、步骤、实施程序和安排等的设计,一般格式如下。

一、封面:方案名称/方案制作者
××××营销策划方案
×××制作
二、方案目录
将方案中的主要项目列出
三、方案内容
(一)环境分析
1. 宏观环境分析,包括政策法律、经济、技术、社会文化因素分析;
2. 微观环境分析,包括企业的历史情况、现实生存状况及未来发展设想、企业内部优劣势分析等;
3. 上述环境现状及趋势所提供的机会与威胁。
(二)竞争对手分析
1. 竞争对手概况:以往销售情况、市场占有率、销售额、利润等经济指标;
2. 销售理念及文化:公司哲学、共同价值观、经营方针、经营风格、企业使命、目标。

（三）市场分析

1. 市场调查、市场规划、市场特性；
2. 主要竞争对手的市场表现、营销方案、竞争策略、竞争优势；
3. 本项目的营销机会与障碍点。

（四）项目定位

1. 项目定位点及理论支持；
2. 项目诉求及理论支持。

（五）市场定位

1. 主市场(目标市场)定位及理论支持点；
2. 副市场(辅助市场)定位及理论支持点。

（六）营销活动的开展

1. 营销活动的目标；
2. 目标市场；
3. 面临问题；
4. 竞争策略、竞争优势、核心能力。

（七）营销策略

1. 产品策略：(1)产品概念；(2)品牌与包装规划。
2. 价格策略：(1)定价思路与方法；(2)价格政策；(3)价格体系的管理。
3. 渠道策略：(1)渠道的选择；(2)渠道体系建设/管理；(3)渠道支持与合作；(4)渠道冲突管理。
4. 促销策略：(1)促销总体思路；(2)促销手段/方法选择；(3)促销概念与主题；(4)促销对象；(5)促销方案/计划原件、广告计划、广告策略、广告脚本；(6)促销活动过程；(7)促销活动效果；(8)促销费用。
5. 活动开展策略：(1)活动时机；(2)应对措施；(3)效果预测。

（八）营销/销售管理

1. 营销/销售计划管理
2. 营销/销售组织管理：(1)组织职能、职务职责、工作程序；(2)人员招聘、培训、考核、报酬；(3)销售区域管理；(4)营销/销售人员的激励、督导、领导。
3. 营销/销售活动的控制：(1)财务控制；(2)商业控制；(3)人员控制；(4)营销/业务活动控制；(5)营销/业务活动控制指标、方法以及使用表格。

（九）销售服务

1. 服务理念、口号、方针、目标；
2. 服务承诺、措施；
3. 服务体系(组织结构、职责、程序、过程、资源)；
4. 服务质量标准及控制方法。

（十）总体费用预算

（十一）效果评估

3. 营销策划方案的写作技巧

营销策划方案和一般的报告文章有所不同,它对可信性和可操作性以及说服力的要求特别高,因此,运用写作技巧提高上述两个"性"、一个"力",这也是策划方案设计的追求目标。

(1)寻找理论依据。要提高营销策划内容的可信性,并使阅读者接受,就要为策划者的观点寻找理论依据,这是一个事半功倍的有效办法。但要防止纯粹的理论堆砌,纯粹的理论堆砌不仅不能提高可信性,反而会给人脱离实际的感觉。

(2)适当举例说明。在营销策划方案中,加入适当的成功与失败的例子既能起调节结构的作用,又能增强说服力,可谓一举两得。这里要指出的是,一般以成功的例子为宜,选择一些国外先进的经验与做法,以印证自己的观点是非常有效的。

(3)利用数字说明问题。营销策划方案是为了指导企业实践,必须保证其可靠程度。营销策划方案的内容应有根有据,任何一个论点最好都有依据,而数字就是最好的依据。在策划方案中利用各种绝对数和相对数来进行比较对照是绝对不可少的,而且要使各种数字都有可靠的出处。

(4)运用图表作数据分析。以图表的形式来描述,能简洁、系统地说明各种有关的数字资料。通过图表较好的视觉效果,我们可以直接查看数据的差异、图案和预测趋势,并能对有关数据进行对比,反映变量的变化趋势及其相互关系。另外,图表也是专业人员和非专业人员沟通的重要方式。它能调节阅读者的情绪,从而有利于对营销策划方案的深刻理解。例如,不必分析工作表中的多个数据列就可以立即看到各个季度销售额的升降情况,或很方便地对实际销售额与销售计划进行比较,见表4-2。

销售额比较表(单位:元)　　　　　　　　　表4-2

季度	一季度	二季度	三季度	四季度	
预计	75000	85000	92000	101000	工作表数据
实际	84819	99123	108000	120000	
					根据工作表数据创建的图表

(5)合理利用版面。有效利用版面也是营销策划方案撰写的技巧之一。版面安排包括字体、字号、字间距、行间距、艺术字的使用以及插图和颜色等。如果整篇策划方案的字体、字号完全一样,没有层次、主辅之分,那么这份策划方案就会显得呆板,缺少生气。总之,通过版面安排可以做到重点突出、层次分明、严谨而不失活泼。

(6)必须注意细节。细节往往会被人忽视,但是对于营销策划方案来说却是十分重要的。可以想象得出,一份营销策划方案中错字、漏字连篇,阅读者怎么可能会对策划者抱有好的印象呢?因此,对打印好的营销策划方案要反复仔细地检查,不允许有一个差错出现,特别是对企业的名称、专业术语等更应仔细检查。

(7)特别注意事项。撰写营销策划方案,应特别注意把握以下几个要点:

①要突出卖点。说服是策划方案的本质特征。每个策划方案一定要有独特的卖点,让读者一看就明白,一看就心动,以说服顾客采纳。

②要突出创新。不要把策划书当作计划书来写,因为计划无需创意,只处理细节,而策划必须要有创意。

③要突出重点。策划方案切不可面面俱到,无论是项目介绍、策划分析还是营销执行方案都要重点突出。

三、汽车促销策划方案的实施

营销策划的目的在于实施,没有成功的实施,最后的策划方案也不过废纸而已。通过方案实施可以使梦想成真,可以在实施过程中说服更多的人去理解和支持营销策划活动,同时也可以发现营销策划方案是否合理、周全,是否需要补充、修正。营销策划方案的实施不同于策划工作,它的着重点不在于分析、判断、描述和评价,而在于组织各种活动,进行资源分配和利用,将方案付诸现实,使其转变为有效的成果。因此,方案的实施是企业营销策划成功不可忽视的关键环节。

1. 营销策划方案实施的基本策略

(1)宣传造势。营销策划方案实施前和实施过程中,企业要注意进行对外宣传造势,这样能够扩大影响,有助于提升企业形象,改善公共关系。对于产品品牌的策划,宣传造势有利于品牌力的提升;对于价格策划,宣传造势有利于突出产品的市场定位,对于顾客满意策划,宣传造势有利于体现企业为顾客着想的形象。其宣传造势形式有广告、新闻稿、对外宣传册、多媒体作品等。

(2)企业渗透。企业渗透是指在企业营销策划方案实施之前和实施过程中,通过各种方式使企业全体员工了解策划方案,理解策划活动的必要性,从而支持并认真执行企业营销策划方案的过程。营销策划的企业渗透可以通过以下方法进行:印发内部刊物、举行报告会、进行培训、召开座谈会、填写调查表、进行非正式沟通等。

(3)合法合理。在营销策划方案活动确定以后,活动的开展要合法合理,因此企业还应该得到有关单位的审批。例如,某地一单位曾做过一个敬老活动策划,是整个营销策划方案的一个亮点。当时虽然该地还没有规定在城市放烟花要经过审批,但在公众场所进行活动必须经过审批。这个单位是一个局级单位,他们认为有权在自己的场地上举办敬老活动,就没有向有关单位报批。活动办得很热闹,有文艺节目演出,有很多赞助单位给老人送礼品,最后燃放烟花,但烟花一放,遭到了公安机关的追究。因为缺乏民航管理规范知识,在飞机航线上放烟花,没有办审批手续,无论如何都是违法的。

2. 营销策划方案实施的几个关键点

(1)高层支持。营销策划方案成功实施的一个关键是赢得企业的高层支持。高层支持的项目,或称"一把手"工程,往往能够推行得比较顺利。在项目实施中,最经常的项目牵头人是顾客方负责运营的总经理。企业营销策划方案实施,不应当仅仅是营销部门的事情,而应当是整个企业在高层领导的直接参与指导之下的多方协同调整,因为实施涉及的是市场、销售、服务等多个与顾客打交道的部门和流程。企业内部的高层管理者必须承担起项目负责人的角色,才能使策划实施顺利地开展。

(2)过程监控。过程监控是保证策划成功实施的必要的管理手段。监控通过收集信息,掌握策划的执行结果,来确定策划方案与执行结果的偏差,进而找出产生偏差的原因,制订相应的对策和措施,然后再进行信息反馈,以纠正偏差或继续实施策划或进行新的企业策划活动。这就要求策划者如同重视编制策划方案一样来重视策划实施过程中的管理,正确处理策划实施与法律、政府有关机构、社会团体和组织以及大众传播媒体的关系,科学地运用策划实施所需的人、财、物、信息等资源,实现企业、环境、企业经营目标、策划目标与策划执行结果的协调统一。

(3)组织协调。一方面,协调好项目内部组织关系。协调的内容主要是明确组织内各部门机构及人员的责权及相互关系,强化内部组织的配合协助。也可以说越能够活用组织的力量,并高度发挥团队力量的策划,越是高明的策划。因此策划者应该充分考虑策划与组织的关系,想办法借着组织力量,达到优秀的成果。另一方面,在实施策划过程中,经常会遇到现场排斥的现象,从组织性格来说,这是必然的。为了突破这种敏感的排斥性,使组织的成员协助策划的推行,就不得不将策划意图渗透到组织末端,尤其必要的是实行部门负责人的支持、协助与共鸣。

(4)评估标准。正确的做法是设计营销实施效果测评办法,做到量化,力争通过分析调整方案的角度,使实施效果更好,更适宜市场需要。有诸多方案做好以后,往往忽略做评估标准方案,包括顾客很少要求做评估方案,更不愿意付出费用,让专业公司做评估报告。实践证明,应该在制订策划方案的时候把评估标准设计出来,这样可以让顾客在完成这个方案以后,根据设定的标准作出科学评估。

3. 营销策划方案实施的主要工作内容和技能要求

营销策划方案的实施最重要的是执行力。提高营销人员执行力,就是要提高营销运作的4项执行技能,即分配、监控、组织和关系技能。

(1)营销策划方案实施的主要工作内容。

①成立相应的方案执行机构。在策划方案实施前,一定要组建有效的执行机构和将责任落实到个人,并且要确定每个职位的职权范围、职责及其关系,以便各司其职、各负其责,高效运作。

②拟订行动方案。行动方案具体包括营销策划方案的实施计划和保证方案实施的制度和政策。实施方案的拟定要详细具体,明确关键性决策和任务,运用目标管理法,把营销策划目标层层分解,落实到每一个执行单位和个人。行动方案必须是行动的具体步骤,要明确各步骤的任务和执行的方法,以及完成这些任务的先后顺序、时间进度和资源安排等。

③实施前充分沟通。要确保有关营销策划方案的各项内容为参与人员所充分了解和接

受。因此,必须要加强对执行人员的培训,让他们具备执行方案所必备的素质和技能。同时必须让他们充分接受和了解方案的全貌和具体细节,了解方案的关键之处和具体的注意事项。

④建立有效的奖惩制度和有效的监督机制。大多数人是需要激励才会努力工作的,缺乏有效的奖惩激励制度,方案的执行人员就看不到自己努力工作的回报,这样会严重挫伤他们的工作积极性。但是所有的激励措施都必须要能和方案的实施进程情况相适应,及时调整行动。

(2)营销策划方案实施的技能要求。

①分配技能。分配技能是指营销管理者根据营销任务,分配时间、资源和人员的能力,其中一个重要环节,是为自己的下属员工或部门设立实施与完成任务的时间表。这一方面可以提高员工或部门经理的责任心,另一方面可以让员工或部门对自己的任务做到心中有数。

②监控技能。监控就是在任务落实后,营销管理者要经常过问或监督,以便每一个员工或部门都能按时完成自己的任务。另外,出现问题时,还要帮忙解决。

③组织技能。组织技能是指营销管理者通过建立组织机构和协调机制,使营销策划方案得以顺利实施的能力。组织有正式组织和非正式组织之分,需要注意的是,管理人员要充分认识非正式组织的地位和作用,使非正式组织与正式组织达到良好配合,促进营销策划方案的顺利实施。

④关系技能。关系技能是指借助于他人的关系力量来完成自己工作的能力。营销管理者不仅要做到组织员工有效实施营销方案,而且要有较强的社交能力,能充分利用外部的关系力量,为实施营销方案,达成目标提供帮助。

4. 营销策划方案实施的效果测评

方案实施后,其效果如何,要用特定的标准、方法及报告来进行检测和评价。

(1)实施效果测评的形式。

策划方案实施的效果测评,可分阶段性测评和终结性测评。

阶段性测评主要是指在营销策划方案实施过程中进行的阶段测评,其目的是了解前一阶段方案实施的效果如何,并可以为下一阶段实施营销策划方案提供指导及经验教训等。

终结性测评主要是指在策划方案实施的最后阶段所进行的总结性测评,其目的是要了解和掌握整个营销策划方案的实施效果,为以后的方案设计提供依据。

(2)实施效果评价的方法和内容。

因为营销策划的目的有经济目的和非经济目的之分,所以对于非经济目的实施效果的测评,如社会效果、政治效果、文化效果、法律效果等,可以用定性方法来进行测评,而对经济效果的测评主要采用定量测评方法,选择可用的指标来进行考察,常用指标有如下3个。

①市场占有率。市场占有率又称"市场份额",是指该品牌在该时期内的实际销售(量或额)占整个行业的实际销售(量或额)百分比。市场占有率既是评价企业经营态势和竞争能力的重要指标,也是进行市场营销方案实施效果测评的重要指标。

②品牌及企业形象。品牌及企业形象是反映企业在市场中地位的重要指标,也是作为测评营销策划方案实施效果的一个重要指标。在今天的市场环境中,人们除重视商品实际功能外还注重"软价值",如所获得的良好感、优越感、幸福感、超价值的服务等。所以在营销策划中,提升品牌及企业形象应作为策划的重要内容。在测评时,品牌及企业形象是否得到提升以及提升程度成为方案实施测评的常用指标。在具体测评过程中,可以根据实际情况对品牌及企业的知名度、美誉度、反映度、注意度、认知度、传播度、忠诚度及追随度等进行测评。

③成本指标。在营销策划方案实施进程中,成本指标也是测评的一个重要指标。这里所讲的成本指标是指在策划活动进程中各项成本的控制,如付给相关工作人员的报酬、调查、公关活动等专案费用。如果成本能控制恰当,可以表明此营销策划方案收到的效果是较理想的。

(3)实施效果测评的报告。

实施效果测评报告的主要内容与具体结构包括以下内容。

①扉页,包括题目、执行该项目研究机构的名称、负责人的姓名、所属结构、完稿日期。

②目录或索引。

③引言,包括测评背景和测评目的。

④摘要,阅读测评报告的人只知道测评所得的主要结果、主要结论,以及他们如何根据测评结果行事。因此,摘要也许是测评结果得益的顾客唯一阅读的部分。这部分应当用清楚、简洁而概括的手法,扼要地说明测评的主要结果。

⑤正文,包括测评的全部事实,从测评方法确定,直到结论形式及其论证等一系列步骤都要包括进去。之所以要全部包括进去,其原因一是让阅读报告的人了解所得测评结果是否客观、科学、准确可信;二是让阅读报告的人从测评结构得出他们自己的结论,而不受策划人员作解释的影响。

⑥结构,包含测评方法(测评地区、对象;样本容量、结构)、资料采集方法、测评结果(包括说明、推论和讨论3个层次)、结论和建议、附录。

5. 策划实施过程控制

在营销策划方案实施的过程中,由于种种不确定性因素的干扰,或者策划方案所依据的环境发生了变化,方案的实施常常偏离预先设定的计划轨道。为了保证策划项目成功和各项目标的实现,有必要对这种偏离采取必要的、有针对性的措施加以纠正,此过程即为策划方案的控制过程。营销策划方案实施过程中的检查与纠偏等工作就构成了营销策划实施的控制工作。

(1)控制的原则。

为了使营销策划方案做得更加切实有效,一般需遵守以下几个原则。

①控制应同策划方案相适应。控制的目的是保证策划目标得以顺利实现,它不能脱离策划方案而采取行动,而应该按策划方案的目标和要求来制订,为策划方案的顺利实施服务。

②突出重点,强调例外。在一个完整的营销策划方案执行过程中应找出关键点,把关键

点及其影响因素作为控制重点。执行工作往往错综复杂,涉及面广,不可能对每个细节都进行控制。因此,根据"关键的少数,次要的多数"的统计规律,找出最能体现策划目标成果的关键因素,并加以控制,这就可以成为一种有效的控制方法。

③把握控制的灵活性、及时性和经济性的特点。控制工作本身是变化的,其依据的标准、衡量工作所用的方法都可能随着情况的变化而变化。控制工作还必须注意及时性,首先是信息的收集和传递必须及时,其次是采取的矫正措施必须及时,这样才能使失误减少到最低水平。同时控制工作一定要坚持适度的原则,以便提高经济性,保证总收益的最大化。

④控制过程应避免目标扭曲。控制是为了实现策划的目标,要防止出现为了遵守规则程序或完成预算而不顾实际控制效果的扭曲行为。因此,控制人员在控制工作过程中要特别注意标准的从属性和服务性地位。这点对于营销策划方案的有效实施控制至关重要。

(2)控制的目标。

营销控制工作主要有以下两个目标。

①限制偏差积累。一般来说,市场营销策划方案实施过程中不免要出现一些偏差。小的偏差和失误不会立即给组织带来严重的损害,但随着积少成多,最终就可能对策划目标的实现构成威胁,有效的控制系统应当能够及时地获取偏差信息,及时地采取措施矫正偏差,以防止偏差积累而影响策划目标的顺利实现。

②适应营销环境的变化。营销策划方案及其目标在制定出来后总要经过一段时间的实施才能够实现。在这个过程中,企业的外部环境和内部条件都可能发生变化,这些变化不仅会妨碍策划方案的实施进程,甚至可能导致策划的前提条件发生改变,从而影响策划方案本身的科学性和现实性。因此,在营销策划实施过程中,执行人员必须时刻监测和把握营销环境的变化,并对这些变化带来的机会和威胁作出正确、有力的反应。

营销策划方案实施控制无论是着眼于纠正执行中的偏差还是适应营销环境的变化,都是紧紧围绕策划的目标进行的,具有很强的目的性特征。

(3)营销策划控制的步骤。

营销策划控制的步骤可以分为:制定目标并建立控制标准、衡量方案实施工作和鉴定偏差采取矫正措施。

①制定目标并建立控制标准。控制目标和标准是开展控制工作的首要步骤,是检查和衡量实施工作的依据和尺度。从逻辑关系上说,策划本身实际上构成控制过程的第一步。但由于策划方案相对来说比较概括,不可能对方案实施制定出非常具体的工作标准。所以一般来说,策划目标并不能直接被作为控制的标准,还需要制定专门的控制标准作为控制过程的开始。控制标准的制定首先要选择好控制点,然后确定具体的控制标准。

②衡量方案实施工作。如果偏差还没产生以前就为我们所发现,从而采取预防措施,这当然是最理想的一种状态,但并非所有的未来情况我们都能准确预测。因此,最好的控制应该是在偏差产生后能迅速采取必要的纠正行动。因此,在实际执行控制工作中应注意持续跟踪,通过建立有效的信息反馈系统和重要工作报告制度,不断获取最新信息。在获取最新

信息的同时,还需采取适宜的衡量方式来衡量成绩,检验控制标准的有效性。

③鉴定偏差采取纠正措施。首先要找出偏差产生的原因。在策划方案本身和执行过程中都会产生偏差,当然有些偏差也有可能是某种偶然、暂时和局部的因素引起的,不一定会对策划目标成果产生影响。因此,在采取矫正措施以前,必须首先要对反映偏差的信息进行评估和分析。首先要判别偏差的严重程度,判断其是否会对策划目标的最终实现产生影响,其次要找出导致偏差产生的原因,以便对症下药。

其次要确定矫正措施实施的对象。在控制过程中,需要矫正的不仅是策划方案的实施活动,也包括指导这些活动的策划方案或事先确定的衡量这些活动的标准。如果原先的策划方案或标准制定不科学,在执行中发现了问题,或者由于营销环境发生了预料不到的变化,原来的营销策划不再适应新形势,这时方案执行人员和控制人员就必须适时地采取矫正措施。

最后应选择适当的矫正措施进行纠正。具体地措施请读者查阅相关资料并在实践中去不断探索。

单元能力检测

一、单项选择题

1. 促销组合实际上是根据选定的促销目标由不同的促销活动所组成的,(　　)是各种促销活动相互作用的结果。

　　A. 促销效果　　　　B. 促销组合　　　C. 促销过程　　　　D. 促销行为

2. 依据营销策划活动的一般规律及特性,营销策划方案的基本框架设计可分为两大部分:策划基础部分和(　　)。

　　A. 策划手段部分　　B. 策划中间部分　C. 行动执行部分　　D. 行动方案部分

3. 我们把某品牌在某时期内的实际销售(量或额)占整个行业的实际销售(量或额)的百分比称为该品牌的(　　)。

　　A. 市场占有率　　　　　　　　　B. 品牌及企业形象

　　C. 成本占有率　　　　　　　　　D. 顾客满意度

4. 在营销策划案实施的技能要求中,(　　)是指营销管理者根据营销任务,分配时间、资源和人员的能力。

　　A. 监督技能　　　B. 分配技能　　　C. 组织技能　　　　D. 关系技能

5. 在营销策划方案实施的基本策略中,(　　)是指在企业营销策划方案实施之前和实施过程中,通过各种方式使企业全体员工了解策划方案,理解策划活动的必要性,从而支持并认真执行企业营销策划方案的过程。

　　A. 合法合理策略　　　　　　　　B. 讲人情拉关系策略

　　C. 宣传造势策略　　　　　　　　D. 企业渗透策略

二、多项选择题

1. 任何一种营销策划方案,其基本框架均应包括可以概括为"5W2H1E"的要素,以下属于"5W2H1E"要素的是( )。

  A. 策划目标   B. 策划人员   C. 策划手段

  D. 策划计划   E. 策划预算

 2. 一个营销策划方案,其营销目标的主体内容都要具体明确。以下属于主体内容明确的营销目标有( )。

  A. 销售水平   B. 销售增长率   C. 分销网点数

  D. 营业额   E. 利润增长率

 3. 在营销策划方案中的"营销战略"部分,要清楚地表述企业所要实行的具体战略,主要包括( )等部分。

  A. 营销产品   B. 营销渠道   C. 市场细分

  D. 目标市场   E. 市场定位

 4. 以下属于营销策划方案实施关键点的是( )。

  A. 组织协调   B. 高层支持   C. 评估标准

  D. 过程监控控制   E. 方案撰写准备

三、判断题

1. 确定汽车促销目标是汽车促销活动开展的第一步。( )

2. 营销策划方案又称营销策划行动方案,是策划者根据营销策划项目的内容、特点,所描述的为实现营销策划目标而进行行动的实战方案。( )

3. 营销策划方案和一般的报告文章有所不同,它对可信性和可操作性以及说服力的要求特别高。( )

4. 每个营销策划方案一定要有独特的卖点,让读者一看就明白,一看就心动,以说服顾客采纳。( )

5. 策划方案实施的效果测评,可分阶段性测评和终结性测评。( )

四、简答题

1. 请简述促销活动的步骤。

2. 常见营销策划方案的写作技巧有哪些?

五、模拟训练课题

开业庆典促销活动模拟

  某宝马汽车4S店计划于3个月后开张,在做好开业前的各项准备工作的基础上,筹建人员计划在开业前、后阶段实施系列促销活动来吸引顾客的注意力。请帮助完成此次促销活动的策划,并撰写活动策划方案。

1. 模拟训练的目的及基本要求

  通过模拟训练让学生熟悉促销的步骤,掌握一些促销的技巧和方法,对一些促销环节中的细节加强把握,同时掌握筹划方案的写作技巧。

  要求学生以小组为单位完成一篇活动策划方案文稿的撰写,并在课堂上进行发表与讨论。

2. 模拟训练的内容及具体要求

此次模拟训练应分成小组讨论完成策划,要求学生在掌握一些基础理论的同时还能出现一些创新性的思维,充分发挥学生的主观能动性和创造力,通过集体智慧的结晶,靠大家的力量解决一系列的问题。

3. 模拟训练组织安排的建议

(1)最后的考核应是对整个团队的考核,目的是加强学生的团队意识和团队协作能力。

(2)考核的时候可以采用交叉评价的方法,可以让小组成员共同到讲台上讲授自身的主要观点和思路。

(3)每一小组的成员不能过多,最好能控制在 5~8 人。

单元五 汽车网络营销实务

1. 垂直媒体营销;
2. 微信营销;
3. 搜索引擎营销。

一、网络营销的概念

网络营销是基于互联网络及社会关系网络连接企业、用户及公众,向用户及公众传递有价值的信息和服务,为实现顾客价值及企业营销目标所进行的规划、实施及运营管理活动。网络营销不是网上销售,不等于网站推广,网络营销是手段而不是目的,它不局限于网上,也不等于电子商务,它不是孤立存在的,不能脱离一般营销环境而存在,它应该被看作传统营销理论在互联网环境中的应用和发展。

广义地说,企业利用一切网络(包括社会网络、计算机网络;企业内部网、行业系统专网及互联网;有线网络、无线网络;有线通信网络与移动通信网络等)进行的营销活动都可以被称为网络营销。

狭义地说,凡是以国际互联网为主要营销手段,为达到一定营销目标而开展的营销活动,可称为网络营销。

网络营销的基本职能有建立与推广网络品牌、网站推广、信息发布、销售促进、网上销售、顾客服务、顾客关系、网上调研等。

网络营销的方式有垂直媒体营销、微信营销、搜索引擎营销、电子邮件营销、即时通信营销、病毒式营销、BBS 营销、博客营销、微博营销、视频营销、软文营销、体验式微营销、O2O 立体营销等。

下面主要介绍一下汽车经销商在工作中常用的垂直媒体营销、微信营销和搜索引擎营销。

二、垂直媒体营销

1. 垂直媒体营销的概念

从广义上讲,媒体就是信息传播的平台,分为垂直媒体和水平媒体。从网络营销的角度看,垂直媒体主要是垂直网站。与第一代大而全的水平网站(又称综合性网站)不同,垂直网站将注意力集中在某些特定的领域或某种特定的需求。垂直网站对于消费者的意义是显而易见的。随着互联网用户和内容的急剧增长,通用信息源向专用信息源的过渡是很自然的。

垂直细分意味着聚焦专注,把有限的资源集中在某些特定的领域或某种特定的需求上,更容易开创新领域,抢占消费者某一认知,垂直意味着服务和产品更精细化。

汽车之家、易车网等是典型的汽车类垂直媒体。各类媒体的类型与属性可以总结为表4-3。

各类媒体的类型与属性　　　　　　　　　　表4-3

项　目	垂直媒体	区域水平媒体	搜索引擎	自媒体
媒体类型	汽车之家、易车网、太平洋汽车……	区域性较强的媒体,如深圳的车神网、湖南的红网、济南的舜网、宁波的东方热线……	百度、搜狗、360	微信、微博、自运营官网等
媒体属性	1.精准定位受众多; 2.后台设置规则多; 3.容易上手易操作; 4.线上推广最重要	1.精准定位受众少; 2.后台设置规则少; 3.容易上手易操作; 4.线下活动最重要	1.精准定位受众少; 2.后台设置规则少; 3.容易上手难操作; 4.高效运营最重要	1.精准定位受众少; 2.后台设置规则少; 3.容易上手难操作; 4.高效运营最重要

正是因为垂直媒体的这种属性,使得它通常是经销商对媒体的第一选择。比如一家刚开业的经销商,会第一时间开通汽车之家的平台,在这一步之后,根据不同媒体的重要性,经销商会选择对搜索引擎的投入、自媒体的运营等。

汽车之家是目前4S店应用最为广泛的一家垂直媒体,下面就以汽车之家为例说明垂直媒体营销的运作模式。

2. 垂直媒体营销实务

4S店日常使用各类垂直媒体进行营销,主要职能是获得更多的潜在客源,其核心逻辑可以总结为以下3步:

第一步,增加活跃度,取得高积分,赢得露出机会;

第二步,吸引潜在顾客点击;

第三步,留取潜在顾客资料,获得下一步销售的机会。

垂直媒体营销的3个步骤如图4-9所示。

图 4-9　垂直媒体营销的 3 个步骤

（1）增加露出机会。

要想获得在汽车之家平台上露出的机会，就要增加经销商的活跃度，取得高积分。而这一切的基础工作是维护好平台。

平台的维护是一切引流吸粉的基础，每个经销商对于自己主页的维护，就像是给家里打扫卫生，日常清理。汽车之家的维护质量用动态服务评价（DSR）指标体现，这些指标包括：i车商 App 活跃度；有效车系文章模板覆盖度；推荐名额使用率；400 接起率；400 呼叫等待时长。汽车之家后台的评分规则如图 4-10 所示。

总分：600　　　　本厂商同城排名：1　　　　服务星级：★★★★★

*总分计算：
总分=动态服务评价(DSR)×版本权重
DSR=i车商App活跃度分值+有效车系模板文章覆盖度分值+推荐名额使用率分值+400接起率分值+400呼叫等待时长分值

动态服务评价	指标/得分	本厂商同城最高分	版本权重	我的总分
i车商App活跃度	100.0查看详细	100.0	1.20	600
有效车系模板文章覆盖度	100.0查看详细	100.0		
推荐名额使用率	100.0查看详细	100.0		
400接起率	100.0 前15天的数值：100.0查看详细当前数值：100.0	100.0		
400呼叫等待时长	100.0分 前15天的数值：7.8 当前的数值：7.4	100.0		

图 4-10　汽车之家后台评分规则

汽车之家后台评分满分规则见表 4-4。

汽车之家后台评分满分规则　　　　表 4-4

DSR	i 车商 App 活跃度（100 分）	有效车系文章模板覆盖度（100 分）	推荐名额使用率（100 分）	400 接起率（100 分）	400 呼叫等待时长（100 分）
满分规则	（1）每天至少 2 次登录 i 车商 App；（2）每天至少 2 次刷新待联系潜在顾客列表	每天促销有效期内的模板文章必须覆盖在售车系	（1）每周必须用完所有推荐名额；（2）每天至少使用 1 次推荐名额	每天（9：00—18：00）有效来电必须 100% 接起	每天（9：00—18：00）接听 400 来电等待时长小于 12s

日常维护可以保持后台的高得分，从而赢得多露出的机会。不同的页面提供了不同的露出机会，主要展示页面包括：车系页面、论坛页面、本地站页面、全国站页面、产品库页面 5 类页面。在这 5 类页面中，经销商可以露出展示的具体点位非常多，我们就把这些点位信息进行归类，总共可以分为 3 类：资讯类、商家信息类、产品类。具体点位见表 4-5。

表 4-5 汽车之家露出信息分类点位示意图

类别	露出点位
资讯类	首页：地区行情、本地购车、到店预定； 车系频道：车系综述—地区行情、车型首页—最新文章； 分站页：焦点图、促销、商情、到店预定、经销商促销信息、地区经销商报价、热门商家、猜你喜欢
商家信息类	车系频道：车系综述—经销商列表、车型首页/报价页—经销商列表； 文章页：降价板块、最低报价商家推荐； 搜索结果页：One-box； 产品库：品牌/车系页—经销商列表； 论坛：经销商推荐
产品类	降价排行榜：列表页—降价信息、页—其他经销商降价信息； 经销商：经销商列表、促销信息

各类露出信息推荐有相应的规则，运营过程中要遵守这些规则。特别强调，在商家信息类页面的信息推荐，应避免进入黑盒，黑盒相当于黑名单（评分规则未达标的车商，如 400 接起率、呼叫等待时长不达标等都会被列入黑名单），一旦商家进入黑名单，其文章将不被提取。

积分是汽车之家露出的基本条件。当然，除了积分是必要条件外，会员版本、推送时间、主推车型也是影响露出的条件，在此不做赘述。

（2）吸引潜在客户点击。

露出为商家赢得了展示的机会。为了进一步获得留资，下一步商家还需要吸引潜在客户点击。

怎么吸引潜在客户点击呢？制作抓住眼球的文案是在汽车之家这类垂直媒体上吸引潜在客户点击的关键，下面就重点介绍一下软文的写作。

首先是标题的写作。题目具有足够的吸引力，网民就会点击进去阅读。标题是吸引网民的一面旗帜，旗帜不够鲜艳，网友不点击，旗帜后面的风景再好也没有意义。好标题能激起网友的好奇心，提高帖子的浏览量。对于一篇承载着宣传产品使命的软文而言，若想撰写出一个引发疯狂点击转载的标题一般来说可以从以下三点入手：噱头、策划、撰写。所谓噱头就是指标题要言之有物，要让潜在客户感觉到有实实在在的利益；策划指的是应根据潜在客户的购买动机寻找到好的切入点，定位精准；撰写是指要运用语言技巧来引人入胜。

其次是软文内容创作。软文写作前一定要做好整体构思，这与所有文章的写作是一样的。当然，软文创作也有自己的套路，从内容方面可总结为六大形式：新闻式、悬念式、情感式、恐吓式、促销式、故事式。下面进行简单介绍。

①新闻式。所谓事件新闻体，就是为宣传寻找一个由头，以新闻事件的手法去写，让读者认为就仿佛是昨天刚刚发生的事件。这样的文体要结合企业的自身条件，多与策划沟通，不要天马行空地写，否则多数会造成负面影响。

②悬念式。悬念式也称设问式，核心是提出一个问题，然后围绕这个问题自问自答。如"2020 年最具创新的礼品？"等，通过设问引起话题和关注是这种方式的优势。但是必须掌

握火候,首先提出的问题要有吸引力,答案要符合常识,不能作茧自缚、漏洞百出。

③情感式。情感一直是广告的一个重要媒介,软文的情感表达由于信息传送量大、针对性强,可以叫人心灵相通。如"写给那些战'痘'的青春"。情感最大的特色就是容易打动人,容易走进消费者的内心,所以"情感营销"一直是营销百试不爽的灵丹妙药。

④恐吓式。恐吓式软文属于反情感式诉求,情感诉说美好,恐吓直击软肋。如"高血脂,瘫痪的前兆!"实际上恐吓形成的效果要比赞美和爱更具备记忆力,但是也往往会遭人诟病,所以一定要把握度,不要过火。

⑤促销式。一般为直接配合促销使用,或者造成产品供不应求的假象。如"1元买别墅,免费送卡罗拉"这样的软文通过"攀比心理""影响力效应"多种因素来促使顾客产生购买欲。

⑥故事式。通过讲一个完整的故事带出产品,使产品的"光环效应"和"神秘性"给消费者心理造成强暗示,使销售成为必然。如"1.2亿元买不走的秘方"。讲故事不是目的,故事背后的产品线索是文章的关键。听故事是人类最古老的知识接受方式,所以故事的知识性、趣味性、合理性是软文成功的关键。

上述6类软文绝对不是孤立使用的,是企业根据战略整体推进过程的重要战役,如何使用是布局的关键。

(3)留资。

所谓留资是留住潜在顾客资料的简称。潜在顾客通过垂直媒体获得能满足个人购车需求的信息之后,如果对信息感兴趣就会产生与商家联系的想法。这时就要让潜在顾客留下联系信息等资料,以便商家后续追踪联系,进一步深入商谈。留资的多少与质量取决于露出与点击流程工作的质量。

三、微信营销

以微信朋友圈口碑传播为主要表现形式的微信营销,因为其拥有海量用户和实时、充分的互动功能,正逐渐成为营销利器。

1. 微信营销的概念

微信营销是网络经济时代企业或个人营销模式的一种,是伴随着微信的火热而兴起的一种网络营销方式。微信不存在距离的限制,用户注册微信后,可与周围同样注册的"朋友"形成一种联系,用户订阅自己所需的信息,商家通过提供用户需要的信息,推广自己的产品,从而实现点对点的营销。

2. 微信营销的方式

微信一对一的互动交流方式具有良好的互动性,精准推送信息的同时更能形成一种朋友关系。基于微信的种种优势,借助微信平台可以开展顾客服务营销。微信营销的方式见表4-6。

微信营销的方式　　　　　　　　　　　　　　　　表4-6

序号	方式	说明	备注
1	漂流瓶	漂流瓶是移植至QQ邮箱的一款应用,把消息放进"漂流瓶",用户"捞"到后得到并传播信息	随机方式推送信息(7.0版本暂时下线)

续上表

序号	方式	说　　明	备　　注
2	位置签名	在签名档上放广告信息,用户查找"附近的人"或者使用"摇一摇"功能的时候会看到	路牌广告,强制收看
3	二维码	用户扫描二维码,添加好友,进行"互动"	表面是用户添加,实际是得到用户关系
4	开放平台+朋友圈	微信用户可以将手机应用、PC端、客户端、网站中的精彩内容快速分享到朋友圈中,并支持网页链接方式打开	与各种分享一样
5	语音信息	通过语音推送和收集信息,类似微信热线	—
6	公众平台	通过一对一的关注和推送,公众平台方可以向"粉丝"推送包括新闻资讯、产品消息、最新活动等消息,甚至能够完成包括咨询、客服等功能,形成自己的客户数据库,使微信成为一个称职的CRM(客户关系管理)系统	专属推广渠道

3. 个人微信号的维护

销售顾问通过个人微信与顾客进行交流是目前非常好的一种营销手段。销售顾问可以从完善个人信息、经营好朋友圈、维系好顾客三个方面进行微信营销。

(1) 完善个人信息。

①选择正确的头像。销售顾问可以将真实的自己展现给对方,因此真实的头像能够在添加陌生人时加大通过率。不建议使用卡通形象、美颜后的自拍、宠物形象作为头像。

②合适的微信名字。与头像一样,名字也能将最真实的自己营销给对方,所以理想的方式就是大方地将自己的本名设为微信名。当然知名度高的雅称也是可以的。

③用签名做广告。个性签名在微信的各类设置中相对来说是比较不起眼的,但对于营销型的微信来说还是希望借由这里的文字做广告,同时将自己的联系方式、简介公之于众。同时在平时维护中可以定期更新,发布公司最近活动以及优惠信息。

(2) 经营好朋友圈。

做好营销型的个人微信号,经营好朋友圈至关重要。一般来说,朋友圈发布的内容主要见表4-7。

朋友圈发布的内容分类　　　　　　　　　　　　　　　表4-7

序号	内容分类	说　　明
1	生活、娱乐	此类内容是希望让对方多了解你,并让对方真切感受到你是一个真实的人,有亲和力,而不是一个销售机器
2	产品赏识	这类内容是希望给对方带来一种专业形象
3	个人销售业绩或个人荣誉	这类信息是希望给对方带来一种你生意红火、专业可信、得到认可的感觉,以此获得信任
4	顾客服务经历	这是你亲自帮顾客处理问题的经过以及结果,最好配图。希望给对方带来你很有服务精神的感觉,打造优质服务的汽车销售顾问形象

续上表

序号	内容分类	说　明
5	客户的感谢短信	这类信息指将顾客的感谢短信截屏发布在朋友圈,配上自己的感言,并在回复中打上顾客的感谢内容,用更多的服务故事打造自己周到服务的专业销售形象
6	最新行业资讯	指本行业的政策变化、新产品上市信息、市场前景,体现自己的行业资深形象
7	活动促销信息	此类信息旨在引起顾客兴趣,带来与你沟通的可能,创造销售机会
8	最新新闻、热点话题以及其他	此类信息希望增加个人微信的趣味,增加对方关注的同时,也可以增加谈资

(3) 维系好顾客。

对于加了好友的顾客,平时一定要维系好。首先要做好顾客关系维系的规划,在合适的时间给顾客发送合适的内容,这些内容包括表4-7所列的信息内容,也包括顾客关怀的内容,其次可以对顾客进行分群管理,平时多沟通交流,做个有心人,当然最重要的是要把顾客当朋友对待,真诚相处。

没有互动就没有关系的维系。互动的方式有很多,其中最简单也是最实用的就是对朋友圈的内容多点赞、多评论、多参与。多评论、多点赞就是一种倾听,同时也拉近了跟朋友的距离。给别人点赞之后,别人也会来看你的朋友圈,也会来给你点赞,这样就互动起来了。其实很多人在发完朋友圈后,都期待所发的内容能够被认可,最直接的体现方式就是被别人点赞、评论或转发。

4. 微信公众号运营

微信公众号分为公众平台服务号和公众平台订阅号。公众平台服务号旨在为用户提供服务;公众平台订阅号旨在为用户提供信息。其各有优劣,我们要区分对待用好他们。

(1) 微信"加粉"。

微信公众号要起到微信营销的作用,首先要有"粉丝",然后才能通过营销手段引流卖车。因此"加粉"是微信公众号运营的基础工作,汽车经销商可采取线上线下结合的方法实行"吸粉"。

线下永远是搜集微信"粉丝"的最佳渠道,所以汽车经销商一定要做好线下顾客的积累,而不盲目地利用各种网络渠道去推广公众号和二维码。微信的营销不仅仅在顾客数量,更重要的是顾客质量,只要有精准的"粉丝",就算"粉丝"量只有几百人,也能非常有效地把"粉丝"转化成购买者。线下吸粉的常用方式有:门店推广、名片推广、活动推广、与其他媒体联动进行推广等。

在完成最初的"粉丝"积累后,通过对微信的日常维护,可以将顾客需求信息或优惠信息推送到目标顾客,刺激顾客消费或再购买;也可以通过信息和"粉丝"互动,提升顾客活跃度和黏性;或者是推送美文,通过软性的营销手段塑造企业品牌形象,提升品牌在顾客心中的地位。

(2)微信公众号运营措施。

对于汽车经销商而言,微信公众号的即时互动功能方便顾客了解购车和用车方面的信息,有利于汽车经销商做好销售服务。更为重要的是,关注汽车经销商微信公众号的人都是些老顾客或者有购车需求的潜在顾客,这时就会有顾客主动询问购车、用车信息,而这对汽车经销商来说绝对是营销的最佳时机,此时,我们可以从以下几个方面做好微信公众号的运营工作。

①明确公众号的定位。汽车经销商要有一个非常清晰的经营战略,明确本店微信公众号要代表一个什么样的消费者利益和价值,根据这个价值定位和消费者的市场定位来决定向消费者传播什么内容的信息,再根据消费者接受信息的习惯和关注点,以及不同年龄段的兴趣点,来设计信息的表现形式,决定信息的传播方式。

②信息发送时注重话题的设计与选择。通过公众平台,汽车经销商可以实现用户分组及地域控制在内的消息推送。但是,不同的消费者对服务的要求也不同,所以汽车经销商要注重话题的设计和选择。

我们可以简单地理解为,汽车经销商的运营一定要与"粉丝"互动。更为重要的是,要知道"粉丝"需要什么样的服务,这样就更容易成交。因此,应根据受众的年龄、性别、兴趣爱好的不同设计和选择话题。

除了设计的话题外,汽车经销商更多时候会选择转发优质内容。优质内容的来源广泛,汽车经销商需要精挑细选,其中一条捷径就是竞争对手的话题。但对手可能有上百个,逐个点击查看就会非常浪费时间,一般情况下,只需要关注那些与自身定位最相似的对手公众号。因此,运营者在查找、筛选文章素材之前,应当对可持续关注的公众号进行整理、更新,提升素材来源精准度。不过,需要注意的是,对于挑选出来的话题要注重改进,因为每家汽车经销商推出的信息都应该是适合自己的顾客群体的。

③活动营销。有了"粉丝"支持的公众号,就可以开展形式多样、丰富多彩的线上、线下配合的营销活动了。这些活动包括维护服务的微信预约、促销推广、顾客关系维系活动的开展、品牌推广等。活动的开展要注意做到精而有度,没有活动就不会有"粉丝"黏性,但是活动泛滥又会引起顾客的反感,所以,运营者一定要提前设计和规划好。

(3)微信图文推送。

微信订阅号每天都可以给顾客推送图文信息,微信公众平台的这个功能对微信的日常维护很重要。

①推送时间。根据有关统计显示,一天之中有这样几个推送阅读高峰期:上午9—10点,中午1点,下午5点,晚上9—11点。这其中,又以晚上9—11点的访问量最大。所以真正的黄金时间,是每天晚上8点20分左右,这个时间段读者有足够的时间来阅读白天推送的内容,适合做产品促销,顾客可以订购产品,带来产品真正的销售。

周末是低谷期,重要文章不要选周末发。从周五晚,到周六、周日的读者反馈都很少,新增读者也少。所以现在都是利用周末的时间集中回答读者的问题。

②推送频率。一天一条单图文信息,或隔天一条多图文信息(企业可选择在每周一、周三、

周五进行推送,而实时消息要即时回复)。

③内容。在内容的选择上,要根据企业的需要每天不同。比如,周末可以发汽车维护常识,平时可以推送路况介绍、美文推荐等。在发布内容上要做好以下几个方面的工作:

a.发布文章不一定要长篇大论,一定要引发读者的思考,一般内容在300~500字为宜。

b.文章的标题要有特点,尽可能吸引读者阅读。

c.不要每天推送大量的内容给潜在顾客,创造可以与读者沟通的话题。

d.字体要尽可能大一点,方便读者阅读。

e.在段落排版上,第一段尽可能短一点。尽量避免出现大段的文字,如果有,则进行拆分。若是因为手机屏幕小的原因,拆成小段落后,读起来会更舒服。

f.在每篇文章的最后甚至图片上,都要附带上版权信息。因为微信的内容可能会被分享到各种地方,带上自己的版权信息就为读者增加了一个入口。

g.尽量写图文消息,而不要只推送文字消息。附带上一张图,体验会好很多,但要注意图片的流量。所以如果不是特别需要,尽量不要在文章里插入过多的图片,尤其是大图一定要经过压缩。图片与文字的比例以黄金分割比为佳。

④预览。为防止出现错别字,每篇文章都多校对几遍再发。群发消息前最好先在手机里预览一下效果,然后作出调整。

⑤不要忽略了"数据统计"板块。当企业给自己的微信公众号做好定位后,并不能在一开始就能确定顾客喜欢怎样的信息。所以每次推送信息后的第二天,一定要注意统计一下每一篇文章的浏览数、转载数,这样才能进一步了解顾客喜欢哪种类型的文章。

汽车经销商可以通过企业微信公众号、销售顾问个人号、微信名片3种途径进行线上推广和集客。在通过这3种途径发布内容时,可借力网络社会热点,比如:某部影片当下热映,片中人物有哪些,根据人物性格,他们都适合开什么样的车等。企业和销售顾问应随时密切关注微信的动态,不断地灵活应用微信进行营销活动。

四、搜索引擎营销

1. 搜索引擎营销的概念

搜索引擎营销的英文是 Search Engine Marketing,通常简称为 SEM。它是指根据用户使用搜索引擎的方式,利用用户检索信息的机会,尽可能将营销信息传递给目标用户。简单来说,搜索引擎营销就是基于搜索引擎平台的网络营销,利用人们对搜索引擎的依赖和使用习惯,在人们检索信息的时候将信息传递给目标用户。搜索引擎营销的基本思想是让用户发现信息,并通过点击进入网页,进一步了解所需要的信息。企业通过搜索引擎付费推广,让用户可以直接与公司客服进行交流、了解,实现交易。搜索引擎优化就是网络营销非常有效的一种手段。

一般认为,搜索引擎优化设计主要目标有2个层次:被搜索引擎收录、在搜索结果中排名靠前。简单来说,SEM 所做的就是以最小的投入在搜索引擎中获得最大的访问量并产生商业价值。多数网络营销人员和专业服务商对搜索引擎的目标设定也基本处于这个水平。但从实际情况来看,仅仅做到被搜索引擎收录并且在搜索结果中排名靠前还很不够,因为取得这样的效果实际上并不一定能增加用户的点击率,更不能保证将访问者转化为顾客或者潜在顾客,因此,只能说它们是搜索引擎营销策略中两个最基本的目标。SEM 的方法包括搜索引擎优化(SEO)、付费排名、精准广告以及付费收录。

2. 搜索引擎营销的实施步骤

搜索引擎营销涉及的方面很多,限于篇幅,这里只介绍搜索引擎营销的实施步骤。从前期准备到营销的实施,再到后期的评估与调整的全部过程,大体可以分为5个步骤。

(1)目标(Target):营销目的和策略的确定。受到行业差异、市场地位、竞争态势、产品生命周期、消费人群特性等因素的影响,营销目的和策略差异很大,但又对后续工作有着深远影响。所以在推广流程的开始,需要明确营销的目标。

(2)分析(Analysis):关键词数据和历史数据分析。根据目标受众确定关键词范围,分类整理,并估算不同类型关键词的搜索量,从而洞察受众在搜索引擎上的特性并判定搜索营销机会。通过历史数据辅助估算消费、效果和趋势。

(3)计划(Plan):制定合理的关键指标并设计词表与网站。主要包括以下工作:①通过数据分析和效果预估,配合历史数据,为推广活动设置合理的关键指标基准点,即推广目标,例如总体访问量、平均点击费用、转化量、转化成本、平均访问停留时间等。②确定费用、时间、资源等限定因素,基于营销目的和策略,选定最佳推广组合方案,确定投放使用的关键词表。③根据之前对目标受众搜索兴趣点完成网站的设计和制作。④撰写相关创意。⑤设定并测试效果监测系统。

(4)执行(Launch):实施及监测。主要工作包括:①协调各方及时在相关搜索引擎平台上开通账户、上传方案并按时开通上线。②实施每日投放数据和效果数据的紧密监测和细微调整,保持稳定的投放,避免大幅波动。

(5)优化(Optimization):数据分析与优化。主要工作包括:①每周、每月、每季度或在指定时间跨度进行数据汇总,生成报告,陈述当前形势,进行趋势和效果的数据分析,与推广标准进行比对,指出取得的成绩与不足。②基于历史数据、投放数据、效果数据分析及对市场认识的更新,有步骤的调整关键词、创意、账户结构、网站构架和内容、运营流程等不同层级,以达到或超越之前制定的推广标准。③基于数据报告和分析得到的结论,制订优化方案,取得各方确认后实施。

需要注意的是,优化不仅仅是对最初计划的裁剪,还需要基于新的数据分析和市场洞察设计新的尝试方向,使整个推广活动进入吐故纳新的正向循环,充分挖掘市场的潜力。

网络营销因载体和手段等不同,还有博客营销、微视频营销等,所涉及的方面也很多,但基本的手段都是通过网络技术来进行推广与引流,最后达到交易的目的。

单元能力检测

一、单项选择题

1. 以下属于汽车类垂直媒体的是(　　)。
   A. 微信　　　　　B. 车神网　　　　　C. 百度　　　　　D. 汽车之家

2. 制造抓住眼球的文案是在汽车之家这类垂直媒体上吸引潜在顾客(　　)的关键。
   A. 露出　　　　　B. 点击　　　　　C. 留资　　　　　D. 购买
3. 微信朋友圈发布(　　)内容可以体现销售顾问自己的行业资深形象。
   A. 生活、娱乐　　　　　　　　　B. 客户的感谢短信
   C. 最新行业资讯　　　　　　　　D. 活动促销信息

二、多项选择题

1. 对于一篇承载着宣传产品使命的软文而言,标题创作一般来说可以从(　　)等方面入手。
   A. 噱头　　　　　B. 策划　　　　　C. 故事　　　　　D. 撰写
2. 以下属于微信营销的方式有(　　)。
   A. 位置签名　　　　　　　　　　B. 二维码
   C. 开放平台+朋友圈　　　　　　D. 语音信息
   E. 公众平台
3. 微信公众号线下"吸粉"的常用方式有(　　)。
   A. 门店推广　　　　　　　　　　B. 名片推广
   C. 活动推广　　　　　　　　　　D. 与其他媒体联动进行推广
4. 微信订阅号每天都可以给顾客推送图文信息,一天中适合的推送高峰时段有(　　)。
   A. 早上6—8点　　B. 中午1点　　C. 下午5点　　D. 晚上9—11点

三、判断题

1. 网络营销不等于网站推广,它的本质是网上销售。(　　)
2. 汽车之家后台积分是汽车经销商在汽车之家露出的基本条件。(　　)
3. 销售顾问使用真实的头像能够在添加陌生人时加大通过率。不建议使用卡通形象、美颜后的自拍、宠物形象作为头像。(　　)
4. 所谓汽车经销商微信公众号的定位就是指其公众号要代表一个什么样的消费者利益和价值。(　　)

四、简答题

1. 与传统的营销渠道相比,网络营销有何优缺点?
2. 微信营销的主要功能有哪些?
3. 简述搜索引擎营销的实施流程。

五、实践操作

请以个人的名义注册一个微信公众订阅号,并推送一篇介绍自己的软文。

任务实施

下面按营销活动的筹划与实施过程,以引导文的形式引导学生进行促销活动筹划方案的撰写及活动方案的实施。

典型学习情境一:撰写促销活动策划方案前的准备

要想完成一份营销策划书,首先要学会分析市场环境,然后再有针对性地设计相应活动

主题。撰写营销策划案之前,可以先从以下几个方面做好准备工作。

(1)分析市场环境,尤其是区域市场环境。市场环境分析是编写策划案中非常重要的一块内容,营销环境分析的主要内容和各分析工具可自行参考相关文献。

(2)明确活动主题,即明确策划目标。请具体写下通过本策划所要实现的目标或要解决的问题,如提高市场占有率、销售增长率和营业额等。

注:市场占有率又称为市场份额,指一个企业的销售量(或销售额)在市场同类产品中所占的比例,直接反映企业所提供的商品和劳务对顾客的满足程度,表明企业的商品在市场上所处的地位。

销售增长率是指企业本年销售增长额与上年销售额之间的比例,反映销售的增减变动情况,是评价企业成长状况和发展能力的重要指标。其计算公式为:

销售增长率 = 本年销售增长额÷上年销售额 = (本年销售额 - 上年销售额)÷上年销售额

营业额是指为纳税人提供应税劳务、转让无形资产或者销售不动产向对方收取的全部价款和价外费用。

(3)明确活动所涉及的单位。活动涉及单位包括:主办方、承办方、协办方、参加人员及活动的机构设置和责任分工。特别是如果活动的地点需要外借,则必须要注意与对方的沟通和交流。

(4)进行营销活动整体设计(即营销战略的选择和营销组合策略的使用)。

(5)行动方案的设计。行动方案设计要素见表4-8。

行动方案设计要素 表4-8

要　素	关　键　点	备　注
要做什么活动	活动的形式是什么?涉及面有多广?	
活动时间	何时开始?活动一共需要多少天?各项活动的关联如何?	
活动地点	需要何种方式协助?需要什么样的布置?	
组织机构	要建立什么样的组织机构?由谁来负责?	
奖惩制度	如何责任到人?如何来进行奖励?	

(6)进行费用预算。营销费用预算见表4-9。

营销费用预算表(单位:元) 表4-9

序号	项目	时间	单位	单价	数量	金额	备注
合计							

(7)请在心理上做好组织实施活动的准备,并对可能出现的问题给出解决方案,如在室外进行活动时,遇到不好的天气该如何处理等。

典型学习情境二：促销活动策划方案的撰写

策划书的撰写是策划人的策划成果,你会如何来撰写这份策划书?可以参照以下的流程来进行。

(1)进行封面设计。封面设计要做到有生气、突出重点、层次分明,要给人很好的视觉效果。

(2)营销策划书的目录设计。

(3)营销策划书正文内容撰写。现在很多策划机构开始使用PPT来制作策划书,这样可以便于利用数字媒体演示和介绍策划书。正文的基本内容见表4-10。

营销策划书正文基本内容　　　　表4-10

结构	基本内容
前言	策划的背景、策划的目的和意义、策划的宗旨
策划目标	营销职能目标、财务目标
环境分析	企业内外部环境分析
营销战略	市场细分、目标市场、市场定位
营销组合策略	4P策略
行动方案	活动项目、活动方式、人员分工、时间、地点等的安排
费用预算	营销过程中的总费用、阶段费用、项目费用等
实施进度计划	项目及实施的起止时间
结束语	重复主要观点、突出策划内容要点

(4)附录。备用方案、市场问卷、调研报告、参考文献等数据资料作为附录放在策划书的最后。

(5)撰写的过程中应随时记录下所碰到的问题,以供完善策划书和后面实施策划书参考。

典型学习情境三：拟订行动方案

策划案制订好后,接下来就要进行执行,执行前应制订具体的行动方案。行动方案的拟订要详细具体,明确关键性决策和任务,运用目标管理法,把营销策划目标层层分解,落实到每一个执行单位和个人。行动方案是行动的具体步骤,各步骤的任务和执行方法,以及完成这些任务的先后顺序、时间进度和资源安排等都要在方案中具体体现。

(1)执行方案要涉及每个职位的职权范围、职责及其关系,以便各司其职、各负其责,高效运作。因此,需要成立相应的方案执行机构,这些执行机构包括招募组、宣传组、培训组、销售组、协调组等。

(2)为保证策划活动的顺利实施,在确定各个小组负责人和工作分工的基础上,将促销策划目标进行层层分解,落实到每一个单位和个人。

(3)确定行动方案中各步骤的任务和执行方法。

(4)编制各行动计划的进度安排。进度安排的方法有很多,例如甘特图、里程碑计划、网络计划和项目计划表等,项目计划表见表4-11。

项目计划表 表 4-11

序号	工作任务	工作时间(天)	开始时间	结束时间	负责人	备注(地点)
1						
2						
3						

(5)对活动各个阶段所需资源进行详细安排,尤其是活动当天的现场布置与所需材料进行重点安排。

(6)为有效发挥协调部的控制职能,做好控制工作,请对协调部的工作进行安排。

典型学习情境四:促销活动实施前的沟通与准备

充分沟通的目的是要确保有关人员对策划方案的各项内容为参与实施人员充分接受和彻底了解,以保证促销活动顺利地实施。

(1)对活动整个过程及执行当天的安排进一步与市场部经理进行沟通确定。

(2)制订相应的奖惩机制、建立监督与重要工作报告机制。

(3)公司内部宣传,让所有的人都了解活动的背景、意义和目的,统一思想认识。为了强调活动的重要性,在活动开始前及试驾当天应邀请企业副总到场召集相应工作人员开会,要求大家都明确活动的主题、时间和具体任务。

(4)加强和媒体、相关企业的沟通和交流,安排好广告宣传工作,与媒体鉴定好广告宣传外包合同。由于活动涉及相关媒体,活动前必须要做到与媒体的沟通和交流,明确双方的合作事宜。

(5)为了保证活动的顺利开展,在活动正式实施前有必要进行模拟训练。

(6)根据各方沟通的情况以及模拟训练的情况,对活动的细节进行预处理。

典型学习情境五:促销活动的执行

(1)策划活动执行当天,按预定计划实施,营造良好的活动氛围。

(2)活动执行过程中要及时对所碰到的问题进行记录并解决。

典型学习情境六:促销活动执行后的效果评估

(1)确定每一阶段预期达到的目标,并把它填入表 4-12 中,以此目标作为评价标准。

实施效果评价参考表 表 4-12

评价项目	预达到的目标	实施效果
活动的主题和目的达到情况		
工作人员表现情况		
新闻媒体达到情况		
活动实施过程		
各项资料准备情况		
经费使用情况		

续上表

评 价 项 目	预达到的目标	实 施 效 果
现场布置情况		
礼品发放情况		
获奖情况		

（2）为每一个评价项目的实施效果选择测定方法，并把测定结果填入表4-12的实施效果栏。

策划案实施效果测定的方法很多，如设立观众留言簿、召开座谈会听取意见、检验公众对车辆的留意程度等，可以根据评价项目的特点及工作的方便性来选择。

（3）对实施效果评价表进行分析，总结经验，尤其要对未达到预定目标的项目进行原因分析，并找到解决方案。

评价反馈

（1）各小组分别制定一个活动策划、实施的评价标准经讨论后，形成全班的标准。

（2）根据班级标准，每个学生对自己的工作进行自我评价，并填入表4-13中。

促销活动的策划与实施学习任务学生自我评价表　　　　表4-13

指导老师：

姓　　名	项　　目					总得分
	评价标准一	评价标准二	评价标准三	评价标准四	评价标准五	
王五						
评分理由						

注：总得分为各评价标准得分之和；评分理由不得空白。

组长（签名）：　　　　　　　日期：

（3）按照这一标准，对本小组和其他小组的工作进行评价，并将评价结果填入表4-14中。

促销活动的策划与实施学习任务小组评价表　　　　表4-14

组别：

指导老师：

姓　　名	项　　目					总得分
	评价标准一	评价标准二	评价标准三	评价标准四	评价标准五	
张三						
李四						
王五						
平均分						

注：表中空格为评价后得分；总得分为各评价标准得分之和；平均分可以用来对比用。

组长（签名）：　　　　　　　日期：

(4)指导老师对你的学习任务完成情况进行评价了吗？

指导老师根据学习任务的完成情况、学生工作责任心等方面的表现，再结合学生的评价标准制定相应的评价标准，并按小组评价表的格式制作评价表，把对学生的评价结果填入表 4-15 中。

促销活动的策划与实施学习任务教师评价表　　　　　　　　　　表 4-15

班级：

姓　名	项　目					总得分
	评价标准一	评价标准二	评价标准三	评价标准四	评价标准五	
张三						
李四						
王五						
平均分						

注：表中空格为评价后得分；总得分为各评价标准得分之和；平均分可以对比用。

指导老师（签名）：　　　　　　　　日期：

(5)对学生的学习成绩进行总评。

根据一定的比例，计算得出学生完成本学习任务的总得分，并记录在册。记录表格见表 4-16，建议按以下比例进行总评：总评分 = 学生自评分 × 10% + 小组评分 × 20% + 指导老师评分 × 70%。

促销活动的策划与实施学习任务学生评价得分总表　　　　　　　表 4-16

班级：

姓　名	项　目			总评分
	学生自我评价得分（10%）	小组评价得分（20%）	指导老师评价得分（70%）	
张三				
李四				
王五				
……				
平均分				

指导老师（签名）：　　　　　　　　日期：

(6)为了充分发挥学生的积极性，培养团体意识，除了小组评价之外，还可以进行小组间的评比，让每组各派一名组员上台进行自我介绍和自我评价，再由大众评比团（每小组各派两名成员）给出相应分数。以小组为单位进行评比，最后可以颁发相应奖励。

作　业

1.4P 营销理论的主要内容有哪些？

2. 何为市场定位？汽车市场定位的常见策略有哪些？
3. 人员推销的特点是什么？常见人员推销策略有哪些？
4. 举例说明什么是促销？影响促销的因素有哪些？
5. 什么是公共关系促销？开展公关促销的原则有哪些？
6. 什么是营业推广？有何特点？营业推广主要有哪些方式？
7. 拉引策略与推动策略的区别是什么？
8. 汽车营销策划方案的主要内容包括哪些方面？
9. 汽车促销策划方案在实施时主要工作内容有哪些？
10. 请通过查阅资料，谈谈如何利用短视频进行汽车营销。

参 考 文 献

[1] 王怡民.汽车营销技术[M].北京:人民交通出版社,2003.
[2] 陈文华,叶志斌.汽车营销案例教程[M].北京:人民交通出版社,2004.
[3] 叶志斌.汽车营销原理与实务[M].北京:机械工业出版社,2007.
[4] 刘丽荣.顾客关系的内涵及其战略意义分析[J].技术经济与管理研究,2004,4(4):59-60.
[5] 南剑飞,李蔚.顾客的内涵及分类研究[J].现代管理科学,2008,5(5):106-110.
[6] 菲利普·科特勒.营销管理[M].梅汝和,梅清豪,张桁,译.8版.上海:上海人民出版社,1999.
[7] 孙路弘.汽车销售的第一本书[M].北京:中国人民大学出版社,2008.
[8] 韩宏伟.汽车销售实务——销售流程篇[M].北京:北京大学出版社,2006.
[9] 付晓蓉.顾客关系管理中的关系价值研究[M].成都:西南财经大学出版社,2006.
[10] 范晓平.市场营销学[M].杭州:浙江大学出版社,2004.
[11] 李刚.汽车营销基础与实务[M].北京:北京理工大学出版社,2008.
[12] 李桂花.汽车营销与服务[M].北京:中国劳动社会保障出版社,2008.
[13] 杨明刚.营销策划创意与案例解读[M].上海:上海人民出版社,2008.
[14] 王娜玲.营销策划[M].上海:上海财经大学出版社,2008.
[15] 陈聪.汽车市场营销学[M].北京:电子工业出版社,2009.
[16] 谢红霞.公关实训[M].大连:东北财经大学出版社,2008.
[17] 周朝霞.公共关系实务[M].北京:北京邮电大学出版社,2008.
[18] 人力资源和社会保障部教材办公室.汽车营销师[M].北京:中国劳动社会保障出版社,2008.
[19] 李刚.汽车营销基础与实务[M].北京:北京理工大学出版社,2008.
[20] 莫舒玥.汽车营销技术[M].北京:人民交通出版社股份有限公司,2019.
[21] 屠卫星.旧机动车鉴定与评估[M].3版.北京:人民交通出版社股份有限公司,2019.